中国城镇家庭能源消费及碳排放比较研究

姜 璐 史培军 著

科学出版社
北京

内 容 简 介

本书从地理学的格局阐释入手,聚焦于不同发展阶段城镇的家庭能源消费情况,探究区域城镇家庭能源消费的成因与机制。研究通过解决关键科学问题,推动学科发展的同时,提升地方和国家实现碳达峰与碳中和的科技支撑能力。

本书可供相关政府部门决策者和相关领域研究人员参考,也可供相关企事业单位人员、高等院校师生阅读。

审图号:GS京(2024)0230号

图书在版编目(CIP)数据

中国城镇家庭能源消费及碳排放比较研究/姜璐,史培军著. —北京:科学出版社,2024.6
ISBN 978-7-03-077428-6

Ⅰ.①中… Ⅱ.①姜… ②史… Ⅲ.①城镇–家庭–能源消费–研究–中国 ②二氧化碳–排气–研究–中国 Ⅳ.①F426.2 ②X511

中国国家版本馆CIP数据核字(2024)第010304号

责任编辑:杨帅英 张力群 / 责任校对:郝甜甜
责任印制:徐晓晨 / 封面设计:图阅社

科学出版社 出版
北京东黄城根北街16号
邮政编码:100717
http://www.sciencep.com

北京建宏印刷有限公司印刷
科学出版社发行 各地新华书店经销

*

2024年6月第 一 版 开本:787×1092 1/16
2024年6月第一次印刷 印张:12 3/4
字数:300 000
定价:180.00元
(如有印装质量问题,我社负责调换)

前　言

　　实现碳达峰与碳中和是立足新发展阶段、贯彻新发展理念、构建新发展格局、推动高质量发展的内在要求，是推动构建人类命运共同体和实现可持续发展做出的重大战略决策。城乡建设作为减碳的关键领域，在不同空间尺度减碳关注的重点有所不同，区别于国家和区域宏观尺度所关注的能源和工业减碳，以及其所依赖能源革命和工业转型升级，本研究更关注城市家庭中、微观尺度中个体的减碳潜力。

　　在研究视角上，尽管能源和地理的联系十分普遍，但并非能源研究的所有领域都与地理学有关，地理学的学术贡献和社会价值有待明确。为此，本研究基于地理学空间视角，梳理能源地理的研究脉络，总结家庭能源消费的特征和作用机制，以典型城市为案例开展家庭尺度的能源消费及碳排放研究，进而回答以下两个问题：一是将"地理"尺度视角引入能源研究意味着什么？二是对跨学科研究网络中日益增多的家庭能源研究，地理学如何更好地发挥作用？中国家庭能源消费具有复杂性和多样性，开展多尺度、多要素、多过程的综合性研究，可为地理学下区域可持续发展的地域空间规律研究提供理论和方法补充，对于更为精准地了解人地关系地域特征，进而优化人地地域系统具有重要理论意义。

　　能源消费是地理学核心——人地关系地域系统的典型活动，具有明显的地域差异。就每个地域而言，其家庭能源消费特征和时空变化是能源消费活动和自然环境，或是人地相互作用的结果，能源消费的人地关系构成了地理格局和过程最基本的关系，这种关系因功能特征与时空变化规律在不同区域的表现不同而具有明显的区域性，有必要按照地域类型来协调不同的人地关系。为此，本书选择了中国四个典型区域的城市案例，分别是东部南方城市广州市、东部北方城市北京市、东部平原城市聊城市以及西部高原城市西宁市，这四个案例可以反映家庭能源消费及碳排放的东–西、南–北地理空间格局。在数据方面，考虑到家庭尺度的能源消费数据缺失是目前学界开展研究的主要困难，作者基于已有的数据获取经验，自2021年以来开展了10余次问卷调查与半结构式访谈，完成调研报告5万余字，并基于此构建了典型案例城镇的家庭能源消费基础数据库，开展区域家庭能源消费、碳排放以及驱动机制研究。通过对比不同区域差异下的家庭能源消费活动分布的基本特征，从空间和对象上补充和完善能源地理研究体系，并在理论和实践上促进和支撑应对气候变化及改善区域环境治理，展现地理学在"双碳"目标中的支撑作用。

　　本书是在姜璐博士完成的北京师范大学博士后出站报告的基础上，经姜璐博士与其合作老师史培军教授进一步修改完成的。在此专著出版之际，衷心感谢北京师范大学博士后工作站的地理科学学部部长宋长青教授、党委书记苏筠教授，以及参加姜璐博士后研究开题报告论证或出站报告评审或答辩的专家刘毅教授、魏一鸣教授、贺灿飞教授、刘连友教授、李宁教授、周涛教授、何春阳教授、吴吉东教授、潘峰华教授等；感谢北京师范大学地理科学学部、青海师范大学地理科学学院、青海省人民政府-北京师范大学高原科学与可持续发展研究院，以及广东省科学院广州地理研究所的各位领导、专家、同仁和同学等对本项研究野外收集数据、资料统计分析等给予的大力帮助和支持。本研究得到了国家自然科学基金（42001130）、中国博士后科学基金（2022M720460）、青海省自然科学基金（2022-ZJ-937Q）以及广东省科学院发展专项（2021GDASYL-20210103002）等项目的支持。

由于作者水平和能力有限，本书不足之处在所难免，敬请读者批评指正！

摘　　要

本书从地理学的格局阐释入手，探究城镇家庭能源消费的成因与机制。随着中国工业化进入中后期，城镇化稳步推进，对能源需求的中心已由生产用能为主转向生产、生活用能并重，生活能源供需矛盾已成为制约城镇人地关系协调发展的关键性因素。开展城镇家庭能源消费及碳排放空间特征形成机制研究是更精准了解人地关系地域分异，寻求协调人地矛盾的重要路径。北京市、广州市、西宁市和聊城市作为区域家庭能源消费研究案例城镇，能源供需矛盾和社会空间重构并存，极具研究价值。区别于已有的宏观能源研究，本书采用复合城市物理空间与人口密度的抽样逻辑，通过构建大样本微观调查数据库，运用能源物质流模型、空间计量模型、统计回归模型以及质性研究等方法，分析了案例城镇家庭能源消费特征，评估了其碳排放风险。以社区尺度为切入视角，将城镇单一家庭能耗总结为能耗空间分异规律；同时，构建多要素集成综合性框架，识别城镇家庭属性、社区因素以及生活方式等要素的互动关联，进而揭示城镇家庭能耗同质和异质空间规律的作用机制。

（1）从城镇家庭能源消费特征与碳排放来看：①北京市的人均家庭能源消费量为613.80kgce/a，人均家庭能源消费碳排放量为6.42kg/d。采暖和热水器是北京市家庭能源消费碳排放量的主体，其中采暖人均碳排放量最高为61.13%，热水次之（13.76%）。北京市户均生活碳排放和人均供暖碳排放存在空间正相关性，但不存在高/低聚类现象。②广州市的人均家庭能源消费量为189.57kgce/a，人均家庭能源消费碳排放量为4.16kg/d。家庭能耗主要来源是热水器设备、炊事设备及制冷设备。绿色建筑可以减少家庭制冷能耗，低收入家庭和具有环保能源消费行为的家庭可能比其他家庭更能从节能建筑中受益。广州市城镇居民人均能源消费具有显著的空间关联特征和集聚特征，由此产生的碳排放存在明显的空间异质性，外围城区中高及高能耗人均家庭能源消费量明显高于中心城区；经济水平、岭南文化以及住宅特征是影响广州市家庭能耗碳排放空间特征形成的主要驱动力。③西宁市的人均家庭能源消费量为461.57kgce/a，人均家庭能源消费碳排放量为6.11kg/d，取暖、炊事设备及热水器设备是家庭能耗及碳排放的主要来源；西宁市人均家庭能源消费碳排放总体呈现出高值区、低值区相对集聚，而局部地区也存在高值区、低值区和低值区、高值区集聚现象，其空间规律呈现明显的异质性。④聊城市的人均家庭能源消费量为437.16kgce/a，人均家庭能源消费碳排放量为3.87kg/d。其中取暖活动是家庭能源消费及碳排放的主要来源，炊事活动选择天然气的比例达90.94%。交通年人均碳排放存在着高观测值聚集的现象，市域中心和县域中心的低低聚集明显，市域副中心的高高聚集明显。

（2）对比4个案例城镇家庭能源消费与碳排放发现：①从东部的南-北方城镇来看，北京市和广州市的年人均能源消费量和碳排放量差异明显，北京市约分别为广州市的3.2倍和1.5倍；从同纬度的东-西部城镇来看，西宁市和聊城市的年人均能源消费和碳排放接近，西宁市分别为聊城市的1.1倍和1.6倍，其与两地的海拔差异相关。②在能源消费类型方面，北京主要使用电力，广州市以液化石油气为主；西宁市主要使用天然气，而聊城市主要使用煤炭。③在能源用途方面，相较于广州市和西宁市，北京市和聊城市家庭不仅产生了制冷能耗，也产生了大量的取暖能耗；北京市家庭能源消费主要用于家用电器，而广州市城镇家庭能源消费主要用于热水器和厨房设备；西宁市的取暖时间长于聊城市，使得西宁市用于取暖的碳排放量几乎是聊城市的两倍。④在交通用能方面，西宁市和聊城市家庭出行以步行和公交为主，其中西宁市家庭出行方式多以网约车、出租车、私家小轿车为主，聊城市居民则更愿意选择电瓶车，由此产生碳排放量较低。碳排放导致了全球气候变化与自然灾害事件的增加。

（3）探讨受教育程度对区域家庭能源消费影响发现：①教育水平越高的家庭，其能源消费量越多。但是受教育水平和收入水平的交互项为负，说明在受教育水平和收入水平相互作用下，家庭能源消费量又会减少。也就是说，相较于其他家庭，受教育水平高且收入水平高的家庭，整体家庭能源消费量会有所减少。②从区域异质性来看，4个案例城镇受过更高教育水平的受访者，其家庭能源消费量也随之增加。而从影响机制来看，在聊城市，受过更高教育水平并且主观节能意识强的家庭有助于减少家庭能源消费量。在广州市和西宁市的结果却相反。综上，研究结果明确了收入水平和节能意识对接受过更高教育受访者的能源消费量所起到的核心作用。

基于上述结论，本书提出应发挥地理学的统筹能力，以综合性思维去看待家庭减碳技术创新，形塑社区空间形态。从能效平衡和系统统筹的视角出发，基于家庭能源消费及其碳排放的关键要素，平衡家庭绿色能源消费的综合效能，打造与减碳技术相匹配的区域社会空间，形成包括绿色低碳的建筑设计与建造、绿色出行的低碳交通、绿色低碳的消费模式等集成式的城镇家庭低碳能源消费系统。总体而言，本书基于地理学综合交叉性的学科定位，把研究能源与消费的相互关联机理与过程作为研究对象，把理解和影响中微观尺度家庭能源消费格局，特别是城镇家庭能源消费碳排放区域分异规律作为研究导向，以应用需求为导向，在实现国家和地方"双碳"目标过程中凝练关键科学问题，通过解决关键科学问题，推动学科发展的同时，提升地方和国家实现"双碳"目标的科技支撑能力。

目　　录

前言
摘要

第1章　绪论 ⋯⋯⋯⋯⋯⋯⋯⋯⋯⋯⋯⋯⋯⋯⋯⋯⋯⋯⋯⋯⋯⋯⋯⋯⋯⋯⋯⋯⋯ 1
　1.1　家庭能源消费与气候变化 ⋯⋯⋯⋯⋯⋯⋯⋯⋯⋯⋯⋯⋯⋯⋯⋯⋯⋯⋯⋯ 1
　1.2　区域城镇家庭能源消费研究的必要性 ⋯⋯⋯⋯⋯⋯⋯⋯⋯⋯⋯⋯⋯⋯⋯ 3
　1.3　研究关注的科学问题 ⋯⋯⋯⋯⋯⋯⋯⋯⋯⋯⋯⋯⋯⋯⋯⋯⋯⋯⋯⋯⋯⋯ 4
　1.4　本书研究内容 ⋯⋯⋯⋯⋯⋯⋯⋯⋯⋯⋯⋯⋯⋯⋯⋯⋯⋯⋯⋯⋯⋯⋯⋯⋯ 5
　1.5　章节介绍 ⋯⋯⋯⋯⋯⋯⋯⋯⋯⋯⋯⋯⋯⋯⋯⋯⋯⋯⋯⋯⋯⋯⋯⋯⋯⋯⋯ 6
　参考文献 ⋯⋯⋯⋯⋯⋯⋯⋯⋯⋯⋯⋯⋯⋯⋯⋯⋯⋯⋯⋯⋯⋯⋯⋯⋯⋯⋯⋯⋯ 7

第2章　能源地理与家庭能源消费研究 ⋯⋯⋯⋯⋯⋯⋯⋯⋯⋯⋯⋯⋯⋯⋯⋯ 9
　2.1　能源地理研究脉络 ⋯⋯⋯⋯⋯⋯⋯⋯⋯⋯⋯⋯⋯⋯⋯⋯⋯⋯⋯⋯⋯⋯⋯ 9
　　2.1.1　地理视角下的能源研究 ⋯⋯⋯⋯⋯⋯⋯⋯⋯⋯⋯⋯⋯⋯⋯⋯⋯⋯⋯ 9
　　2.1.2　家庭能源消费概念界定 ⋯⋯⋯⋯⋯⋯⋯⋯⋯⋯⋯⋯⋯⋯⋯⋯⋯⋯⋯ 9
　2.2　家庭能源消费结构与模式 ⋯⋯⋯⋯⋯⋯⋯⋯⋯⋯⋯⋯⋯⋯⋯⋯⋯⋯⋯⋯ 11
　　2.2.1　采暖用能 ⋯⋯⋯⋯⋯⋯⋯⋯⋯⋯⋯⋯⋯⋯⋯⋯⋯⋯⋯⋯⋯⋯⋯⋯⋯ 11
　　2.2.2　交通用能 ⋯⋯⋯⋯⋯⋯⋯⋯⋯⋯⋯⋯⋯⋯⋯⋯⋯⋯⋯⋯⋯⋯⋯⋯⋯ 12
　　2.2.3　建筑与能耗 ⋯⋯⋯⋯⋯⋯⋯⋯⋯⋯⋯⋯⋯⋯⋯⋯⋯⋯⋯⋯⋯⋯⋯⋯ 13
　2.3　家庭能源消费对气候变化的贡献 ⋯⋯⋯⋯⋯⋯⋯⋯⋯⋯⋯⋯⋯⋯⋯⋯⋯ 14
　2.4　家庭能源消费及碳排放的影响因素 ⋯⋯⋯⋯⋯⋯⋯⋯⋯⋯⋯⋯⋯⋯⋯⋯ 14
　参考文献 ⋯⋯⋯⋯⋯⋯⋯⋯⋯⋯⋯⋯⋯⋯⋯⋯⋯⋯⋯⋯⋯⋯⋯⋯⋯⋯⋯⋯⋯ 16

第3章　数据采集与研究方法 ⋯⋯⋯⋯⋯⋯⋯⋯⋯⋯⋯⋯⋯⋯⋯⋯⋯⋯⋯⋯ 22
　3.1　案例区选择 ⋯⋯⋯⋯⋯⋯⋯⋯⋯⋯⋯⋯⋯⋯⋯⋯⋯⋯⋯⋯⋯⋯⋯⋯⋯⋯ 22
　3.2　数据采集流程 ⋯⋯⋯⋯⋯⋯⋯⋯⋯⋯⋯⋯⋯⋯⋯⋯⋯⋯⋯⋯⋯⋯⋯⋯⋯ 23
　　3.2.1　总体视角与思路 ⋯⋯⋯⋯⋯⋯⋯⋯⋯⋯⋯⋯⋯⋯⋯⋯⋯⋯⋯⋯⋯⋯ 24
　　3.2.2　全景式家庭能源消费调查方法 ⋯⋯⋯⋯⋯⋯⋯⋯⋯⋯⋯⋯⋯⋯⋯⋯ 25
　　3.2.3　问卷内容 ⋯⋯⋯⋯⋯⋯⋯⋯⋯⋯⋯⋯⋯⋯⋯⋯⋯⋯⋯⋯⋯⋯⋯⋯⋯ 26

3.2.4　组合抽样方式 ·· 27
3.3　研究方法 ··· 29
　　3.3.1　家庭分类能源核算方法（除采暖能耗）·· 29
　　3.3.2　家庭采暖能源计算方法 ·· 30
　　3.3.3　家庭能源消耗碳排放估算 ·· 31
　　3.3.4　空间自相关分析 ·· 31
　　3.3.5　标准差椭圆 ·· 33
　　3.3.6　半结构式访谈与参与式观察 ·· 33
参考文献 ··· 36

第 4 章　东部南方城市广州市的家庭能源消费及碳排放 ············· 38
4.1　广州市区域概况 ··· 38
　　4.1.1　自然地理特征 ·· 38
　　4.1.2　社会经济特征 ·· 39
　　4.1.3　自然资源特征 ·· 42
4.2　数据来源与样本特征 ··· 42
　　4.2.1　数据来源 ·· 42
　　4.2.2　样本特征 ·· 42
4.3　家庭能源消费数量与结构 ··· 44
　　4.3.1　家庭能源消费结构 ·· 44
　　4.3.2　城中村家庭能源消费情况 ·· 45
　　4.3.3　绿色建筑和非绿色建筑中空调能源消费情况 ·································· 46
4.4　家庭能源消费碳排放空间特征 ··· 47
　　4.4.1　家庭能源消费碳排放量 ·· 47
　　4.4.2　家庭人均能耗碳排放空间格局 ·· 47
　　4.4.3　家庭能耗碳排放全局差异分析 ·· 48
　　4.4.4　家庭能耗碳排放局部差异分析 ·· 49
4.5　家庭能源消费驱动机制分析 ··· 54
　　4.5.1　指标选取及理论基础 ·· 54
　　4.5.2　模型构建 ·· 55
　　4.5.3　家庭能源消费驱动机制 ·· 56
　　4.5.4　建筑类型对能耗的影响 ·· 59
4.6　本章小结 ··· 64

  参考文献 ··· 65

第 5 章 东部北方城市北京市的家庭能源消费及碳排放 ························· 67

5.1 北京市区域概况 ··· 67
  5.1.1 自然地理特征 ·· 67
  5.1.2 社会经济特征 ·· 68
  5.1.3 自然资源特征 ·· 70

5.2 数据来源与样本特征 ··· 71
  5.2.1 数据来源 ·· 71
  5.2.2 样本特征 ·· 71

5.3 家庭能源消费数量与结构 ·· 73
  5.3.1 家庭能源消费结构 ··· 73
  5.3.2 区域人均家庭能源消费情况 ·· 74
  5.3.3 胡同家庭能源消费情况 ··· 75

5.4 家庭能源消费碳排放空间特征 ·· 79
  5.4.1 家庭能源消费碳排放量 ··· 79
  5.4.2 家庭能源消费碳排放量空间自相关 ·· 81

5.5 热舒适度能耗影响因素 ··· 83
  5.5.1 热舒适度需求分级及对能耗碳排放的量化 ··· 83
  5.5.2 家庭采暖能源消费特征及空间结构 ·· 84
  5.5.3 居民热舒适需求评价 ··· 88
  5.5.4 热舒适度需求对能耗及碳排放的影响 ·· 89

5.6 本章小结 ··· 93

  参考文献 ··· 94

第 6 章 东部平原城市聊城市的家庭能源消费及碳排放 ························· 96

6.1 聊城市区域概况 ··· 96
  6.1.1 自然地理特征 ·· 96
  6.1.2 社会经济特征 ·· 97
  6.1.3 自然资源特征 ·· 99

6.2 数据来源与样本特征 ··· 100
  6.2.1 数据来源 ·· 100
  6.2.2 样本特征 ·· 100

6.3 家庭能源消费数量与结构 ·· 102

6.3.1	家庭能源消费总体情况	102
6.3.2	家庭能源消费分区域情况	103
6.3.3	家庭能源消费物质流分析	104

6.4 家庭能源消费碳排放空间特征 107
    6.4.1 家庭能源消费碳排放 107
    6.4.2 室内家庭能源消费碳排放 108
    6.4.3 交通能源消费碳排放 109
    6.4.4 家庭能源消费碳排放量空间自相关 110

6.5 家庭能源消费驱动机制分析 111

6.6 本章小结 114

参考文献 114

第7章 西部高原城市西宁市的家庭能源消费及碳排放 115

7.1 西宁市区域概况 115
    7.1.1 自然地理特征 115
    7.1.2 社会经济特征 117
    7.1.3 自然资源特征 120
    7.1.4 民族文化特征 120

7.2 数据来源与样本特征 120
    7.2.1 数据来源 120
    7.2.2 样本特征 121

7.3 家庭能源消费数量与结构 123
    7.3.1 家庭能源消费总体情况 123
    7.3.2 采暖用能 124
    7.3.3 家庭能源消费物质流 125

7.4 家庭能源消费碳排放空间特征 127
    7.4.1 家庭能源消费碳排放量 127
    7.4.2 家庭人均能耗碳排放空间格局 128
    7.4.3 家庭能耗碳排放全局差异分析 128
    7.4.4 家庭能耗碳排放局部差异分析 129
    7.4.5 交通用能碳排放情况 131

7.5 家庭能源消费与碳排放驱动机制分析 135
    7.5.1 家庭能源总消费量驱动机制 135

	7.5.2 采暖能源消费驱动机制	138
	7.5.3 交通能源日均碳排放驱动机制	140
7.6	本章小结	144
参考文献		145

第 8 章 城镇家庭能源消费与碳排放对比 — 146

8.1	城镇家庭能源消费及碳排放对比分析	146
	8.1.1 能源消费及碳排放结构对比	146
	8.1.2 能源用途及碳排放对比	149
	8.1.3 交通用能碳排放	153
	8.1.4 家庭能源消费碳排放空间结构	156
8.2	教育对区域家庭能源消费的影响分析	156
	8.2.1 教育与家庭能源消费	156
	8.2.2 变量选择与模型构建	157
	8.2.3 实证结果	158
8.3	本章小结	165
参考文献		166

第 9 章 城镇家庭能源消费及碳排放优化策略 — 167

9.1	优化策略	167
	9.1.1 基于地域差异的低碳政策	167
	9.1.2 绿色低碳的建筑改造	168
	9.1.3 绿色出行的低碳交通	169
	9.1.4 绿色低碳的消费模式	170
9.2	研究不足与展望	170
参考文献		172

附录 — 173

附录一	家庭能源消费调查人员名单	173
附录二	家庭能源消费调查问卷	174
附录三	半结构式访谈提纲	182
附录四	家庭能源消费调研图	183

第 1 章　绪　　论

1.1　家庭能源消费与气候变化

能源消费是自然地理和人文地理结合的重要领域，能源本底是属于自然地理范畴，消费本身是人文地理内容，二者构成的综合地理学重要研究对象之一就是地球表层的资源变化与利用，是重要的地理学命题。对能源环境问题的研究，可能成为连接人文和自然地理的重要桥梁（毛熙彦和贺灿飞，2022），空间与自然是分析能源供需矛盾时将要考虑的因素（亨利·列斐伏尔，2015）。能源转型应该同时在全球社会的层面和地方的层面，也即居住的尺度上，以空间科学的形式展开（刘毅和杨宇，2014）。家庭是微观尺度的空间载体，亦是能源消费的主体之一。由于地理学常把区县、亚区级、乡镇街道级、社区（行政村）级的空间作为传统的宏、中、微观研究尺度，并认为对社区级以下空间尺度的研究更偏向于工程技术的视角，进而常忽略对该尺度区间的研究（宋志军和李小建，2023），由此家庭尺度的能源消费长期处于研究的空白。但我们必须注意到，作为社会的基本单元，家庭尺度研究已经逐步成为前沿研究热点（Jiang et al.，2019）。

家庭能源消费按照终端用途可以分为炊事、热水、家用电器、照明、采暖、制冷、交通 7 类（郑新业等，2017），已经被定义为应对气候变化和促进环境治理的重要载体（Wu et al.，2019；Niu et al.，2019）。全球家庭能源消费量贡献了 1/4 的能源消费量（IEA，2022）；中国近十年来家庭能源消费总量也呈持续上升趋势，平均约占全社会能源消费总量的 13%（国家统计局，2020）（图 1-1）。同时，家庭能源消费产生了诸多环境和生态问题，尤其是二氧化碳（CO_2）的大量排放（Mi et al.，2020；Shen et al.，2019），如欧盟的建筑消耗了总能源的 40%，排放了总二氧化碳排放量的 36%。2035 年英国家庭化石燃料和电力使用的二氧化碳排放量将比 2015 年增加 11%（LSE，2022）。为此，国际相关组织和各国政府一致认为家庭在碳中和战略目标实现中扮演着重要角色，英国政府将家庭能源消费视为实现碳预算减排目标的重要部分（UK Government，2022）；美国国家环境保护局认为如果能大范围内提高家庭能源效率，可以降低碳减排成本（EIA，2022）。为减缓与适应气候变化、促进人地关系地域系统协同发展，家庭能源低碳发展成为全球性关注的地球系统科学问题（刘毅和杨宇，2014）。

作为世界最复杂的开放巨系统之一，城镇的空间结构具有多样性、随机性、混沌性的特征（陈彦光，2008）。城镇是环境政策实施的基本单元，也是碳减排的关键区域（Kammen and Sunter，2016；杜祥琬，2019），随着城镇化的推进，城镇物质和能源消费随之剧增，在全球资源耗竭与气候变化的背景下，城镇家庭能源消费及碳排放增加，

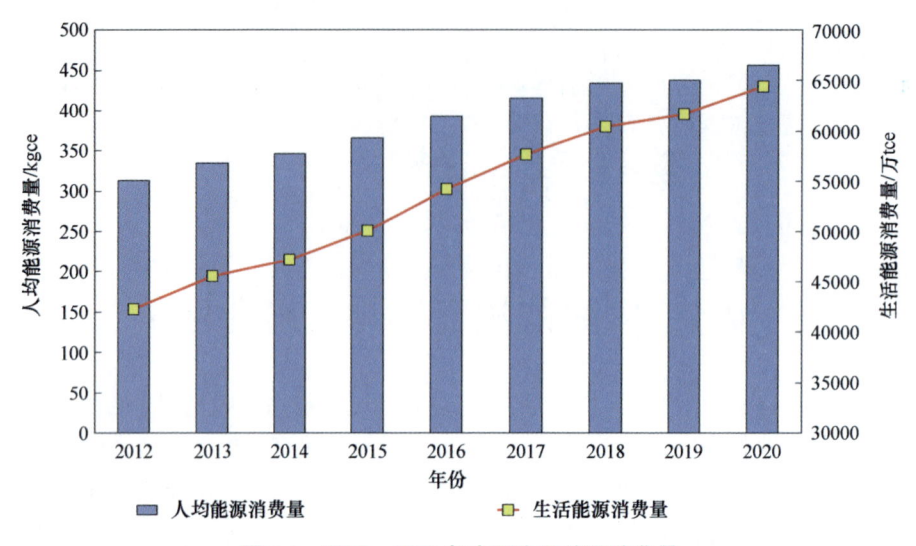

图 1-1　2012～2020 年中国生活能源消费量

加剧了城镇社会空间分化，由家庭能源消费产生的温室气体排放已成为制约城镇人地关系协调发展的重要限制因素。当前中国正处于历史最大规模的城镇化进程中，预计到 2030 年，超过 10 亿人、近 70%的中国人口将定居城镇，必将产生更多的生活能耗，对城镇推进碳中和战略造成长期压力（姜璐等，2021）。节能和科学用能是城镇能源消费战略的核心，已有研究证实居民科学用能方式带来的年均节能潜力约为 15%～20%（Shove and Walker，2010），可抵替世界平均核电站发电量的 1/3（Nadimi and Tokimatsue，2018）。

为引导居民能源消费行为向节能方向转变，中国政府已采取了一系列"自上而下"的激励措施。但已有政策的制定忽视了区域发展环境的差异性，"一刀切"的问题较为突出，从而导致同样的政策从全国整体看是合理的，但是从具体区域看就可能存在不适应问题（樊杰，2016）。我国自然地理环境差异性显著，区位条件和历史沿革过程大不相同，经济社会发展的基础和未来在全国碳中和定位也不一样（樊杰，2016）。如部分地区存在盲目提升超低能耗、近零能耗建筑比例，但从国内各地住建部门的补贴和工程实践来看，超低能耗建筑的增量成本在 1000～1200 元/m^2，近零能耗建筑、零碳建筑、产能建筑建设增量成本则更高。此类前沿减碳技术的大规模使用将给欠发达地区带来沉重的经济负担，影响技术落地的可能性，最终导致规模效应难以实现。

另一个限制性因素是，表达不同时空尺度的家庭能源消费活动系统动态变化信息严重不足。精准的能源消费数据是家庭能源研究的基础，然而，家庭能源调查统计却是当前中国能源统计工作的薄弱环节（图 1-2）。家庭尺度的数据缺失是目前面临的共性问题。既有的统计数据主要是省域尺度的数据，仅包含用于炊事和采暖的能源消费的宏观经济数据。在数据类型上，中国能源平衡表属于行业能源消费统计，仍采用"工厂法"，即按照行业所属企业法人统计能源消费量，而非按照产业活动分类统计，使得部分行业和能源消费量"失真"。例如，公路运输只统计交通运输部门运营车辆用油，未计入其他部门和私人车辆用油，也就是说无法从运输部门分类下获取与家庭交通出行相关的能源统计数据（姜璐等，2021）。受微观数据匮乏的限制，大部分研究只从整体考察生活用能状况，而不区分内在和结构差异，无法精准识别出具体影响因素来源，影响了研究的连贯性和政策建议的可靠性（樊杰和李平星，2011）。

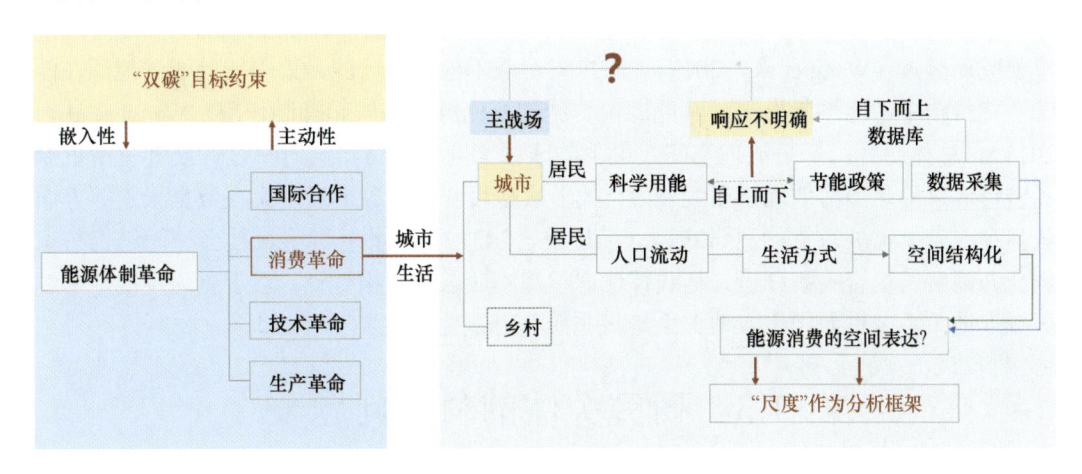

图 1-2 地理视角下的家庭能源消费研究框架

1.2 区域城镇家庭能源消费研究的必要性

城镇，作为人类活动在资源环境与社会经济作用下形成的空间地域实体，是人地关系的重要产物，也是人地关系地域系统中社会经济活动密集的板块。任何等级的城镇，都拥有与之相应的支撑区域，区域的空间层级性和相互依赖性，正是地理学的核心，这就决定了作为区域中心的城镇构成了从上到下的一套完整的城镇居民能源消费体系（樊杰，2016）。这种相互嵌套、多层次的"城镇–区域"体系，是阐释中国城镇家庭能源消费成因、规律的最本质特征，也成为区域实现"双碳"目标的基点。然而，同一因素对居民能源消费是否产生影响因研究空间尺度存在差异，同一因素对能源碳排放影响的性质也会因研究尺度的变化而改变。我国幅员辽阔，自然地理要素和人文地理要素多种多样（陆大道，2023），家庭能源消费格局、过程与变化机制的解释具有多解性（宋长青，2023），对每个市/县开展能源消费研究，进入海量工作的困境且可行性差，也非科学的研究范式。地理经验科学研究的内在假设是地理空间绝对的差异性，这是地理分异的基础，也是地理学科存在的必要条件；同时地理空间存在相对的相近性，这是地理分区的基础。基于此，把各县级单元资源禀赋、社会经济、人口结构等进行分类对比研究，选取每一类的典型区域开展家庭能源消费研究应成为科学研究的基本范式（王正和樊杰，2022）。

北京市、广州市分别位于中国东部的北方和南方，西宁市、聊城市分别位于西部高原和东部平原，四者在能源结构和能源消费方面具有区域典型性，其家庭能源消费及碳排放均蕴含着基础性、共同性的城镇内空间结构特征,但家庭属性、地理环境以及资源禀赋在家庭能源消费及碳排放总体特征中也会产生不同的影响。如北京市在渤海湾地区占据着绝对的优势地位(潘峰华和方成,2019)。随着外来人口的大量迁入,人口增长与经济增长幅度的差异小于全国两者的差异,且因产业结构优化升级,居民生活是能源消费的主要部门(国家统计局,2019)。而在西宁市和聊城市,固定资产投资与碳排放存在正相关关系,尤其在西部大开发战略实施以来,固定资产投资是能源消费碳排放的重要驱动因素(Wang et al.,2017)。广东省得益于核能、风能、太阳能等清洁能源在能源消费结构中占比不断提高,其能源消费结构变化对碳排放起抑制作用(Wang et al.,2013)。总体而言,不同地理空间尺度下的区域家庭能源结构、时空过程及其驱动机制和碳排放风险是当前地理学研究难点,关于家庭尺度的能源地理研究在数据采集等方面依然存在若干需要攻克的科学难题(姜璐等,2021),因此开展区域社会空间结构与家庭能源消费的耦合关系分析,是践行地理学基本命题的积极行动,对于更为精准地了解区域人地关系,进而优化人地关系地域系统具有重要意义。

1.3 研究关注的科学问题

第一问题是城镇社会空间家庭能源消费特征。在研究尺度上,随着城镇人口持续流动,不同阶层家庭在城镇内部空间进行"分选",家庭的人口构成、行为特征以及生活方式等都存在城镇内部尺度上的空间分异,也存在都市区、城市次区域、城市邻里社区多个空间尺度的分异,这些因素使得家庭活动对能源的消费和占用呈现空间分异和结构化的特征(荣培君等,2016),如省会城镇、中等城镇和县城等地区间的能源消费结构就存在较大差异。因此,基于关键区域与典型社区的调查,结合社区空间结构分析能更好地揭示城镇家庭能耗地域空间过程(Reid et al.,2010),通过把典型性特征扩展到更广域的特征区域,将促进区域家庭能源系统协调。但目前国内大多数研究以国家和省域为研究尺度,关于社会空间的城镇内家庭能耗微观研究相对较少。

第二个问题是家庭能源消费及碳排放空间分异的驱动机制。家庭能源消费受经济、社会、资源交互因素影响,近年来,学者主要围绕以单要素为核心的家庭能耗空间特征驱动机制,开展基于家庭收入、地理环境、生活方式等视角的机理探讨和案例剖析,在因果分析上多借助计量回归模型等测度要素之间线性或直接的因果关系。然而,随着城镇化持续推进,人口流动、基础设施完善、现代生活方式建立等因素对家庭能耗产生了综合性影响。家庭能耗特征与驱动要素在空间中作用力的间接性与隐蔽性、作用主体的多样性等问题开始更多地出现,传统单要素的研究框架面对转型期家庭能源消费与形成要素复杂的互动关系显得力所不及。因此,本书的分析视角从单要素视角转向多要素集成,在经济-社会-资源复合系统内部,构建家庭属性、生活方式、地理因素等多要素综合集成分析框架,剖析家庭能源消费及碳排放空间特征的形成动因,实现对家庭能源消费及碳排放空间分异过程的本质理解。

1.4 本书研究内容

家庭能源消费既是城镇典型人地关系活动的形式，亦是能源地理精细化研究的新趋向（姜璐等，2021；Calvert，2016），家庭能源消费活动是人地关系重要研究对象，具有地域性特征，并涉及社会、经济和环境等多维领域（樊杰和李平星，2011）。本书通过开展北京市、广州市、西宁市、聊城市等4个城镇的微观尺度家庭能源消费调研，建立家庭能源消费数据库，在统计体系上弥补了区县及社区尺度能源数据统计工作的缺失环节，为能源地理过程认知提供数据和分析支撑；在实证上，进一步精细化揭示了案例城镇家庭活动能源碳排放及其风险空间特征，为补充完善和发展能源环境地理学提供实证案例贡献。包括以下3个研究内容。

一是构建全景式家庭能源消费调查框架。将地域类型与能源类型、数量、用途一起纳入调查的视域，建立全景视域下家庭能源消费调查框架，以问卷调查形式获取家庭基本信息、能源消费情况、能源管理、政策含义以及消费心理等基础数据。运用家电物理参数法，核算家庭活动的各类能源消费量，将千瓦等表象化的数据转换为能源数据，建立大样本家庭能源消费数据库。结合能源物质流模型，可视化表达能源选择、消费到废弃过程中价值和形态转换的动态过程。概言之，这部分研究将勾勒案例城镇内家庭能耗特征以及评估碳排放产生的环境效应，回应家庭能耗"是什么"。

二是基于社会空间分类的家庭能耗空间格局。以社会空间为切入视角，在个体、家庭以及社区等尺度的转换和融合中，探索案例城镇家庭能耗的地域空间分异规律。辨识家庭能耗基本空间格局，将样本地理坐标分别与家庭能耗特征以及碳排放进行匹配，进行可视化处理，得到家庭能耗特征以及碳排放分布图，分析高值与低值样本特征。识别家庭能耗的空间特征：在全局空间中分别辨析能耗特征和碳排放的高值与低值的空间集聚；分析局部差异，计算社区属性与家庭能耗特征的显著性指标值，分析家庭能耗特征和碳排放在旧城旧机关社会区、商业社会区、高教育旧单位社会区以及郊区社会空间等四类社会空间中的聚集特征。概言之，这部分研究的目的是回应家庭能耗"在哪里"和"是怎样"。

三是家庭能耗及碳排放空间格局的驱动机制分析。根据已有研究成果，家庭属性、社区因素与居民生活方式间存在关系，构建包含上述要素的多层模型，分析三者互动关联及其对能耗空间规律的作用机制。提取家庭属性因素中解释社区因素和生活方式的变量，分析三者关联程度。通过单要素模型表达，理解单一要素对家庭能耗规律的作用机制。首先，分析社区因素对家庭能耗的作用机理，社区的因素测量可划分为社区属性、基础设施、建成环境等3个维度；其次，分析生活方式对家庭能耗的作用机理，关于生活方式测量可分为消费方式、生活情景以及饮食习惯等3个维度。基于单要素模型和多要素综合模型，建立具有表达案例城镇区域家庭能耗复合特征的集成模型，服务于能源管理，这部分研究回应家庭能耗"为什么"是这样。

1.5 章节介绍

本书分为九章，其中第1章为绪论，第2章至第8章为主体，总体上可分成三个部分，分别为能源地理研究和数据采集说明（第2章、第3章）、分析与评估（第4章至第8章）以及优化建议（第9章）。各章概述如下：

第1章，绪论。介绍选题背景、研究意义，阐述中国家庭能源消费与碳排放状况及存在的问题，分析现有研究优势及亟须解决的科学难题，引出本研究的两个关键问题和所包含的4个研究内容。基于地理学空间视角，回答以下两个问题：一是将"地理"尺度视角引入能源研究意味着什么？二是在跨学科研究网络日益增多的家庭能源研究中，地理学如何更好地发挥作用？

第2章，能源地理与家庭能源消费研究。梳理能源地理研究脉络，回顾了能源地理研究的缘起、家庭能源消费的空间特征、形成机制及数据来源，对存在问题进行了述评。主要以采暖、交通、建筑为出发点说明家庭能源消费模式，基于各国家庭能源消费及碳排放状况论证家庭能源消费对气候变化的贡献，总结家庭能源消费及碳排放受到经济、政治、人口、文化等多种因素的影响。

第3章，数据采集与研究方法。明确已有调查研究的不足和方法的局限性，提出全景式家庭能源消费调查方法，基于地图信息点（POI）城市物理空间结构与分层随机的复合抽样方法，从样本采集、能耗计算、碳排放估算、空间分布状况分析及量化数据环节，提出家庭能源消费全流程研究方法。

第4章至第7章，分别阐述了广州市、北京市、聊城市以及西宁市的家庭能源消费及碳排放空间结构特征。基于案例区域自然地理、社会经济，以及自然资源特征，阐明家庭能源消费数据来源及样本特征，分析案例区能源消费结构，描述家庭能源消费特征。核算家庭室内能源消费碳排放和交通用能碳排放，采用空间自相关分析家庭能源消费碳排放空间特征，探索城镇家庭能源消费驱动机制。

第8章，城镇家庭能源消费与碳排放对比。围绕家庭能源消费及其碳排放、交通能源消费碳排放、碳排放空间结构及教育对区域家庭能源消费的影响，开展南–北城镇广州市和北京市、东–西城镇聊城市和西宁市的家庭能源消费及碳排放对比分析。以教育为核心要素，探究其对案例区域家庭能源消费的影响。

第9章，城镇家庭能源消费及碳排放优化策略。提出家庭能源消费优化对策，分析本研究不足，提出未来展望。

本书试图呼应国际地理学关于城镇家庭能源消费与空间研究的前沿问题，助推地理学能源领域的城镇空间研究。同时，通过多要素集成的综合性研究，期望更为精准地了解人地关系进而优化城镇人地关系地域系统，为地理学下区域可持续发展的地域空间规律研究提供理论视角补充和实证案例贡献。总体而言，本书努力响应国家关于能源战略和"双碳"目标的本质要求，针对地理学在"面向国家和地方发展的重大现实需求、为国民经济和社会发展服务"中的重要角色，将研究成果应用于城镇能源决策管理，优化生活用能结构、形成绿色低碳的生活方式。此外，通过居民作为消费者的选择权引领生产领域的节能低碳趋势，进而优化能源需求侧管理，创新区域绿色低碳发展模式，提升低碳城镇的建设与运营能力，探求应对全球气候变化与区域综合环境与灾害风险防范的模式。

参 考 文 献

陈彦光. 2008. 分形城市系统: 标度、对称空间复杂性. 北京: 科学出版社.
杜祥琬. 2019. 城市引领推动中国能源转型. 中国电力企业管理, (13): 10-11.
樊杰. 2016. 中国人文与经济地理学者的学术探究和社会贡献. 北京: 商务出版社.
樊杰, 李平星. 2011. 基于城市化的中国能源消费前景分析及对碳排放的相关思考. 地球科学进展, 26(1): 57-65.
国家统计局. 2019. 中国能源统计年鉴. 北京: 中国统计出版社.
国家统计局. 2020. 中国统计年鉴 2020. http://www.stats.gov.cn/sj/ndsj/2020/indexch.htm.[2020-12-22]
亨利·列斐伏尔. 2015. 空间与政治. 上海: 上海人民出版社.
姜璐, 黄耿志, 王长建. 2021. 空间尺度视角下的家庭能源消费研究进展与展望. 地理科学进展, 40(10): 1788-1798.
刘毅, 杨宇. 2014. 中国人口、资源与环境面临的突出问题及应对新思考. 中国科学院院刊, 29(2): 248-257.
陆大道, 2023. 人文与经济地理学如何响应"中国式现代化"的要求. 经济地理, 43(3): 1-5.
毛熙彦, 贺灿飞. 2022. 环境经济地理学的研究现状与挑战. 地理研究, 41(1): 4-17.
潘峰华, 方成. 2019. 从全球生产网络到全球金融网络: 理解全球–地方经济联系的新框架. 地理科学进展, 38(10): 1473-1481.
荣培君, 张丽君, 杨群涛, 等. 2016. 中小城市家庭生活用能碳排放空间分异–以开封市为例. 地理研究, 35(8): 1495-1509.
宋长青. 2023. 地理学要义. 北京: 商务出版社.
宋志军, 李小建. 2023. 都市城乡过渡带基层空间的演变特征. 地理学报, 78(3): 658-676.
王正, 樊杰. 2022. 能源消费碳排放的影响因素特征及研究展望. 地理研究, 41(10): 2587-2599.
郑新业, 魏楚, 虞义华, 等. 2017. 中国家庭能源消费研究报告(2016). 北京: 科学出版社.
Calvert K. 2016. From 'energy geography' to 'energy geographies' Perspectives on a fertile academic borderland. Progress in Human Geography, 40(1): 105-125.
EIA (U.S Energy Information Administration). 2022. ASSUMPTIONS TO AEO2022. https://www.eia.gov/outlooks/aeo/assumptions/.
IEA (International Energy Agency). 2022. Explore energy data by category, indicator, country or region2019. https://www.iea.org/data-and-statistics/data-browser?country=WORLD&fuel=Energy%20consumption&indicator=TFCShareBySector.
Jiang L, Chen X, Xue B. 2019. Features, driving forces and transition of the household energy consumption in China: a review. Sustainability, 11(4): 1186.
Kammen D M, Sunter D A. 2016. City-integrated renewable energy for urban sustainability. Science, 352(6288): 922-928.
LSE (The London School of Economics and Political Science). 2022. Why are household energy efficiency measures important for tackling climate change? https://www.lse.ac.uk/granthaminstitute/explainers/why-are-household-energy-efficiency-measures-important-for-tackling-climate-change/.
Mi Z, Zheng J, Meng J, et al. 2020. Economic development and converging household carbon footprints in

China. Nature Sustainability, 3(7): 529-537.

Nadimi R, Tokimatsu K. 2018. Modeling of quality of life in terms of energy and electricity consumption. Applied Energy, 212: 1282-1294.

Niu H, He Y, Desideri U, et al. 2014. Rural household energy consumption and its implications for eco-environments in NW China: A case study. Renewable Energy, 65: 137-145.

Niu S, Li Z, Qiu X, et al. 2019. Measurement of effective energy consumption in China's rural household sector and policy implication. Energy Policy, 128: 553-564.

Reid, Louise, Philip Sutton, Colin Hunter. 2010. Theorizing the meso level: the household as a crucible of pro-environmental behaviour. Progress in Hman Gography, 34(3): 309-327.

Shen G, Ru M, Du W, et al. 2019. Impacts of air pollutants from rural Chinese households under the rapid residential energy transition. Nature Communications, 10(1): 1-8.

Shove E, Walker G. 2010. Governing transitions in the sustainability of everyday life. Research Policy, 39: 471-476.

UK Government (Department for Business, Energy and Industrial Strategy). 2022. Energy Follow Up Survey: Household Energy Consumption & Affordability. https://assets.publishing.service.gov.uk/government/uploads/system/uploads/attachment_data/file/1018725/efus-Household-Energy-Consumption-Affordability.pdf.

Wang C, Nie P Y, Peng D H, et al. 2017. Green insurance subsidy for promoting clean production innovation. Journal of Cleaner Production, 148(1): 111-117.

Wang P, Wu W, Zhu B, et al. 2013. Examining the impact factors of energy-related CO_2 emissions using the STIRPAT model in Guangdong Province, China. Applied Energy, 106: 65-71.

Wu X D, Guo J L, Ji X, et al. 2019. Energy use in world economy from household-consumption based perspective. Energy Policy, 127: 287-298.

第 2 章 能源地理与家庭能源消费研究

2.1 能源地理研究脉络

2.1.1 地理视角下的能源研究

能源是可以直接或经转换提供人类所需的光、热、动力等任一形式能量的载能体资源。按照生产过程可以分为一次能源和二次能源，按照是否能再生划分为可再生能源和不可再生能源。以上分类都是从供给或生产角度来进行的，如果按照使用能源所要服务的目的，则可以分成生活能源与生产能源两大类，其中，生活能源是指满足生活需求的能源（Haberl，2001）。20 世纪 70 年代，地理学者将能源问题置于学科分析的中心位置，从空间或区域视角，探讨能源开发、运输、交易以及消费的特征及驱动机制，重点关注能源供应链发展策略、能源投资的空间格局、能源设施选址的环境经济风险、能源技术的传播机制以及能源生产、分配和消费的时空变化格局等主题。这一阶段的研究往往采用宏大叙事的方式（杨宇和何则，2021；Greene et al.，2006），成果难以及时发挥指导实践的作用。随着能源消费的持续增加，空气污染和全球气候变化问题愈发突出，学界逐渐转向能源转型研究（REN，2014；van der Kroon et al.，2013）。能源在社会空间中的角色，是能源地理学者期望关注的焦点（Bridge et al.，2013；樊杰和李平星，2011），能源由经济资产转向社会关系的过程中，衍生出了"能源景观"概念，学者集中探讨了能源生产和消费对景观的影响，以及对感知、表征等非物质关系的影响（姜璐等，2019，2021；郑新业等，2017）。

基于此，"能源地理"被认为是地理想象、空间特性、地方联系与能源供应的协同系统（Calvert，2016）。由于能源生产与消费不仅是一个社会技术提升的时间过程，还是一个涉及政治、文化和深层次地理的过程，使得其研究过程也较为复杂，不仅综合人文–经济地理学人地关系的格局、过程、机理和动力学研究的优势，还同时融入了经济学、社会学、环境心理学、遥感等不同学科的研究成果（BP，2019）（图 2-1）。

2.1.2 家庭能源消费概念界定

在关注研究实效性背景下，能源地理学关注人–物–地等多要素平衡，家庭尺度的能源消费成为精细化研究的一大趋势（BP，2020；Mi et al.，2020）。实际上，地理意义上的"家，不仅是一个地方，也是一种空间，被个人、家庭以及物品所居住或填满的空间"

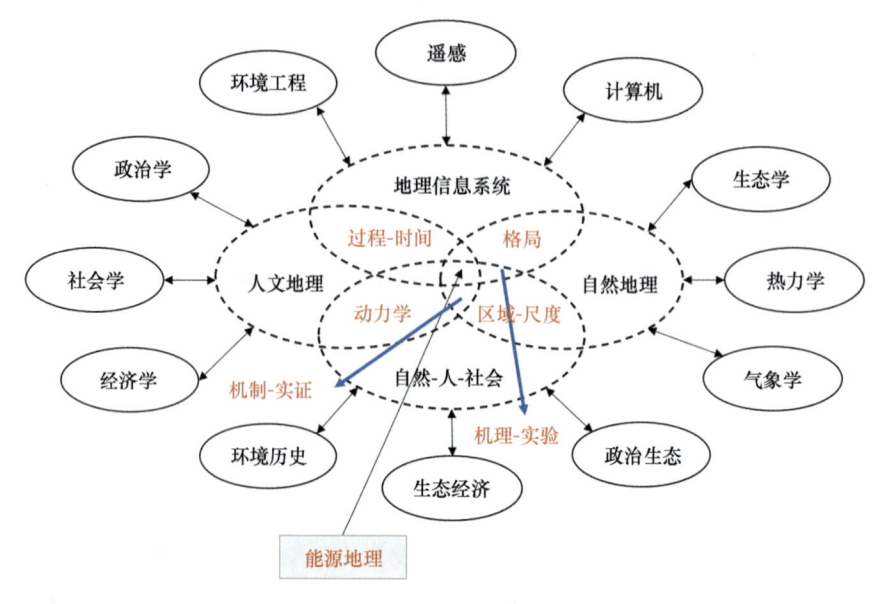

图 2-1　能源地理研究的核心与边界

（李小云等，2016；Sovacool，2012）。而能源消费，是能源需求和供给共同作用、实现均衡时的结果，尤其强调均衡数量和结构。家庭则是能源消费的基本空间单元（席建超等，2011；Wu et al.，2017；Späth and Rohracher，2010），本研究关注家庭能源消费的现实状况，因此采用了"家庭能源消费"的表述，以突出供需均衡的结果。家庭能源消费按照终端用途，可以划分为炊事、热水、家用电器、照明、采暖、制冷、交通七类（郑新业等，2017），其中，前六种终端用能需求活动属于室内用能范畴，最后的交通用能需求活动属于室外用能范畴（图 2-2）。

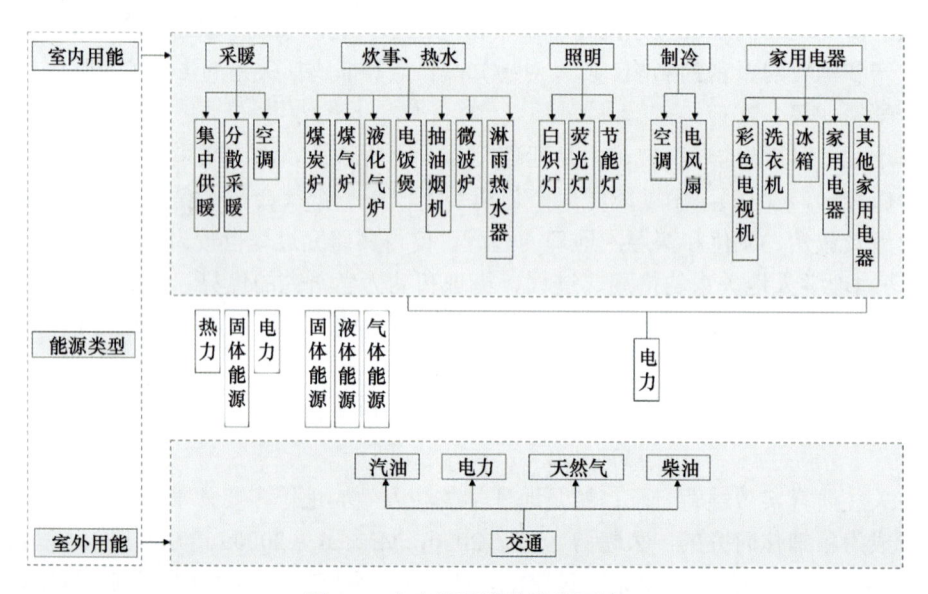

图 2-2　家庭能源消费终端用途

2.2　家庭能源消费结构与模式

地理学视角下，空间尺度之间的相互作用影响产生了家庭能耗的空间结构，而每个尺度的地理格局定格时家庭能耗空间结构是有所差别的。国内外学者探索了尺度转换和尺度融合的方法，从宏观、中观和微观等尺度套叠视角进行实证描述分析，主要关注家庭能源消费结构、模式以及影响因素等主题（Han and Wei，2021）。

从全球尺度来看，Nejat 等（2015）分析了近 10 年全球范围能源消费及碳排放量最大的 10 个国家的家庭能源消费状况，发现全球家庭能源消费增加了 14.00%，其主要来自于发展中国家。Reinders 等（2003）对欧盟 11 个国家的情况进行对比分析后发现，家庭部门中直接和间接能源消费差异巨大。在国家尺度上，研究主要集中在发展中国家，学者们运用实地调研数据分析印度和加纳家庭炊事的用能情况，并对能源的优劣性和影响因素进行研究（Gupta and Koehlin，2006；Karimu，2015）。Wang S 等（2021）发现中国农村能源结构变化对家庭能源消费增量贡献较大。在沿海经济发达地区，农村人均能源消费的增长普遍高于城镇人均能源消费的增长。刘子兰和姚健（2020）用 LA-AIDS 模型分析得出中国居民家庭能源消费支出中，电力、采暖、天然气和液化石油气等 4 项能源消费占总能源消费的近 90.00%。曲建升等（2018）对 30 个省份的人均居民生活碳排放进行研究发现，我国人均居民生活碳排放呈现出逐年上升的趋势。

从区（省）域尺度来看，郑新业等（2017）运用全国家庭能源消费实地调研数据发现，南北方能源消费类型存在显著差异。从城乡尺度视角来看，多数研究主要集中在农村地区，学者们通过在晋黔浙等地调研发现无论是城镇还是农区和牧区家庭能源消费结构及数量具有一定的差异性（谢伦裕等，2019；史清华等，2014）。Zi 等（2021）对河南省农村家庭能源消费研究发现，1/3 的家庭使用"气+电"的组合烹饪能源模式，而收入对炊事能源阶梯有明显的正向影响。荣培军等（2016）以开封市居民家庭生活用能问卷调查数据，探索了城镇居住区家庭生活用能及碳排放空间分布特征。Jiang 等（2021）使用微观调研数据分析青海省农区、牧区以及农牧交错区家庭能源消费，发现生计方式是影响家庭能耗和碳排放的主因。

2.2.1　采暖用能

采暖是家庭能源消费的重要用途之一，关系着国民生计。2018 年，我国集中供热面积约为 87.8 亿 m^2，2019 年集中供热面积已经达到 100 亿 m^2。北方城镇地区主要通过热电联产、大型区域锅炉房等集中供暖设施满足采暖需求，承担供暖面积约 70 亿 m^2，集中供暖尚未覆盖的区域以燃煤小锅炉、天然气、电、可再生能源等分散供暖作为补充（国家统计局，2019）。城乡接合部、农村等地区则多数为分散供暖，大量使用柴灶、火炕、炉子或土暖气等供暖，少部分采用天然气、电、可再生能源供暖（国家能源局，2018）。

2016 年中国建筑的碳排放总量达到 19.6 亿 tCO$_2$，仅北方地区采暖碳排放占比就达到 25.00%（中国建筑节能协会，2018）。

国内关于家庭采暖的研究主要集中在建筑设计、采暖设备及其效益等方面。对全国 28 个省份开展了能源消费调查，发现家庭能源消费特征呈现明显的南北差异，北方地区的人均能源消费量明显高于南方（郑新业等，2017）。区域尺度上，陈滨等（2006）调查研究了新农村节能住宅室内热环境信息，庄智等（2009）进一步论述了中国北方地区以火炕为主的家庭主要供暖方式，如牛叔文等（2013）通过研究甘肃黄土丘陵地区农户的采暖用能需求，提出了解决采暖用能问题的主要方向。总体而言，国内家庭采暖研究主要集中在三方面：一是研究不同的建筑保暖技术对单位能源消费的影响（董海广和许淑惠，2010）；二是研究气候变化对采暖能源消费的影响（陈莉等，2006）；三是探讨各种供暖方式的不同标准分类（程翔，2019）。国外对于采暖的研究角度较宏观，主要集中在不同建筑（老旧建筑和新建建筑）的供暖方式差异及产生这种差异的原因，尤其关注历史建筑的供暖系统对建筑热舒适性的影响。已有研究大多从宏观上判别单一因素对能源消费是否有影响以及影响程度如何。事实上，不同区域城镇采暖用能呈现空间异质性，尤其是高原城镇用能情况较于平原地区更为复杂，不仅受经济、人口等因素影响，还受到环境和资源等综合因素影响，且城镇家庭消耗的能源多于农村家庭（Ping et al.，2011），但对此，尚未引起学界的关注。

2.2.2 交通用能

交通技术的发展提高了空间运输效率、降低了家庭空间运输成本，在一定程度上突破了自然资源的空间约束（宋长青，2023），但由此也产生了诸多出行环境污染问题。2014 年交通的能耗占我国总能耗的 20.00%，交通行业成为我国节能减排的重要领域（檀稳，2019）。交通运输行业既是能耗大户，也是碳排放大户，减排需求巨大（侯兆收，2012），道路交通占我国交通运输部门总碳排放高达约 74.50%，是交通领域实现碳减排的主力（魏一鸣等，2021）。交通碳排放引起了各国政府的高度关注，发展低碳交通也成为各国和学界的共识，美国加州将交通纳入碳市场的领域，欧盟也在考虑将道路交通领域纳入碳市场。

在研究进展方面，胡振等（2019）以京津冀区域作为研究对象，测算了 2006~2015 年京津冀区域交通碳排放量及其驱动因子，发现北京市交通碳排放始终呈现增长趋势，天津市、河北省近些年交通碳排放有下降趋势。居民日常活动引发的能源消耗及其碳排放是引起气候变化的重要原因，而可再生能源的电气化和公共交通转型可以促进健康、就业和公平（IPCC，2022）。为探究家庭交通碳排放背后的作用机制，学者开展了影响因素分析，发现家庭收入水平的提高会增加汽车拥有量，进而导致碳排放增加，生活方式也会影响家庭交通能源选择（Gao et al.，2019）。Qin 和 Han（2013）选取北京市 5 个代表不同碳排放水平的社区，发现较好的公共交通可达性是影响北京市家庭碳排放的重要因素。严海等（2015）研究以沧州市居民为例基于结构方程式模型和其他方法，分析影响通勤者公交出行意愿的相关因素。杜运伟等（2015）以江苏三个城镇的微观家庭活动调查数据为基础，研究城镇家庭碳排放结构特征和主要的影响因素，发现家庭碳排放结构中，家庭耗能、交通出行以及生活垃圾比例大约为 3∶1∶1，家用汽车成为家庭交通出行碳排放最主要的驱动因素。杨文越和曹小曙（2018）通过居民出行碳排放测度模型和结构方程式模型等方法，发现部分居民社会经济变量和态度偏好变量与建成环境存在显著的关联关系，且直接影响是出行距离或出行碳排放。袁亚运（2020）研究发现心理性因素对城镇居民低碳出行意愿和行为具有显著影响，与心理性因素相比，结构性因素对城镇居民低碳出行意愿和行为的影响作用强度更大，是制约城镇居民低碳出行的主要因素。吴文静等（2021）使用问卷调查和主观态度的聚类结果的分析方法，发现低碳通勤出行的意愿受到多种因素影响，积极的环保意识对低碳通勤出行的主观态度有正向促进作用。

2.2.3 建筑与能耗

从技术上讲，建筑是影响家庭能源消费的关键因素。到 2050 年，建筑材料的替代可使全球温室气体（GHG）排放量大幅减少（减少 20.00~52.00Gt CO_2）。研究发现外墙的围护遮阳和保温已被证实可以降低空调的耗电量，而增加空调的玻璃表面积会导致更高的耗电量（Yu et al.，2008）。此外，建筑的布局对其能源消耗也有影响，如 Poirazis 等（2008）研究了瑞典的一栋办公楼，发现当布局改变时，用于冷却的能源需求增加了 57.00%。Musau 和 Steemers（2008）以英国的一栋办公楼为例，其布局将夏季的照明峰值需求降低了 67.00%。可见，墙壁和玻璃表面区域的材料等建筑特征以及空间布局会影响室内空调和照明的能耗。在全球范围内，减少能源消耗和排放的主要政策，绿色建筑认证已在许多发达国家推广和应用，如 LEED（Leadership in Energy and Environmental Development）是全球使用的绿色建筑认证体系。还有其他国家认证体系，如韩国的能源与环境设计绿色标准（GSEED）认证（Jeong et al.，2016），欧盟的能源绩效证书（Economidou et al.，2020），以及美国的能源之星标签（Li and Carrión-Flores，2017）。这些认证系统认可通过低辐射窗户、节能通风、空调和供暖系统等措施来降低家庭能耗。由于绿色建筑认证，能源消耗的积极减少（Ries et al.，2006；von Paumgartten，2003），尽管这种减少可能低于预期（Filippini and Obrist，2022）。也有结果表明，认证在降低能源消耗和碳排放方面无效（Jeong et al.，2016）。中国城市住宅建筑主要建于 1990~2010 年，平均使用年限为 15 年（清华大学建筑节能中心，2021）。2008 年，住房和城乡建设部修订了《节能条例》，以规范技术、工艺、材料和设备，从而促使新建住宅建筑节能。该法规规定了一系列新建筑必须达到的标准，而在该条例前后的建筑特征差异显著，导致家庭能源消耗可能会有所不同。研究发现，属于中国的绿色办公建筑能耗更低，室内环境质量更好（Lin et al.，2016），但尚不清楚绿色建筑如何影响住宅部门的能耗。

2.3 家庭能源消费对气候变化的贡献

在全球温室气体排放中，家庭能源消费占全球能源最终使用量的35%（Zhao et al.，2012），全球约72%的温室气体排放与家庭有关（Hertwich and Peters，2009）。因此家庭能源消费是与全球气候变化相关的温室气体排放的主要驱动因素（Berman et al.，2021），并且根据发展水平的不同，家庭能源消费对于气候变化的影响存在差异。在发达国家，家庭能源消费占到国家能源消耗总量的20.00%以上（Streimikiene and Volochovic，2011）。如在欧盟，家庭消耗的能源占总能源消耗的30%（Streimikiene et al.，2022），温室气体排放量与家庭能源消耗量呈正相关。法国家庭能耗占国家最终能源消耗的30.2%（Hache et al.，2017）。芬兰家庭能源消耗所排放出的温室气体占全国温室气体排放量的70.00%（Salo et al.，2016）。澳大利亚家庭消费了所有部门使用的13%的最终能源，至少30%的温室气体污染来自直接的家庭和个人能源使用（Graham et al.，2013）。美国家庭产生的直接能源消耗占国家能源消耗的1/3（Chen et al.，2016），直接和间接排放出的CO_2占美国化石燃料燃烧CO_2总排放量的84.00%（Lee and Lee，2014）。家庭能耗约占日本最终能源消耗的30%（Ozawa et al.，2018）。发展中国家的家庭所消耗的能源远高于发达国家。中国是世界上最大的发展中国家和最大的温室气体排放国，2007年家庭能源消费量占到全国能源消费总量的10.60%（Zhao et al.，2012），到2012年达到24.70%（Fan et al.，2019），家庭生活消费所引发的二氧化碳等温室气体排放已经占到了国家温室气体排放总量的52.00%（Gao，2022）。印度尼西亚和泰国是东南亚能源消耗量最大的国家，其家庭能源占总能源的50%左右。在老挝人民民主共和国和柬埔寨，家庭能源使用量高达总能源使用量的60%，柬埔寨的家庭能源消耗预计将在2007~2030年间增加190%（Ung et al.，2018）。墨西哥1.993亿CO_2-eq总排放与家庭有关，占到化石燃料燃烧释放CO_2的45%（Vera et al.，2021）。可以看出，无论是发达国家还是发展中国家，家庭所消耗的能源及所释放的相关温室气体都是其国家总量的重要组成部分。发展水平越高的国家，其家庭能源消费量越少，对应其排出的温室气体也就越少。而发展中国家由于受到技术、人口等因素的限制，家庭能源消费及由能源消费所带来的温室气体排放占比远远高于发达国家。

2.4 家庭能源消费及碳排放的影响因素

依据能源阶梯假说研究普遍认为，家庭收入是影响家庭能源消费的最直接和最主要因素，且大量的研究已证实了这一点。但生活生产方式和环境的差异使得家庭能源消费的影响因素向多元化扩展，住房面积（类型）、牲畜数量、耕地面积以及家电数量等因素作用逐渐显现。其中，耕地面积影响着农村煤炭、薪柴、秸秆的消费量，耕种面积的增加，使生物质能的使用量增加，降低了煤炭的消费量（张彩庆等，2015）；人均牲畜量对于薪柴消费量有正向影响，饲养牲畜越多，农户就需要更多的能源煮牲畜饲料（何威风等，2014）。此外，住房面积，尤其是卧室数量直接影响着采暖和制冷能源消耗量，是影响电力能源消费最主要的因素（Tran et al.，2022；Đurišić et al.，2020；McLoughlin et al.，2012）。家电拥有量对于东部城镇家庭能源消费影响较强（左玲，2019）。然而，也有研究显示收入提升并不会提高家庭能源消费，这说明，除了家庭收入等经济因素外，家庭能源消费可能还受到诸多复杂因素的影响，如政策因素和人口因素，以下将具体分析。

政策因素。研究发现政府从"需求侧"实施高效节能家电补贴政策，能够有效促进节能产品的消费行为，通过提高能源高效利用化水平，减少家庭能源消费量（李顺成等，2020；雷丽彩等，2021）。但也存在对用能价格进行补贴后，居民有能力承受电力和天然气价格的涨幅，不会显著提高家庭能源消费量（傅佳莎等，2022；吴玲和肖盼，2018）。在农村地区清洁能源的反馈补贴，比说服教育能够更好优化农村家庭的能源消费结构（刘志雄，2019），如政府通过补贴政策，使低收入家庭的清洁能源投入金额与中等收入家庭一致，将使家庭能源消耗减少10%（Wang et al.，2018）。在制度信任效应方面，农户对政府等机构的信任与家庭能源消费量呈负相关，即信任机构的家庭能耗更低（Jin et al.，2019）。可见，政策法规不会直接对家庭能源消费量产生显著影响，但通过价格机制和补贴政策会间接影响家庭能源消费行为。

人口因素。性别对家庭能源消费有显著影响（Jin et al.，2019；Mbaka et al.，2019），无论是商品能源还是生物质能源，男性使用的能源都比女性多。与农村男性户主家庭相比，女性户主家庭对电力作为主要能源来源的偏好较低（沈可和史倩，2018）。家庭规模对家庭能源消费的影响关系尚未形成一致结论，有学者认为受规模效应影响，常住人口数对各类能源消耗水平的负向影响显著，随着家庭常住人口增加，城镇人均家庭能源呈现下降趋势（左玲，2019）。但也有学者认为受规模效应作用，家庭规模对于总的家庭能源消费的影响是正向的，也就是随着家庭总人口的增加家庭能源消费量也在增加（谢伦裕等，2019）。从分年龄结构来看，人口老龄化与家庭规模小型化均会显著增加人均生活用能（Yang et al.，2018；Wang S et al.，2021），3~5人的家庭消费规模最经济，边际分摊效应最大（Wang B et al.，2021）。

文化因素。在文化方面，学者们发现汉族与少数民族能源消费具有差异性（Ma et al.，2022）。学者们分别从中国三大主要经济带的实地调研数据及新加坡居民实验数据发现社会规范、政策法规、经济成本等有利于提高居民的节能行为，能够在一定程度上抑制家庭高能耗消费（芈凌云，2011；Xu et al.，2021）。与此同时，有部分学者发现，在印度种族制度及妇女地位相对较低的背景下，其家庭能源消费具有一定的差异性（Zhang et al.，2022；Pelz et al.，2021）。

教育被认为具有多重的影响关系。首先，不同的受教育水平对个体的收入水平产生重要影响，进而影响了家庭的经济实力和能源消费水平。接受过高等教育可以提供更好的就业机会和职业发展，从而为家庭创造更多的收入来源，进而影响其能源消费行为。其次，不同受教育水平对个体的节能意识产生一定影响，进而对家庭的能源消费产生影响。受教育程度较高的人通常更加了解节能减排的重要性，更有可能采取节能措施并改变消费习惯，从而降低家庭的能源消费。但是，不同的受教育水平是如何影响家庭能源消费，有待于进一步深入研究。近年来，相关学者开展的不同受教育水平对家庭能源消费的影响研究主要集中在两个方面：一方面是探究不同受教育水平与家庭能源消费之间的关系，随着教育水平的提高，居民在家庭中减少能源消耗的趋势逐渐显现。Yao 等（2019）研究了 1965~2014 年 OECD 国家的能源消费状况，发现良好的教育水平对于抑制传统能源的使用具有显著作用，并能有效地推动可再生能源的发展。Shahbaz 等（2019）通过应用 Bootstrap ARDL 检验方法，证实了教育水平的提高对减少美国的能源消耗具有积极影响。在中国，Salim 等（2017）采用 1990~2010 年的省级数据进行分析，结果表明受教育水平与能源消费之间存在负向关系。Ma 等（2021）研究表明，受过高等教育的中国农村居民倾向于使用较少的能源。另一方面则是研究不同受教育水平是否能促进家庭节能行为？Umit 等（2019）通过分析 22 个欧洲国家的样本，发现教育程度与减少能源使用呈负相关，但与采取能源效率行动呈正相关。Hori 等（2013）的研究发现，在中国大连和泰国曼谷，良好的教育水平对于促进节能行为具有重要作用。Zou 和 Mishra（2020）基于 2015 年 1472 个中国农村家庭的家庭层面数据集，发现受过高等教育的家庭户主较低教育程度更有可能选择能效较高家电。Sardianou 和 Genoudi（2013）分析希腊 200 个家庭发现，受过高等教育的人更有可能选择可再生能源。Liao 等（2021）发现提高低收入和中等收入国家居民的教育水平，可以促进人们选择可再生能源。总体而言，目前对于受教育水平对家庭能源消费的综合影响仍存在一定的不确定性。另外，中国国内不同地区的受教育水平存在明显差异，教育不平等现象普遍存在。根据 Barro-Lee 的数据，只有经济发达国家具有最高的教育发展水平，而全球国家都处于中等水平。中国的受教育水平相对优于全球水平，但教育发展的不均衡现象较为突出，经济发达地区的受教育年限是欠发达地区的两倍。

综上可见，现有主要的相关研究揭示了制度因素与经济因素对家庭能源消费结构的重要性，以及性别、年龄结构与家庭规模对家庭能源消费数量的影响。这些研究表明家庭能源消费可以通过区域空间实践塑造能源消费景观。总体而言，虽然国内外学者从不同研究尺度分析家庭能源消费异质性，探索不同因素影响家庭能源消费模式等研究方面取得了卓越的成效，但是相对缺少以社会空间视角微观城镇家庭能源消费的深层次剖析研究，尤其是在微观数据获取难度较大的高海拔地区。家庭能源消费活动作为一种典型的人地关系区域活动，是能源地理精准化研究的发展趋势。城镇空间包括邻里、社区和社会区（姜璐等，2021），以社区为尺度打造的城镇地理空间载体，对加深认识家庭能源消费的空间整体特征具有重要意义。

参 考 文 献

陈滨, 庄智, 杨文秀. 2006. 被动式太阳能集热墙和新型节能灶炕耦合运行模式下农村住宅室内热环境的研究. 暖通空调, (2): 20-24.

陈莉, 方修睦, 方修琦, 等. 2006. 过去 20 年气候变暖对我国冬季采暖气候条件与能源需求的影响. 自然资源学报, (4): 590-597.

程翔. 2019. 北方供暖地区不同采暖方式发展现状及经济性分析. 中国集体经济, (24): 14-17.

董海广, 许淑惠. 2010. 华北地区典型农宅采暖能源消费模拟及节能分析. 北京建筑工程学院学报, 26(3): 42-46.

杜运伟, 黄涛珍, 康国定. 2015. 基于微观视角的城市家庭碳排放特征及影响因素研究——来自江苏城市家庭活动的调查数据. 人口与经济, (2): 30-39.

樊杰, 李平星. 2011. 基于城市化的中国能源消费前景分析及对碳排放的相关思考. 地球科学进展, 26(1): 57-65.

傅佳莎, 蔡福祥, 魏楚. 2022. 中国城镇家庭能源贫困评估——基于微观调查数据的研究. 经济理论与经济管理, 42(9): 82-96.

国家能源局. 2018. 北方地区冬季清洁取暖规划(2017—2021)解读. 资源节约与环保, (2): 6-8.

国家统计局. 2019. 中国统计年鉴 2018. 北京: 中国统计出版社.

国家统计局. 2020. 中国统计年鉴 2019. 北京: 中国统计出版社.

何威风, 阎建忠, 花晓波. 2014. 不同类型农户家庭能源消费差异及其影响因素: 以重庆市"两翼"地区为例. 地理研究, 33(11): 2043-2055.

侯兆收. 2012. 低碳交通发展模式及对策研究. 长沙: 长沙理工大学.

胡振, 王玥, 何晶晶, 等. 2019. 西部城镇家庭能源消费及其碳排放的区域特征研究——基于中国家庭追踪调查的调研数据. 干旱区资源与环境, 33(4): 1-8.

姜璐, 薛冰, 刘惠玉. 2021. 家庭能源消费的调查方法及实证研究. 可再生能源, 39(7): 885-892.

姜璐, 余露, 薛冰, 等. 2019. 青海省家庭能源消费结构地域特征. 经济地理, 39(8): 146-152, 176.

雷丽彩, 陈新雨, 王辉. 2021. 邻居效应对家庭节能产品消费行为的影响研究. 消费经济, 37(2): 57-66.

李顺成, 肖卫东, 王志宝. 2020. 家庭部门能源消费影响因素及碳排放结构研究——基于 PLS 结构方程模型的实证解析. 软科学, 34(2): 117-123.

李小云, 杨宇, 刘毅. 2016. 中国人地关系演进及其资源环境基础研究进展. 地理学报, 71(12): 2067-2088.

刘志雄. 2019. 京津冀农村地区传统生物质能源消费及影响因素研究——以薪柴和秸秆为例. 中国农业资源与区划, 40(11): 200-206.

刘子兰, 姚健. 2020. 中国居民家庭能源消费研究: 基于 LA-AIDS 模型. 湖南师范大学社会科学学报, 49(1): 78-85.

马生元, 邓俊飞, 马争锋, 等. 2018. 基于 PEMS 的高原城市道路交通状态评价及排放相关性实验研究——以西宁市为例. 青海师范大学学报(自然科学版), 34(4): 43-50.

芈凌云. 2011. 城市居民低碳化能源消费行为及政策引导研究. 徐州: 中国矿业大学.

牛叔文, 钱玉杰, 胡莉莉, 等. 2013. 甘肃庄浪县农户吊炕的热效率模拟分析. 农业工程学报, 29(6): 193-201, 297.

清华大学建筑节能研究中心. 2021. 中国建筑节能年度发展研究报告 2021(城镇住宅专题). 北京: 中国建筑工业出版社.

曲建升, 刘莉娜, 曾静静, 等. 2018. 基于入户调查数据的中国居民生活碳排放评估. 科学通报, 63(Z1): 547-557.

荣培君, 张丽君, 杨群涛, 等. 2016. 中小城市家庭生活用能碳排放空间分异——以开封市为例. 地理研究, 35(8): 1495-1509.

沈可, 史倩. 2018. 人口结构与家庭规模对生活能源消费的影响——基于中国省级面板数据的实证研究. 人口研究, 42(6): 100-110.

史清华, 彭小辉, 张锐. 2014. 中国农村能源消费的田野调查——以晋黔浙三省 2253 个农户调查为例. 管理世界, (5): 80-92.

宋长青. 2023. 地理学要义. 北京: 商务出版社.

檀稳. 2019. 基于交通出行视角的城市土地利用碳减排策略研究. 武汉: 华中农业大学.

魏一鸣, 余碧莹, 赵光普, 等. 2021. 能源经济预测与展望研究报告: 全球气候治理策略及中国碳中和路径展望. https://ceep.bit.edu.cn/docs/2021-01/d714a0f1049d4ed79c881150abfbdc83.pdf.[2021-12-18]

吴玲, 肖盼. 2018. 江苏省家庭能源消费及影响因素调查研究. 南京工程学院学报(社会科学版), 18(3): 51-54.

吴文静, 孙刃超, 宗芳, 等. 2021. 居民低碳通勤出行的主观态度识别及影响分析. 重庆交通大学学报(自然科学版), 40(5): 53-58.

席建超, 赵美风, 葛全胜. 2011. 乡村旅游诱导下农户能源消费模式的演变: 基于六盘山生态旅游区的农户调查分析. 自然资源学报, 26(6): 981-991.

谢伦裕, 陈飞, 相晨曦. 2019. 城乡家庭能源消费对比与影响因素——以浙江省为例. 中南大学学报(社会科学版), 25(6): 106-117.

严海, 王熙蕊, 梁文博, 等. 2015. 基于结构方程模型的通勤交通方式选择. 北京工业大学学报, 41(4): 590-596.

杨文越, 曹小曙. 2018. 居住自选择视角下的广州出行碳排放影响机理. 地理学报, 73(2): 346-361.

杨宇, 何则. 2021. 能源地缘政治与能源权力研究. 地理科学进展, 40(3): 524-540.

袁亚运. 2020. 心理驱动抑或结构束缚: 低碳出行的机制分析. 干旱区资源与环境, 34(3): 20-26.

张彩庆, 郑金成, 臧鹏飞, 等. 2015. 京津冀农村生活能源消费结构及影响因素研究. 中国农学通报, 31(19): 258-262.

郑新业, 魏楚, 虞义华, 等. 2017. 中国家庭能源消费研究报告(2016). 北京: 科学出版社.

中国建筑节能协会. 2018. 中国建筑能源消费研究报告(2018). 上海: 中国建筑节能协会.

庄智, 李玉国, 陈滨. 2009. 架空炕采暖作用下建筑热过程的模拟与分析. 暖通空调, 39(1): 9-14.

左玲. 2019. 我国城镇家庭能源消费影响因素分析. 长沙: 湖南师范大学.

Berman C H, Kumar P, Shwom R, et al. 2021. Explaining green technology purchases by US and Canadian households: the role of pro-environmental lifestyles, values, and environmental concern. Energy Efficiency, 14(5): 46.

BP. 2019. BP Statistical Review of Word Energy 2019. https://www.bp.com/en/global/corporate/energy-economics/statistical-review-of-world-energy.html.

BP. 2020. BP Statistical Review of Word Energy 2020. https://www.bp.com/content/dam/bp/business-sites/en/global/corporate/pdfs/energy-economics/statistical-review/bp-stats-review-2020-full-report.pdf.

Bridge G, Bouzarovski S, Bradshaw M, et al. 2013. Geographies of energy transition: Space, place and the low-carbon economy. Energy Policy, 53: 331-340.

Calvert K. 2016. From 'energy geography' to 'energy geographies' Perspectives on a fertile academic borderland. Progress in Human Geography, 40(1): 105-125.

Chen X, De la Rosa J, Peterson M N, et al. 2016. Sympathy for the environment predicts green consumerism but not more important environmental behaviours related to domestic energy use. Environmental Conservation, 43(2): 140-147.

Đurišić V, Rogić S, Smolović J C, et al. 2020. Determinants of household electrical energy consumption: Evidences and suggestions with application to Montenegro. Energy Reports, 6: 209-217.

Economidou M, Todeschi V, Bertoldi P, et al. 2020. Review of 50 years of EU energy efficiency policies for buildings. Energy and Buildings, 225: 110322.

Fan J, Ran A, Li X. 2019. A study on the factors affecting China's direct household carbon emission and comparison of regional differences. Sustainability, 11(18): 4919.

Filippini M, Obrist A. 2022. Are households living in green certified buildings consuming less energy? Evidence from Switzerland. Energy Policy, 161: 112724.

Gao H, Gu A, Wang G, et al. 2019. A Structural Decomposition Analysis of China's Consumption-Based Greenhouse Gas Emissions. Energies, 12(15): 2843.

Gao Y. 2022. Unexpectedly, household carbon emissions account for 52%! Huge business opportunities lie within it. https://www.gsm.pku.edu.cn/info/1316/25526.htm.

Graham S, Schandl H, Williams L J, et al. 2013. The effects of climate and socio‐demographics on direct household carbon dioxide emissions in Australia. Geographical Research, 51(4): 424-438.

Greene D L, Hopson J L, Li J. 2006. Have we run out of oil yet? Oil peaking analysis from an optimist's perspective. Energy Policy, 34(5): 515-531.

Gupta G, Koehlin G. 2006. Preferences for domestic fuel: Analysis with socio-economic factors and rankings in Kolkata, India. Ecological Economics, 57(1): 107-121.

Haberl H. 2001. The energetic metabolism of societies: Part II: Empirical examples. Journal of Industrial Ecology, 5(2): 71-88.

Hache E, Leboullenger D, Mignon V. 2017. Beyond average energy consumption in the French residential housing market: A household classification approach. Energy Policy, 107: 82-95.

Han X, Wei C. 2021. Household energy consumption: State of the art, research gaps, and future prospects. Environment, Development and Sustainability, 23(8): 12479-12504.

Hertwich E G, Peters G P. 2009. Carbon footprint of nations: a global, trade-linked analysis. Environmental Science Technology. 43(16): 6414-6420.

Hori S, Kondo K, Nogata D, et al. 2013. The determinants of household energy-saving behavior: Survey and comparison in five major Asian cities. Energy Policy, 52: 354-362.

IEA (International Energy Agency). 2022-03-09. Explore energy data by category, indicator, country or region 2019. https://www.iea.org/data-and-statistics/data-browser?country = WORLD&fuel = Energy% 20consumption&indicator = TFCShareBySector.

IPCC (Intergovernmental Panel on Climate Change). 2022. Climate Change 2022: Mitigation of climate change. Nairobi and Geneva: World Meteorological Organization (WMO) and the United Nations Environment Programme (UNEP).

Jeong J, Hong T, Ji C, et al. 2016. Development of an evaluation process for green and non-green buildings focused on energy performance of G-SEED and LEED. Building and Environment, 105: 172-184.

Jiang L, Xing R, Chen X, et al. 2021. A survey-based investigation of greenhouse gas and pollutant emissions from household energy consumption in the Qinghai-Tibet Plateau of China. Energy and Buildings, 235: 110753.

Jin J, He R, Kuang F, et al. 2019. Different sources of rural household energy consumption and influencing factors in Dazu, China. Environmental Science and Pollution Research, 26(21): 21312-21320.

Karimu A. 2015. Cooking fuel preferences among Ghanaian Households: An empirical analysis. Energy for Sustainable Development, 27: 10-17.

Lee S, Lee B. 2014. The influence of urban form on GHG emissions in the US household sector. Energy Policy, 68: 534-549.

Li H, Carrión-Flores C E. 2017. An analysis of the ENERGY STAR® program in Alachua County, Florida. Ecological Economics, 131: 98-108.

Liao C, Erbaugh J T, Kelly A C, et al. 2021. Clean energy transitions and human well-being outcomes in lower and middle income countries: A systematic review. Renewable and Sustainable Energy Reviews, 145: 111063.

Lin B, Liu Y, Wang Z, et al. 2016. Measured energy use and indoor environment quality in green office buildings in China. Energy and Buildings, 129: 9-18.

Ma S, Xu X, Li C, et al. 2021. Energy consumption inequality decrease with energy consumption increase: Evidence from rural China at micro scale. Energy Policy, 159: 112638.

Ma W, Zheng H, Gong B. 2022. Rural income growth, ethnic differences, and household cooking fuel choice: Evidence from china. Energy Economics, 107: 105851.

Mbaka C K, Gikonyo J, Kisaka O M. 2019. Households' energy preference and consumption intensity in Kenya. Energy, Sustainability and Society, 9(1): 1-11.

McLoughlin F, Duffy A, Conlon M. 2012. Characterising domestic electricity consumption patterns by dwelling and occupant socio-economic variables: An Irish case study. Energy and Buildings, 48: 240-248.

Mi Z F, Zheng J L, Meng J, et al. 2020. Economic development and converging household carbon footprints in China. Nature Sustainability, 3: 529-537.

Musau F, Steemers K. 2008. Space planning and energy efficiency in office buildings: The role of spatial and temporal diversity. Architectural Science Review, 51(2): 133-145.

Nejat P, Jomehzadeh F, Taheri M M, et al. 2015. A global review of energy consumption, CO_2 emissions and policy in the residential sector (with an overview of the top ten CO_2 emitting countries). Renewable and Sustainable Energy Reviews, 43: 843-862.

Ozawa A, Kudoh Y, Yoshida Y. 2018. A new method for household energy use modeling: A questionnaire-based approach. Energy and Buildings, 162: 32-41.

Pelz S, Chindarkar N, Urpelainen J. 2021. Energy access for marginalized communities: Evidence from rural North India, 2015-2018. World Development, 137: 105204.

Ping X, Jiang Z, Li C. 2011. Status and future perspectives of energy consumption and its ecological impacts in the Qinghai-Tibet region. Renewable and Sustainable Energy Reviews, 15(1): 514-523.

Poirazis H, Blomsterberg Å, Wall M. 2008. Energy simulations for glazed office buildings in Sweden. Energy and Buildings, 40(7): 1161-1170.

Qin B, Han S S. 2013. Planning parameters and household carbon emission: Evidence from high-and low-carbon neighborhoods in Beijing. Habitat International, 37: 52-60.

Reinders A H M E, Vringer K, Blok K. 2003. The direct and indirect energy requirement of households in the European Union. Energy Policy, 31(2): 139-153.

REN. 2014. Renewables 2014: Global status report. 2014-01-01. http://www.ren21.net/REN21Activities/GlobalStatusReport. aspx.

Ries R, Bilec M M, Gokhan N M, et al. 2006. The economic benefits of green buildings: A comprehensive case study. The Engineering Economist, 51(3): 259-295.

Salim R, Yao Y, Chen G S. 2017. Does human capital matter for energy consumption in China? Energy Economics, 67: 49-59.

Salo M, Nissinen A, Lilja R, et al. 2016. Tailored advice and services to enhance sustainable household consumption in Finland. Journal of Cleaner Production, 121: 200-207.

Sardianou E, Genoudi P. 2013. Which factors affect the willingness of consumers to adopt renewable energies? Renewable Energy, 57: 1-4.

Shahbaz M, Gozgor G, Hammoudeh S. 2019. Human capital and export diversification as new determinants of energy demand in the United States. Energy Economics, 78: 335-349.

Sovacool B K. 2012. Deploying off-grid technology to eradicate energy poverty. Science, 338: 47-48.

Späth P, Rohracher H. 2010. "Energy regions": The transformative power of regional discourses on socio-technical futures. Research Policy, 39(4): 449-458.

Streimikiene D, Kyriakopoulos G L, Lekavicius V, et al. 2022. How to support sustainable energy consumption in households? Acta Montanistica Slovaca, 27(2): 479-490.

Streimikiene D, Volochovic A. 2011. The impact of household behavioral changes on GHG emission reduction in Lithuania. Renewable and Sustainable Energy Reviews, 15(8): 4118-4124.

Tran L N, Xuan J, Nakagami H, et al. 2022. Influence of household factors on energy use in Vietnam based on path analysis. Journal of Building Engineering, 57: 104834.

Umit R, Poortinga W, Jokinen P, et al. 2019. The role of income in energy efficiency and curtailment behaviours: Findings from 22 European countries. Energy Research and Social Science, 53: 206-214.

Ung M, Luginaah I, Chuenpagdee R, et al. 2018. First-hand experience of extreme climate events and household energy conservation in coastal Cambodia. Climate and Development, 10(5): 471-480.

van der Kroon B, Brouwer R, Van Beukering P J. 2013. The energy ladder: Theoretical myth or empirical truth? Results from a meta-analysis. Renewable and Sustainable Energy Reviews, 20: 504-513.

Vera M S, de la Vega Navarro A, Samperio J I. 2021. Climate change and income inequality: An IO analysis of the structure and intensity of the GHG emissions in Mexican households. Energy for Sustainable Development, 60: 15-25.

von Paumgartten P. 2003. The business case for high performance green buildings: Sustainability and its financial impact. Journal of Facilities Management, 2(1): 26-34.

Wang B, Deng N, Liu X, et al. 2021. Effect of energy efficiency labels on household appliance choice in China: Sustainable consumption or irrational intertemporal choice. Resources, Conservation and Recycling, 169: 105458.

Wang S, Sun S, Zhao E, et al. 2021. Urban and rural differences and regional assessment of household energy consumption in China. Energy, 2021: 121091.

Wang S, Wang J, Li J, et al. 2018. Policy implications for promoting the adoption of electric vehicles: Do consumer's knowledge, perceived risk and financial incentive policy matter? Transportation Research Part A: Policy and Practice, 117: 58-69.

Wu S, Zheng X, Wei C. 2017. Measurement of inequality using household energy consumption data in rural China. Nature Energy, 2(10): 795-803.

Xu Q, Lu Y, Hwang B G, et al. 2021. Reducing residential energy consumption through a marketized behavioral intervention: The approach of Household Energy Saving Option (HESO). Energy and Buildings, 232: 110621.

Yang R, He J, Li S, et al. 2018. Different effects of main influence factors on household energy consumption in three typical rural villages of China. Energy Reports, 4: 603-618.

Yao Y, Ivanovski K, Inekwe J, et al. 2019. Human capital and energy consumption: Evidence from OECD countries. Energy Economics, 84: 104534.

Yu J, Yang C, Tian L. 2008. Low-energy envelope design of residential building in hot summer and cold winter zone in China. Energy and Buildings, 40(8): 1536-1546.

Zhang A T, Patnaik S, Jha S, et al. 2022. Evidence of multidimensional gender inequality in energy services from a large-scale household survey in India. Nature Energy, 2022: 1-10.

Zhao X, Li N, Ma C. 2012. Residential energy consumption in urban China: A decomposition analysis. Energy Policy, 41: 644-653.

Zi C, Qian M, Baozhong G. 2021. The consumption patterns and determining factors of rural household energy: A case study of Henan Province in China. Renewable and Sustainable Energy Reviews, 146: 111142.

Zou B, Mishra A K. 2020. Appliance usage and choice of energy-efficient appliances: Evidence from rural Chinese households. Energy Policy, 146: 111800.

第 3 章　数据采集与研究方法

3.1　案例区选择

能源消费是典型的人地关系地域系统活动，具有明显的地域差异。就每个地域而言，其家庭能源消费特征和时空变化是能源消费活动和自然环境，或是人地相互作用的结果，能源消费的人地关系构成了地理格局和过程最基本的关系，这种关系因功能特征与时空变化规律在不同区域的表现不同并具有明显区域性（吴传钧，1991），因此有必要按照地域类型来协调不同的人地关系。考虑到我国各地的自然、社会、经济条件的地域差异很大，开展家庭能源消费研究应选择一些不同类型的地域，进行典型调查研究（图 3-1）。在典型研究的基础上，划分出全国不同层次的家庭能源消费人地关系类型区，然后分别研究各类型地区的人地关系优化组合，为制定地区综合能源消费优化规划提供科学依据。

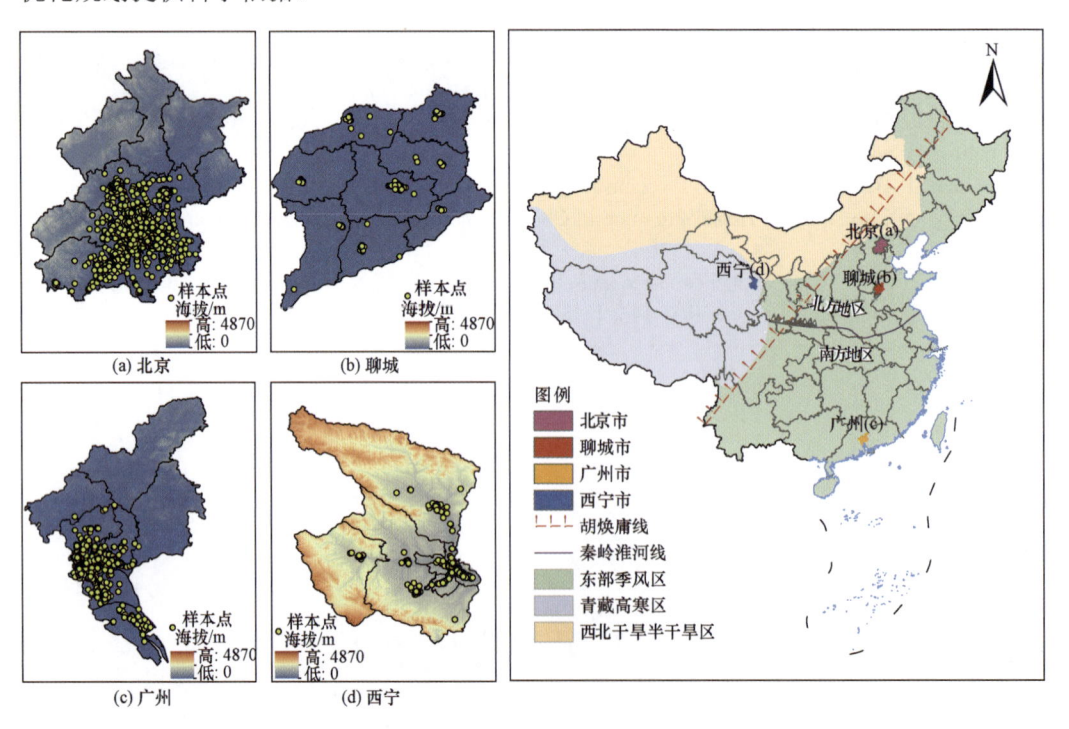

图 3-1　案例研究区域空间分布情况

广州市、北京市、聊城市和西宁分属于中国的超大型城镇、特大型城镇和大城镇[①]。四者均存在核心区、主城区以及近郊区等社会空间特征，但又由于区域环境条件、经济发展、生产生活方式之间存在较大差异，收入水平、能源价格以及能源可得性存在较大差异。具体表现为：第一，4个城镇在发展阶段上存在差异。北京市和广州市都是发达地区的经济中心，经济发展较为成熟，能源需求量较大。北京市处于国家大中城镇顶端，城镇空间受高端产业化的影响显著；区别于传统性超大型城镇北京市，广州市是发达省份广东的省会，其市场驱动下的个体私营经济在全国处于前列。聊城市地处传统农业区，周边农村和城镇的内部差距较小，外部因素影响较弱，城镇空间的传统性较为明显。西宁市作为传统型大城镇，其城镇空间多由地段的非农化、基层的城镇化所主导。经济发展相对较为滞后，但具有丰富的太阳能和风能资源（图3-1）。第二，能源价格与技术进步对能源强度的影响对4个城镇存在明显空间异质性，能源价格的提高是引起我国能耗强度削减的重要原因，能源价格影响程度表现为西宁市高于北京市、广州市和聊城市；技术进步作为影响能源强度的重要途径，也是促进能源转型的重要保障，技术进步影响程度表现为西宁市最大，北京市、广州市和聊城市最小（冯永晟等，2020）。第三，区位差异也对能源资源禀赋和环境风险产生影响。广州市和北京市交通条件优渥，并由于城市化和工业化程度高，面临着更严重的环境风险和生态压力。西宁市经济和人力资源较为有限，但由于生态环境相对较好，清洁能源开发和利用较为可持续。聊城市的煤炭消费量占能源消费总量的比例较全国平均水平高出约30个百分点（聊城市人民政府，2022），面临能源转型和经济发展双重压力。

综上，广州市、北京市、聊城市和西宁市在能源结构、家庭结构和家庭收入方面存在差异，亟须开展差别化的自然条件约束下城镇社会空间结构与能源消费的耦合关系分析，提升城镇家庭能耗情景的高精度阐释，以微观调查数据为基础。"自下而上"对城镇家庭用能情况进行汇总分析，刻画城镇家庭能耗动态特征，评估城镇尺度的碳排放风险，将参数与作用机理转换为政策调控变量，给出政策作用的重点、途径和目标，形成政策方案。

3.2 数据采集流程

科学研究已经进入大数据时代，大数据以其固有的特征成为不可或缺的研究资源，但也必须认识到大数据的局限性。小数据是相对大数据而言的，却与大数据存在本质的区别。小数据是根据地理研究对象本质特征研制特有的技术和方法，采集的能够表征地理对象本质的量化数据，与大数据相比，小数据对地理对象表达更直接、数据的精度更可控、数据类型间的逻辑更清晰、对地理对象的变化的因果关系阐述更有说服力。因而，小数据一直以来都是弥足珍贵的研究资源（宋长青，2023）。实地调查是小数据获取的基本方式之一，其具有经济性、准确性、时效性和可量化等多种优势，既有效地弥补了统计数据中家庭能源数据的空白，也能实现大数据和小数据的综合利用，进而深刻地解

[①] 国务院. 关于调整城市规模划分标准的通知. 2014-11. http：//www.gov.cn/zhengce/content/2014-11/20/content_9225.htm

释家庭能源活动规律与机理（风笑天，2016；刘云刚等，2018；湛东升等，2016）。

目前，美国、加拿大、英国等发达国家已普遍开展家庭能源消费调查研究（廖华和伍敬文，2019；EIA，2010；NRCAN，2014；DECC，2014），这在一定程度上促进了中国家庭能源消费调查研究的兴起。较早开展家庭能源消费调查的是中国人民大学组织的中国家庭能源消费调查（CRECS），从2012年起共调研了26个省级行政区域的3万余户家庭（Zhang et al.，2022）。北京大学组织的农村家庭能源消费调研的时间跨度较长，共收集了1992~2012年近20年34489户家庭的能源消费结构数据（Shen et al.，2019）。此外，诸多学者从区域和地方尺度开展了相关调查研究。甘肃、吉林、陕西、山东、浙江和云南等省围绕能源消费结构、用途以及影响因素等主题获得了一系列有价值的研究成果（仇焕广等，2015；梁育填等，2012；Niu et al.，2014）。研究结论显示，不同地域类型所具有的独特地理环境与资源禀赋状况，影响了家庭能源的利用方式与时间分配，进而产生了能源消费的地域空间分异，地域类型间存在着能源活动与人文-自然要素的动态和静态交互作用（姜璐等，2019）。然而，已有的调查研究侧重于能源类型、数量或用途维度，较少关注地理环境因素与家庭能源活动的互动性。在能源用途上，也更侧重于室内能源消费，由居民出行半径提升带来的交通能源尚未引起足够关注。

尽管国内家庭能源消费调查方法应用持续优化，但整体看，传统的入户调查面对复杂的地域系统显得力所不及。已有研究对于如何科学开展问卷调查方法的论述涉及较少，在一定程度上限制了调查方法在能源乃至资源地理研究的广泛应用（湛东升等，2016；陈新建和濮励杰，2015）。姜璐等（2021）基于多年调研工作经验，借鉴已有研究成果，提出了全景式四维调查框架，构建了家庭能源消费调查的集成方法，以期系统全面刻画家庭能源消费水平。通过建立协调一致、时空可比较的数据库，提升研究的跨区域集成及增值效应，促进调查方法在资源地理研究中科学规范的应用。

3.2.1　总体视角与思路

全景视角（panoramic view）可以从特殊中抽象出一般规律来全面地看问题。这一概念也可以从万花筒中直观体现，在千变万化的景观图中，所有图景和边界尽在视野之中，而其中不可忽略的是空间的全景化维度——地域类型（蓝志勇，2017；厉芳婷等，2018）。地域类型是由若干发展条件、生产结构、发展特点和发展方向相类似的地区或单位组成，并具有相对稳定性的地域单元（全国科学技术名词审定委员会，2006）。本章在已有研究基础上，试图将地域类型与能源类型、数量、用途一起纳入调查的视域，建立全景视域下四维家庭能源消费调查框架（图3-2），以提升地学数据的采集和事实提炼的贡献（刘云刚等，2018）。更具体地讲，在区域和地方尺度上，区分农村和城镇家庭能源数据获取方法，明确数据获取重点和优先次序。例如，农村地区的能源类型多样，但能源用途相对单一，而城镇家庭的能源类型较少，但能源用途多元。此外，充分考虑不同乡村地域类型的区域差异，如青藏高原区、东北区、东南沿海区和长江中下游区等（周扬等，2019），有区别地设计调查测度项。在此基础上，运用家电物理参数法与生物质能源估算法，核算家庭各项活动的各类能源消费量，并结合能源物质流模型，可视化表达从能源选择、消费到废弃中价值和形态转换的动态过程。

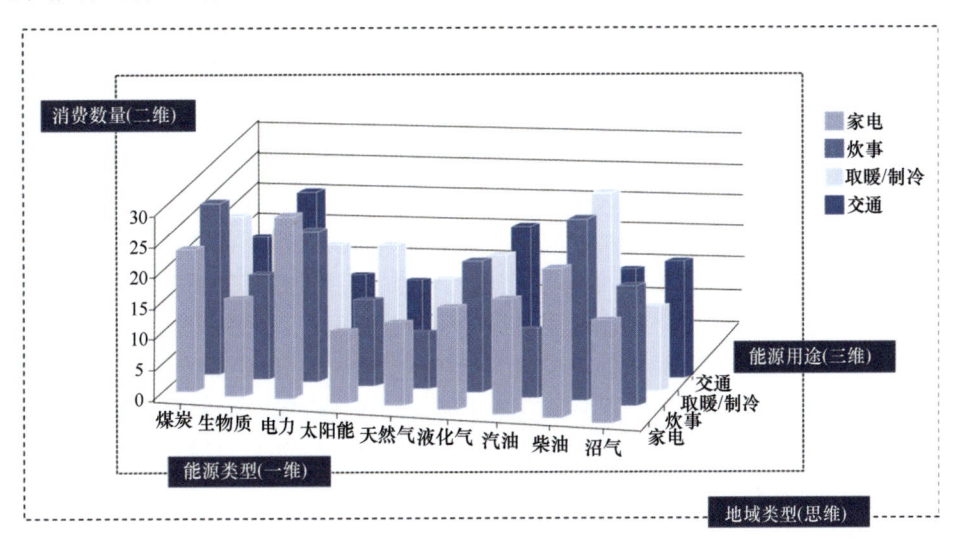

图 3-2　家庭能源消费调查四维示意图

3.2.2　全景式家庭能源消费调查方法

在全景式家庭能源消费调查框架中，问卷设计关注地域类型中的人文–自然要素，被访者的地理空间位置和地理环境要素是调查的重要特色。图 3-3 展示了调查的全流程，主要

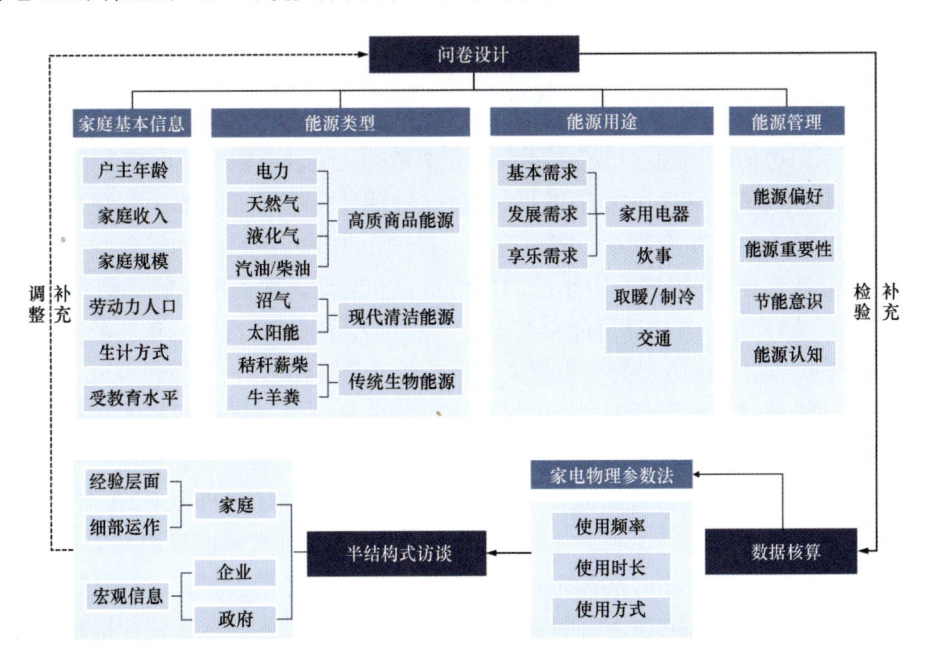

图 3-3　全景式家庭能源消费调查框架

通过问卷调查形式获取家庭基本信息、能源消费情况、能源管理、政策含义和消费心理等基础数据。其次，使用家庭能源数据核算法，将千瓦（kW）等表象化的数据转换为能源数据，探索建立微观家庭能源消费基础数据库。在此基础上，开展半结构式访谈，辨识能源消费的细部运作机制，并从企业、政府等相关单位获取宏观信息来验证和补充调研数据。

图 3-3 所示的全景式四维家庭能源调查框架中，每个维度下面又分解为若干个更为具体的指标。①能源类型维度与能源可得性密切相关，以能否进入能源市场作为商品销售为标准，分解为商品能源和非商品能源。在此基础上，再根据能源的形态特征与转换，将非商品能源分为清洁能源和传统能源，将商品能源分为高质商品能源和低质商品能源（何威风等，2014）。②能源数量维度与能源管理、能源重要性认知直接相关，可分解为节能意识与行为、能源偏好。③能源用途维度可分解为家电、炊事、采暖/制冷以及交通用途。以上述 3 个维度的分解指标对于城镇和农村家庭均适用。④地域类型维度与自然-人文地理要素密切相关，将其分解为家庭基本属性和重大政策。家庭属性包括家庭规模、家庭收入、生计方式、受教育水平以及户主年龄。重大政策可针对阶梯电价、"煤改气"等对城镇居民用能进行询问。

3.2.3 问卷内容

问卷调查获取能源消费数据的方式主要有两类：一是自我报告法；二是账单法。自我报告法被广泛使用，即受访者自行报告使用能源的类型、数量及用途。该方法直接且成本低（Kasprzyk，2005），但受被调查者知识缺乏、回忆困难或者不愿意准确回答问题而限制，数据准确性较差（Carlson et al.，2013）。为弥补这一不足，相关学者常结合账单法一起使用（Baldwin，1977；Lévi-Strauss et al.，1976）。然而，账单法只能收集电力、天然气等商品能源信息，存在信息获取困难和数据不完整等问题。

家用电器的物理参数法可以有效弥补上述研究方法的不足（Zheng et al.，2014；姜璐等，2020）。家用电器的物理参数法主要调动受访者的记忆获取家电使用信息（使用时间、使用模式、使用频率），并利用电表数据收集能源使用设备的物理参数。以电力消费调查为例，利用电器的输出功率容量、能效等级、日使用频率和持续时间等参数，可以收集各电器的日能耗数据，并根据给定年份的日消费量和活动天数得出年能源消费量（Zheng et al.，2014）。尽管这一方法亦可能存在误差，但回忆日常行为比回忆年能源消费量更为容易，且物理参数可通过电器的标签收集，无须通过受访者回忆（Zheng et al.，2014）。

区域管理需要认识到区域差异，而区域之间的差异性是自然环境和人文社会环境综合作用下的结果，因此区域家庭能源消费研究需要采用同一套方法指标进行统合衡量。调查问卷内容主要包括受访者家庭特征（人口、性别、受教育程度、家庭年收入）、住房特征以及家庭能源消费情况。主要从以下问题中获取家庭直接能源消耗信息和指标：炊事设备的使用频率及平均时间，冰箱、电视机等家用电器的数量、能效及频率等相关参数，热水器、制冷设备的使用时间和频率、数量，照明设备的数量及使用时间等，具体家庭能源消费量的计算方法参考了郑新业等（2017）的研究工作。

总结起来，调查问卷设计遵循"设计问卷初稿—预调研—定稿"的步骤。问卷总体以主观封闭式问题为主，尽可能识别受访者实际偏好，避免因受访者的异质性和不确定信息对其产生不恰当诱导（风笑天，2016）。在初步归纳出问卷草案后，本书开展了调研区域的实地预调查，将问卷分别发给能源管理有关人员、资源领域的专家以及典型的受访者，邀请他们分析问卷初稿，并提出建议。根据预调查情况对问卷初稿中存在问题进行修正定稿，形成最终版本的问卷（附录二）。

3.2.4 组合抽样方式

大数据技术和多源化数据的建设为研究家庭能源消费提供了新视角。在样本空间点位布局方面，为了保证样本的结构与城市空间结构比较相近，提高研究区全域的估计精度，研究采用复合城市物理空间与人口密度的抽样逻辑。

1. 多源数据交叉验证

海量空间数据为大范围、精细化获取家庭能源消费数据提供了可能。探索城市空间的发展规律和趋势，在更深层次和尺度上挖掘有价值的空间信息，提升地理信息的服务价值（张景奇等，2021）。POI 数据描述了这些地理实体的空间位置和属性信息，它的数据样本量大、涵盖信息丰富，能在一定程度上反映出城市的各类活动。每个 POI 一般包含 4 方面的信息，即名称、类别、经纬度和地址，较传统土地调查数据、遥感数据和社会经济统计数据更易获取和处理，精细度和认知度也更高，弥补了人口、价格、夜间灯光等常规数据的不足。尤其是利用 POI 数据与城市空间布局密切相关的特性，能够对城市服务设施进行信息统计、地理定位和表达，帮助研究更为直观地感受各类地理实体的分布，从而能更好地理解城市结构（裴韬等，2019）。

家庭能源消费活动与交通、商业、教育等设施相关，不同等级、类型的设施对家庭能源消费行为呈现出不同的影响程度（姜璐等，2019）。为此，本书首先分析了 POI 数据所构成的城市空间结构，以此来确定家庭能源消费调查样本数量空间层级，实现全样本数据支撑下的调研数据的无偏性验证。选取高德地图平台为 POI 数据来源网站，爬取全类型的 POI 数据。根据高德地图网站的数据结构和页面 HTML 代码，编写 Python 等语言的爬虫脚本，自动化地抓取 2021 年 POI 数据。综合运用各类 POI 数据、空间分辨率为 1000m 的 2020 年世界人口数据集（WorldPop）及中国 GDP 空间分布公里网格数据集等进行空间计量分析。清洗和筛选后得到北京市有效数据 679413 条，广州市有效数据 793056 条，西宁市有效数据 60790 条，聊城市有效数据 169465 条。包括购物消费、餐饮美食、生活服务、公司企业、汽车相关、交通设施、医疗保健、酒店住宿、科教文化、商务住宅、金融机构、休闲娱乐、旅游景点、运动健身等 14 类（表 3-1）。

案例城市的空间结构呈以下特征（图 3-4）：北京市的城市空间结构呈现南北差异。南部地区的 POI 密度值较高，集中分布在朝阳区、海淀区、丰台区等核心城区，而北部地区的 POI 密度值较低，表明这些区域的 POI 分布比较稀疏。这主要得益于南部地区

表 3-1 案例城市 POI 数据分类

数据类型	北京市	广州市	西宁市	聊城市
购物消费	149225	225567	18790	59238
餐饮美食	99921	136406	11082	26887
生活服务	97163	101457	7468	20963
公司企业	75574	115953	4590	17417
汽车相关	22898	28306	3735	8599
交通设施	69570	44471	3108	5848
医疗保健	24563	23753	2997	9215
酒店住宿	17713	21290	2333	1781
科教文化	43524	34588	2044	9349
商务住宅	30440	27865	1935	3134
金融机构	12195	8542	1174	4402
休闲娱乐	13609	8962	721	1004
旅游景点	10286	7733	425	596
运动健身	12732	8163	388	1032
总计	679413	793056	60790	169465

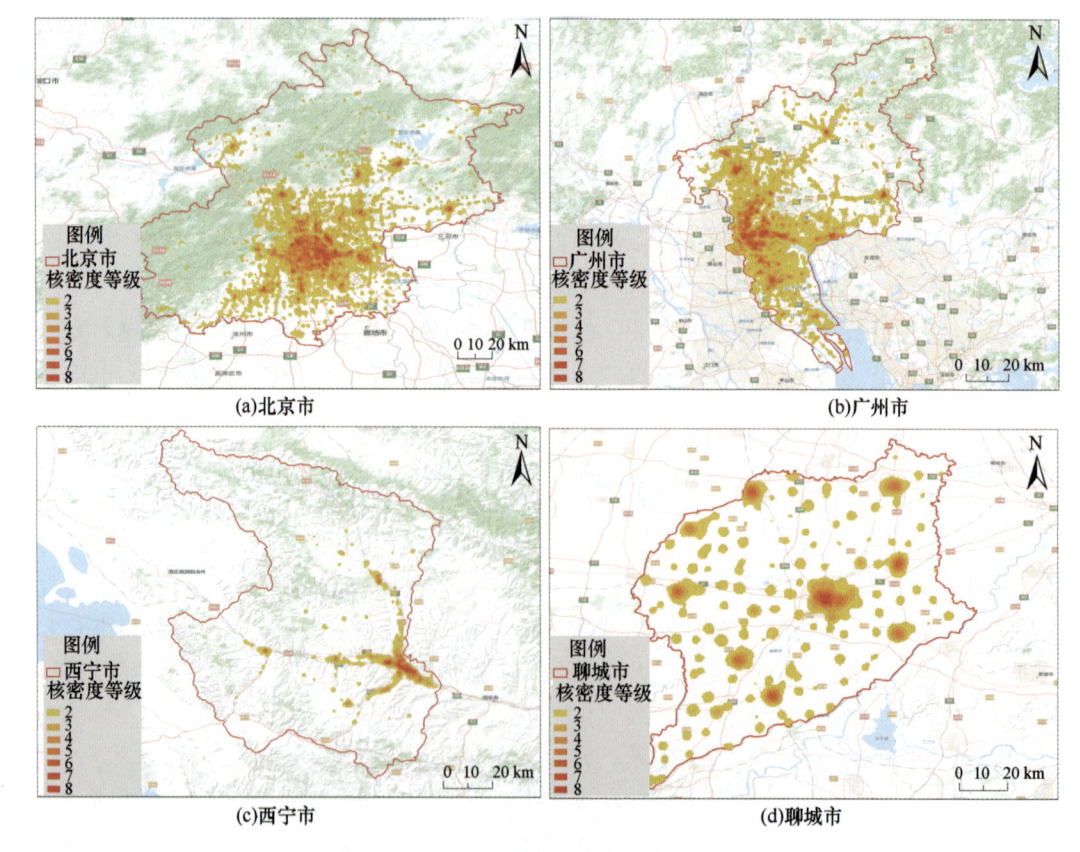

(a)北京市

(b)广州市

(c)西宁市

(d)聊城市

图 3-4 基于 POI 数据的案例城市空间特征

较为发达的交通和商业中心，以及南部地区的优势产业集聚效应。北京市的城市空间布局存在一些明显的特征，如内环路和外环路以及北京市 CBD、海淀区中关村等地的集聚现象。广州市的城市空间结构呈现出环形分布的特征。广州市中心城区的 POI 密度值较高，主要分布在天河区、海珠区、越秀区等核心城区，这些区域的生活和商业设施比较完善。而广州市郊区和偏远地区的 POI 密度值较低，表明这些区域的 POI 分布相对较少。广州市的城市空间结构存在区域性差异和集聚趋势，如广州市 CBD、珠江新城等集聚现象。此外，广州市的城市空间结构也呈现出一定的城市咬合和内向性扩张的趋势。西宁市的城市空间结构呈现出"一核、多枝"的结构特征，城市的中心区域主要集中在城东、城西和城南，而城北地区的 POI 密度值较低，表明这些区域的 POI 分布相对较少。这是由于城市经济和社会文化的发展不够均衡，南北差异比较显著。整体上说，西宁市的城市空间结构相对简单，城市发展的重心主要集中在核心城区，郊区和偏远地区的 POI 分布相对较少。聊城市的城市空间结构呈现出明显的中心集聚的特征，东昌府区、茌平区等城市中心地带的 POI 密度值较高，表明这些区域的 POI 分布比较密集，生活和商业设施比较完善。而郊区和偏远地区的 POI 密度值较低，表明这些区域的 POI 分布相对较少。整体上说，聊城市的城市空间结构存在明显的区域性差异和聚集的现象。

2. 分层抽样

在城市物理空间基础上叠加分层随机抽样法，即按照城市空间结构的行政区划人口密度分成若干类层，最终从不同的层中独立、随机地抽取样本。实地调研数据采用总样本设置，依据式(3-1)所得，即在 95% 的置信区间内，样本数据代表总体的最大误差是 ±2.83%，误差可接受范围 ±5%。实际上对此样本的设计更主要取决于细分后的误差要求。

$$\theta = \pm Z_{\frac{\alpha}{2}} \sqrt{\frac{p \times (1-p)}{n}} \tag{3-1}$$

式中，$Z = 1.96$（95% 的置信区间）；$p = 0.5$；θ 为样本误差。

3.3　研　究　方　法

3.3.1　家庭分类能源核算方法（除采暖能耗）

本研究将调查数据整理计算后得到研究区域的能源消费情况，主要参照中国家庭能源消费调查（CRECS）开发的家庭能源估计算法，根据相应的用能设备参数（功率、燃烧速度、能效等级）和用户消耗特征（每日使用频率和每次使用的持续时间），计算每种燃料的实际消耗量，再根据《综合能耗计算通则》（GB/T 2589—2020）中的能源折标煤系数为标准量，从而得到研究区域家庭能源消费量。计算方法如下：

$$\text{Energy}_i = \sum_{m=1}^{M} \sum_{n=1}^{N} \text{Energy}_{i,m,n} \times \text{coef}_n \tag{3-2}$$

式中，$Energy_i$ 为 i 个家庭能源消费量，kgce[①]；M 为家庭不同能源消费活动（如照明、烹饪等）；N 为不同能源类型；$Energy_{i,m,n}$ 为家庭 i 第 n 种能源用于第 m 类活动的实物消费量。在此基础上，根据每类能源品的折标系数 $coef_n$ 为不同类型能源转换系数。

$$Energy_{i,n} = \sum_{m=1}^{M} Energy_{i,m,n} \times coef_n \qquad (3-3)$$

式中，$Energy_{i,n}$ 为 i 个家庭 n 类活动的能源消费量，kgce。

$$Energy_{i,m} = \sum_{n=1}^{N} Energy_{i,m,n} \times coef_n \qquad (3-4)$$

式中，$Energy_{i,m}$ 为 i 个家庭 m 种能源类型的能源消费量，kgce。

上述式中不同能源类型的折标系数选取，直接影响能源消费总量，本书参考《综合能耗计算通则》（GB/T2589—2020）中各能源的折标准煤系数进行计算（表 3-2）。

表 3-2 能源折标准煤系数

能源名称	折标煤系数	单位
原煤	0.7143	kgce/kg
天然气	1.3300	kgce/m³
液化石油气	1.7572	kgce/kg
电力（当量值）	0.1229	kgce/(kW·h)

3.3.2 家庭采暖能源计算方法

家庭采暖燃料种类较多，如电力、管道天然气/燃气、煤炭等。除此之外，由于采暖活动方式、采暖天数和设备类型不同，其对应的能源消费量亦有区别。不同家庭采暖消费量根据家庭情况代入式中计算得出。

$$\begin{aligned}Energy_{i,j\text{非电力供暖设备}} =\ & 单位面积热负荷_{\text{非电力供暖设备}}(kgce/d) \\ & \times 住房使用面积_{\text{非电力供暖设备}}(m^2) \\ & \times 采暖天数_{\text{非电力供暖设备}}(d/a)\end{aligned} \qquad (3-5)$$

$$\begin{aligned}Energy_{i,j\text{其他电力设备}} =\ & 电力折标系数_{\text{其他电力设备}}[kgce/(kW \cdot h)] \\ & \times 设备功率_{\text{其他电力设备}}(kW) \\ & \times 采暖天数_{\text{其他电力设备}}(d/a) \\ & \times 采暖时长_{\text{其他电力设备}}(h/d)\end{aligned} \qquad (3-6)$$

$$\begin{aligned}Energy_{i,j\text{空调}} =\ & 电力折标系数_{\text{空调}}[kgce/(kW \cdot h)] \times 设备功率_{\text{空调}}(kW) \\ & \times 设备类型调整系数 \times 设备个数 \times 采暖天数_{\text{空调}}(d/a) \\ & \times 采暖时长_{\text{空调}}(h/d)\end{aligned} \qquad (3-7)$$

式中，$Energy_{i,j}$ 为 i 个地区 j 户家庭采暖能源消费量，单位面积热负荷为单位建筑面积在单位时间内需供热设施供给的热量，住房使用面积即调研过程中各样本主体家庭住房面

[①] 1 kgce=29.3 MJ，全书同

积，西宁市采暖天数为 183 天，聊城市采暖天数为 131 天，北京市采暖天数为 120 天。

3.3.3 家庭能源消耗碳排放估算

调研样本的家庭消耗能源类别主要为电力、天然气、液化石油气等。本书采取 IPCC 温室气体清单指南的核算方法估算能耗碳排放，具体为

$$C_T = \sum E_i \times N_i \times C_i \times O_i \times \frac{44}{12} \tag{3-8}$$

式中，C_T 表示总的能源消耗碳排放量；E_i 表示第 i 种能源的消耗量；N_i 表示第 i 种能源的净发热值；C_i 表示第 i 种能源的含碳量；O_i 表示第 i 种能源的氧化率；i 指代电力、天然气、液化石油气等能源类别。

计算电力相关设备的能耗及碳排放时，采用 2019 年度减排项目中国区域电网基准线排放因子。在计算热水器和炊事设备的能耗碳排放量时，天然气、液化石油气等使用的碳排放系数来源于（Shan，2018）。家庭能源消耗及碳排放数据根据问卷获得数据核算而得。由于太阳能等能源的使用本身不产生碳排放，故将使用以太阳能作为能源的热水器等家用设备的碳排放计为零。本书具体家用能耗设备采用的计算方法及碳排放相关系数（郑新业等，2017；荣培君等，2016；姜璐等，2019），如表 3-3 和表 3-4 所示。

表 3-3 家庭能耗直接碳排放分设备计算方法

能耗项	计算式	说明
炊事设备	Energy$_{炊事设备}$ = 单位小时能耗×使用时间	炊事设备主要计算灶头设备的能耗量，共分为天然管道气灶、罐装液化石油气灶、电磁炉、电灶、其他
电冰箱、洗衣机、电视机等大型家电	Energy$_{大型家电}$ = 设备功率×使用时间×能效标识	大型家电设备功率根据洗衣机的体积、冰箱容积及电视机屏幕尺寸叠加购物市场等数据平均值确定
采暖设备	Energy$_{非电力供暖设备}$ = 单位面积负荷×住房使用面积×采暖天数	根据调研实际情况，冬季采暖主要方式包括烧煤、天然气等
热水器	Energy$_{热水器}$ = 设备功率×工作时间×能效标识×工作频率	根据调研实际情况，将使用太阳能、太阳能发电及电力为主要能源的热水器计为储水式热水器，其他计为即热式热水器
照明设备	Energy$_{照明设备}$ = 设备功率×使用时间	调研数据中主要有荧光灯（光管）、节能灯（LED）、普通白炽灯三类照明设备
总和 E_T	$E_T = \sum \text{Energy}_j'$	Energy$_j'$ 相应能源折算系数化为标准煤后的结果，j 为大型炊事设备、大型家电、热水器、照明设备等

注：部分家庭能效系数等信息在采集时为不关注能效系数，通过相应使用频率的相似样本众数确定其样本能效系数。

表 3-4 家庭能耗分能源类别碳排放参数

能源类别	平均低位发热/（PJ/亿 m³）	排放系数（TC/TJ）	氧化率	排放系数/（kg CO$_2$/kg）
液化石油气	1.67	13.58	0.98	0.8162
天然气	5.14	15.32	0.99	2.8603
煤炭	2.09	26.32	0.90	1.8194

注：电力二氧化碳排放系数：0.8922CO$_2$/（kW·h）。

3.3.4 空间自相关分析

本书采用空间自相关分析城镇家庭能源消费碳排放的空间特征，空间自相关方法包

括全局自相关和局域自相关。全局自相关在于描述某现象的整体分布状况，判断此现象在空间是否有聚集特性存在；而局域自相关是从部分区域上描述地理现象或属性的空间特征，能够推算出聚集地的范围。本研究采用全局自相关的莫兰指数（Moran's I）和空间关联的局部指标（LISA 聚集）地图表征城镇家庭能源直接消费与碳排放之间的关系。由于调研数据中包括样本对应的地理位置信息，通过在百度坐标拾取系统中对样本位置进行查找，将获得的经纬度坐标转换为与矢量图一致的 WGS-84 坐标系，导入 ArcMap 10.2 软件中进行可视化处理。

1. 全局空间自相关

全局自相关莫兰指数可以描述区域属性值的分布是否为聚集、离散或随机分布。莫兰指数 Moran's I，计算式为

$$I = \frac{n\sum_{i=1}^{n}\sum_{j=1}^{n}W_{ij}(x_i-\bar{x})(x_j-\bar{x})}{\sum_{i=1}^{n}\sum_{j=1}^{n}W_{ij}\sum_{i=1}^{n}(x_i-\bar{x})^2} \tag{3-9}$$

式中，W_{ij} 为空间权重矩阵；n 为样本的数量；x_i 表示 i 样本的碳排放强度；x_j 表示 j 样本的碳排放强度，$i \neq j$；$\bar{x}$ 表示碳排放强度的均值。一般来说，I 的取值范围是 $[-1, 1]$，I 大于零证明为正相关，I 小于零证明为负相关，同时其绝对值越接近于 1，表明相关性越强。通过 Z 值对 Moran's I 进行检验。

$$Z = \frac{I - E(I)}{\sqrt{\text{Var}(I)}} \tag{3-10}$$

式中，$E(I)$ 为数学期望，$E(I) = \frac{1}{(N-1)}$；$\text{Var}(I)$ 为变异系数。

同时，利用全局 G 系数我们可以明确样本的聚集是高值聚集还是低值聚集，全局 G 系数计算式为

$$G(d) = \frac{\sum_{i=1}^{n}\sum_{j=1}^{n}W_{ij}(d)x_ix_j}{\sum_{i=1}^{n}\sum_{j=1}^{n}x_ix_j} \tag{3-11}$$

$$Z = \frac{G(d) - E(d)}{\sqrt{\text{Var}(G(d))}} \tag{3-12}$$

其中，d 为样本间距离；$W_{ij}(d)$ 为 i，j 点的距离权重；$Z > 0$ 为高值聚集，反之则为低值聚集。

2. 局部空间自相关

局部自相关的 LISA 聚集图可以反映出样本的聚集程度。散点图将数据聚集类型划分为 HH（高高）、HL（高低）、LH（低高）和 LL（低低）四种类型，其中，HH（LL）集聚型表示相邻点位间存在正的空间自相关，且存在高（低）碳排放强度空间集聚效应，LH（HL）则表示相邻样本间存在负的空间自相关。通过将碳排放矢量文件导入 Geoda 软件，建立 k-近邻空间权重矩阵，使用软件对样本碳排放数据做局部自相关分析，在

LISA 集聚地图中将高高（HH），低低（LL），高低（HL），低高（LH）聚集的样本分别选中并导出矢量文件，加载入 ArcMap 10.2 软件中查看并对比其分布特征。

3.3.5　标准差椭圆

标准差椭圆（standard deviational ellipse，SDE）（Lefever，1926）以中心、主轴（长轴）、辅轴（短轴）、方位角为基本参数，定量描述研究对象空间分布整体特征及时空演变过程的空间统计方法。SDE 的空间分布范围表示地理要素空间分布的主体区域，重心表示地理要素空间分布的相对位置，方位角反映地理要素分布的主趋势方向（即正北方向沿顺时针旋转到椭圆长轴的角度），长轴和短轴可以表示地理要素在主要方向、次要方向的离散程度。相关参数的计算方式如下。

重心：

$$(\overline{XY}) = \left(\frac{\sum_{i=1}^{n} w_i x_i}{\sum_{i=1}^{n} w_i}, \frac{\sum_{i=1}^{n} w_i y_i}{\sum_{i=1}^{n} w_i} \right) \tag{3-13}$$

方位角：

$$\tan\theta = \frac{\left(\sum_{i=1}^{n} w_i^2 \tilde{x}_i^2 - \sum_{i=1}^{n} w_i^2 \tilde{y}_i^2\right) + \sqrt{\sum_{i=1}^{n} w_i^2 \tilde{x}_i^2 - \sum_{i=1}^{n} w_i^2 \tilde{y}_i^2 - 4\sum_{i=1}^{n} w_i^2 \tilde{x}_i^2 \tilde{y}_i^2}}{2\sum_{i=1}^{n} w_i^2 \tilde{x}_i \tilde{y}_i} \tag{3-14}$$

X 轴标准差：

$$\sigma_x = \sqrt{\frac{\sum_{i=1}^{n} (w_i \tilde{x}_i \cos\theta - w_i \tilde{y}_i \sin\theta)^2}{\sum_{i=1}^{n} w_i^2}} \tag{3-15}$$

Y 轴标准差：

$$\sigma_y = \sqrt{\frac{\sum_{i=1}^{n} (w_i \tilde{x}_i \sin\theta - w_i \tilde{y}_i \cos\theta)^2}{\sum_{i=1}^{n} w_i^2}} \tag{3-16}$$

式中，x_i, y_i 为研究区域各单元的中心坐标；w_i 研究单元的权重；$\overline{X}, \overline{Y}$ 为重心坐标；θ 为椭圆方位角，即正北方向顺时针旋转到椭圆长轴所形成的夹角；$\tilde{x}_i, \tilde{y}_i$ 分别为各研究单元中心坐标到重心的坐标偏差；σ_x, σ_y 分别为沿 x 轴和 y 轴的标准差。

3.3.6　半结构式访谈与参与式观察

尽管基于量化数据的能源消费研究十分重要，但应当并避免单纯追求数学分析方法的复杂性（潘峰华和方成，2019）。为此，我们对超过 100 余个家庭进行深度访谈，累计完成调研日志 2 万余字。在构建家庭能源消费数据库基础上，综合运用定量和定性研究方法，获知家庭居民对清洁能源使用的态度与建议（表3-5）。以半结构式访谈的方式，触及受访者非理性的经验层面（感情、感官），弥补问卷量化调查的诸多缺陷。通过访谈，理解受访者对于能源类型意义的赋予以及该意义赋予的变动性与情境性，揭示能源消费行为细部运作的机制（Palmer et al.，2013）。在执行过程中，考虑到获准进入实地研究时，正式合法的个人身份以及权威的官方介绍信并非获准进入的充分条件，调研团队邀请了一些"关键人物"或"中间人"（政府工作人员、大学生）的帮忙。获准进入实地的表面程序，尽快取得当地人的信任，建立友善关系，是此类调查面临的更重要的任务。在一定意义上，能否取得受访者的信任，决定着从研究对象那里得到的真实资料的可能性大小。建立信任需要一个过程，也需要一定的机会，调研团队（附录一）在访问时邀请了当地人员陪同，并在提前准备了小礼物（图3-5），以此加深访问者的信任。

表3-5 调查方案和数据处理手段

研究方法	调查对象	调查内容	数据处理
问卷调查	家庭（户）	家庭基本信息、住房情况、炊事设备、家用电器、采暖与制冷以及生活方式属性，重点获取家庭属性、社区因素以及生活方式测度维度分解出的定量指标	Stata IC 15 Sankey pro ArcGIS
半结构式访谈	家庭	重点关注获取生活方式的定性认识范畴，如能源获取动机、能源品质要求	Nvivo 12
	供电企业	获取研究区域能源供给，新能源、阶梯电价实施等情况	
	政府部门	各级政府节能政策实施情况	
	学者	城镇能源转型路径、存在问题	
参与式观察	家庭	捕捉家庭用能习惯和日常生活领域的微观实践	Nvivo 12

图3-5 送给受访者的入户礼物（李瑾柔 摄）

在访谈进行时，调研团队适当运用了提问技巧有利于话题的开展（苏红岩和王华，2019）。例如，与"家庭年总收入多少？"等直接询问相比，间接分步骤询问"家庭有几口人？""几个人挣钱？""每个月挣多少钱？"得到的数据真实度更高。随着访谈时间增加，受访者易感到疲劳和无聊，使得访谈质量降低。此时我们尝试跳出访谈提纲，根据受访者偏好，进一步探索个体异质性与能源消费的互动关系。此外，为了保证对研究区域的经济社会情况有更深入和直观的了解，调研团队对受访者以及政府主管部门、企业相关负责人开展深入访谈，自上而下地获取区域能源供给、清洁能源消费和能源政策响应等信息，验证核实量化数据（图3-6）。

第3章 数据采集与研究方法

调研日志

一、**调研时间**：2021 年 7 月 18 日星期日

日志撰写人员：刘艳娟

日志内容：

1. 调研地点一：城北区瑞景河畔小区

   经纬度：101.762505°E，36.762505°N

   问卷编号：01—10

   调研总结：通过调研发现关于新能源汽车，好多人都表示暂时没有购买汽车的打算。

2. 调研地点二：城北区城区国际村

   经纬度：101.759976°E，36.678276°N

   问卷编号：11—19（18 无）

   调研总结：中午我们在城北区城区国际村夏荷园和春桃园进行了入户调研，在这里我们发现这个小区居民年龄段多为20~40岁之间，对于能源消费有着一定的了解，新冠疫情前后，家庭能源消费并没有大的变化；个别调研对象家中的电视机是不使用的；个别家庭中无外出购物，都为网上购物。

调研日志（三）

1、日志内容

调研时间：2023 年 3 月 25 日，星期六

调研地点：北京市昌平区北七家镇平西府村

经纬度：40.106642°N，116.380469°E

日志撰写人：李瑾柔、史晓楠

图 4 实地访谈

2、调研总结

1）该区域的取暖方式和能源类型与北七家镇的居民有显著差异，该村未铺设天然气管道，居民主要采用自供暖方式，以煤球为主要取暖燃料。具体过程为先利用木柴引燃（用废弃建材、家具）后用煤球（购买和回收都是 450 元/吨）。

2）每户人家在自己居民楼前都用砖砌了本户的储煤间和锅炉房，且房屋旁有大烟囱进行排气。为减少空气污染，政府及相关部门在小区设置固定的烟灰回收站，并在小区内设置各类标识，但该煤灰仅作为垃圾处理，完整煤球称斤回收。

图 5 居民自采暖相关能源和配备的情况（a，储煤间；b，锅炉房；c，煤球）

3）由于缺乏天然气基础设施，家中炊事活动大多使用罐装煤气和电磁炉，而罐装煤气需要自己拿空罐去社区集中点进行补充购买。

调研总结：问卷总份数 30 份，采样点 2 个（大通县桥头镇一号桥、大通县桥头公园）

个别家庭对于电视机的尺寸不清楚，大多数家庭对热水器的功率以及电视、冰箱、洗衣机的能效表示不知道，大多数人对新能源汽车表示没有想法，有部分调查对象为学生，无工作，工作地点出行距离无填写。

图 20 居民家中使用的制冷设备

4）在炊事方面，丰台区基本上选择的是天然气，热水器因为和炊事设备相连接，因此该区域居民也不再使用电热水器。但昌平区还有很多居民用液化气或者电锅进行炊事活动。初步推测与房屋是否进行过改造有关。

图 21 居民家中使用的炊事设备和天然气管道

5）新城、小区居民家庭空调、热水器等设备一年基本在不间断的使用；而自建房使用空调的频次较少，热水器只在需要时打开，其他时间处于关闭状态。

图 3-6 调研日志截图

参 考 文 献

陈新建, 濮励杰. 2015. 中国资源地理学学科地位与近期研究热点. 资源科学, 37(3): 425-435.
风笑天. 2016. 推动与引领:《社会学研究》三十年来的方法研究论文回顾. 社会学研究, 31(6): 49-72, 243.
冯永晟, 张娅, 刘自敏. 2020. 能源价格、技术进步与能源强度——基于中国城市数据的动态时空演化. 城市与环境研究, 25(3): 69-92.
何威风, 阎建忠, 花晓波. 2014. 不同类型农户家庭能源消费差异及其影响因素: 以重庆市"两翼"地区为例. 地理研究, 33(11): 2043-2055.
姜璐, 邢冉, 陈兴鹏, 等. 2020. 青藏高原农区农户的家庭能源消费研究. 地理科学, 40(3): 447-454.
姜璐, 薛冰, 刘惠玉. 2021. 家庭能源消费的调查方法及实证研究. 可再生能源, 39(7): 885-892.
姜璐, 余露, 薛冰, 等. 2019. 青海省家庭能源消费结构地域特征. 经济地理, 39(8): 146-152, 176.
蓝志勇. 2017. 全景式综合理性与公共政策制定. 中国行政管理, (2): 17-21.
厉芳婷, 洪亮, 黄露. 2018. 资源环境承载力监测中的测绘地理信息支撑. 地理空间信息, 16(8): 80-83, 89.
梁育填, 樊杰, 孙威, 等. 2012. 西南山区农村生活能源消费结构的影响因素分析: 以云南省昭通市为例. 地理学报, 67(2): 221-229.
聊城市人民政府. 2022. 聊城市能源发展"十四五"规划. http://fgw.liaocheng.gov.cn/resources/oldres/0f1a2755636081327bb635cc5f2b708f.pdf. [2022-06-03].
廖华, 伍敬文. 2019. 家庭生活用能调查方案的国际比较及启示. 北京理工大学学报(社会科学版), 5(21): 11-16.
刘云刚, 陆大道, 保继刚, 等. 2018. 如何回归地理学: 我的思考与实践. 地理研究, 37(6): 1049-1069.
潘峰华, 方成. 2019. 从全球生产网络到全球金融网络: 理解全球–地方经济联系的新框架. 地理科学进展, 38(10): 1473-1481.
裴韬, 刘亚溪, 郭思慧, 等. 2019. 地理大数据挖掘的本质. 地理学报, 74(3): 586-598.
仇焕广, 严健标, 李登旺, 等. 2015. 我国农村生活能源消费现状、发展趋势及决定因素分析: 基于四省两期调研的实证研究. 中国软科学, (11): 28-38.
全国科学技术名词审定委员会. 2006. 地理学名词(第二版). 北京: 科学出版社.
荣培君, 张丽君, 杨群涛, 等. 2016. 中小城市家庭生活用能碳排放空间分异——以开封市为例. 地理研究, 35(8): 1495-1509.
宋长青. 2023. 地理学要义. 北京: 商务出版社.
苏红岩, 王华. 2019. 意愿调查法中的偏好不确定性研究综述. 资源科学, 41(12): 2327-2341.
吴传钧. 1991. 论地理学的研究核心——人地关系地域系统. 经济地理, (3): 1-6.
湛东升, 张文忠, 余建辉, 等. 2016. 问卷调查方法在中国人文地理学研究的应用. 地理学报, 71(6): 899-913.
张景奇, 史文宝, 修春亮. 2021. POI 数据在中国城市研究中的应用. 地理科学, 41(1): 140-148.
郑新业, 魏楚, 虞义华, 等. 2017. 中国家庭能源消费研究报告(2016). 北京: 科学出版社.
周扬, 郭远智, 刘彦随. 2019. 中国乡村地域类型及分区发展途径. 地理研究, 38(3): 467-481.
Baldwin F D. 1977. Meters, bills, and the bathroom scale [Residential consumption information needed]. Public Util Fortn. (United States), 99: 3.
Carlson D R, Matthews H S, Bergés M. 2013. One size does not fit all: Averaged data on household electricity is inadequate for residential energy policy and decisions. Energy and Buildings, 64: 132-144.
DECC (Department of Energy and Climate Change). 2014. Community energy survey. https://www.gov.uk/government/publications/decc-community-energy-survey. [2014-02-12].
EIA (Energy Information Administration). 2010. Residential energy consumption survey. https://www.eia.gov/consumption/residential/2010-10-20.[2010-12-25].

Kasprzyk D. 2005. Measurement error in household surveys: Sources and measurement. Mathematica Policy Research. Washington D C.

Lefever D W. 1926. Measuring geographic concentration by means of the standard deviational ellipse. American journal of sociology, 32(1): 88-94.

Lévi-Strauss C, Augé M, Godelier M. 1976. Anthropology, history and ideology. Critique of Anthropology, 2(6): 44-55.

Niu H, He Y, Desideri U, et al. 2014. Rural household energy consumption and its implications for eco-environments in NW China: A case study. Renewable Energy, 65: 137-145.

NRCAN (Natural Resources Canada). 2014. Survey of household energy use: Detailed statistical report. https://oee.nrcan.gc.ca/publications/statistics/sheu/2011/pdf/sheu2011.pdf.[2014-12-14].

Palmer J, Terry N, Kane T, et al. 2013. Further analysis of the household electricity use survey electrical appliances at home: Tuning in to energy saving. Cambridge Architectural Research, Loughborogh University and Element Energy.

Shan Y, Guan D, Zheng H, et al. 2018. China CO_2 emission accounts 1997-2015. Scientific data, 5(1): 1-14.

Shen G, Ru M, Du W, et al. 2019. Impacts of air pollutants from rural Chinese households under the rapid residential energy transition. Nature Communications, 10(1): 1-8.

Zhang A T, Patnaik S, Jha S, et al. 2022. Evidence of multidimensional gender inequality in energy services from a large-scale household survey in India. Nature Energy, 7(8): 1-10.

Zheng X, Wei C, Qin P, et al. 2014. Characteristics of residential energy consumption in China: Findings from a household survey. Energy Policy, 75: 126-135.

第4章 东部南方城市广州市的家庭能源消费及碳排放

粤港澳大湾区作为中国开放程度最高、经济活力最强的区域之一，承载着代表国家推动能源革命的使命。广州市是粤港澳大湾区四大中心城市之一，改革开放后，从一个后发的工业化城市发展到全球超级城市经济体（SUE），其中人地关系核心变化过程就是快速的城镇化以及由此引发的大量能源消费（王少剑等，2018），而家庭能源消费不均衡、不平等进一步加剧了城镇社会空间分化（周春山等，2016）。2000~2020年，广州市居民直接能源消费总量逐年增长，从2000年的108.56Mtce上升到2020年的1087.91Mtce，可见居民消费水平的提升对能源消费的驱动作用在逐渐增强。此外，广州市在城镇转型中形成了高档社区、城中村、单位社区等多元社区空间（周春山等，2016），在广州市基于社区尺度，开展旨在缓解能源供需矛盾的家庭能耗空间研究具有代表性，研究结果可为中国乃至全球大城镇走向人地协调可持续发展提供案例借鉴。本章首先构建了基于广州市城镇家庭能源消费活动基础数据库，广州市中心城区和外围城区家庭人居能源消费量的空间比较分析，比较分析了广州市不同地区室内设备碳排放的空间分异性。广州市地处亚热带地区，空调使用频率较高，且随着技术水平的不断提高，绿色建筑发展将会成为建筑行业的主流发展趋势。为此，本章节率先探讨了家庭能源消费中的低碳建筑能源消费，着重对比广州市绿色建筑和非绿色建筑中的空调能源消费量。

4.1 广州市区域概况

4.1.1 自然地理特征

广东省位于我国的南部沿海地区，地势总体上北高南低，地形复杂多样，形成了亚热带季风气候，全年雨热同期，降水量充沛，全省平均海拔70~120m。2020年，广东省城镇居民人均可支配收入为41029元，其能源消费总量为34502.92Mtce（广东省统计局，2021）。广州市位于广东省中南部，介于东经112°57′~114°03′，北纬22°26′~23°56′之间，总面积7434.4km²，占全省总面积的4%，全市下辖11个区（广州市委党史文献研究室，2022）。东连惠州市博罗、龙门两县，西邻佛山市的三水、南海和顺德区，北靠清远市的市区和佛冈县及韶关市的新丰县，南接东莞市和中山市。广州市属于丘陵地带，地势东北高、西南低，背山面海。全市平均海拔11m，总体地势较低。北部是森林集中的丘陵山区，最高峰为北部从化市与龙门县交界处的天堂顶，海拔 1210m；东北部为中低山地，有被称为"市肺"的白云山；中部是丘陵盆地；南部为沿海冲积平原，为珠江三角洲的组成部分（图 4-1）。

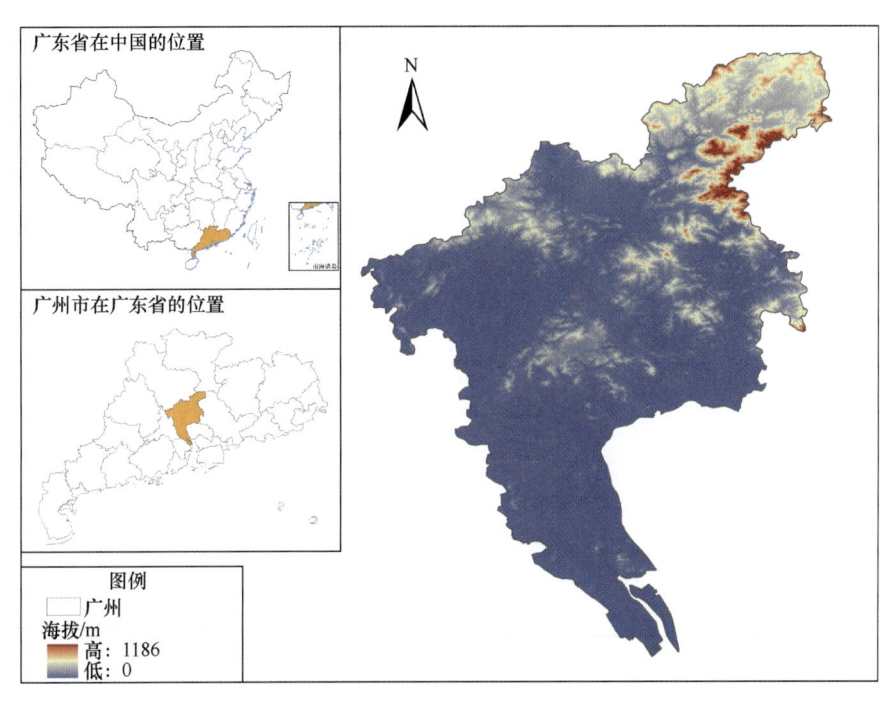

图 4-1　广州市海拔高程图

广州市地处南亚热带，北回归线穿越北部，属南亚热带典型的海洋季风气候，长夏无冬、光照充足。全市年平均气温 20～22℃，最低温度 0℃左右，最高温度 38℃，平均相对湿度 77%（潘勇军等，2013）。广州市年辐射总量自东南向西北递减，全市太阳能辐射总量为 4400～5000MJ/m²，其中番禺区南部珠江一带高于 5000MJ/m²，是全市光能最丰富的区域（广州市统计局，2021）。花都区及从化区北部山区少于 4400MJ/m²。月总辐射量最大值出现在 7 月份，高达 510～550MJ/m²，月最小值出现在 2 月份，只有 230～250MJ/m²。广州市全年日照时数 1770～1940h，平均日照率在 40%。各地日照基本从东南向西北递减，但广州市区成为全市的日照相对低值区，因为市区大气污染较严重，霾、雾、烟、尘较多，降低了日照时数。广州市年平均降水量 2165.8mm，降水空间分布不均，从东北向西南递减，东南部偏多。

4.1.2　社会经济特征

2020 年，广州市地区生产总值为 25000 亿元，按可比价计算，同比增长 5.90%。2020 年广州市城镇人均可支配收入为 6.83 万元，同比增长 4.90%（广州市统计局，2021）。广州市总面积 7434.40km²，全市下辖 11 个区：荔湾区、越秀区、海珠区、天河区、白云区、黄埔区、番禺区、花都区、南沙区、从化区、增城区。2020 年广州市常住人口为 1867.66 万人，人口密度 2585.13 人/km²，居住在城镇的人口为 1609.67 万人，占总人口的 86.19%，位居全省人口总量第一名，其中荔湾区 123.83 万人、越秀区 103.87 万人、海珠区 181.9 万人、天河区 224.18 万人、白云区 374.3 万人、黄埔区 126.44 万人、番禺区 265.84 万人、花都区 164.24 万人、南沙区 84.66 万人、从化区 71.77 万人、增城区 146.63 万人（国家统计局，2021）。与 2010 年第六次全国人口普查时相比，2010 年至 2020 年 10 年间，广州市各区人口发生了巨大变化，中心城区人口所占比例下降 5.80 个百分点，外围城区人口所占比例上升 6.63 个百分点，生态片区人口所占比例下降 0.83 个百分点，表明广州市的人口分布呈现中心城区逐渐向外围扩散的态势（图 4-2），对外围城区资源的合理分配产生巨大影响；中心城区劳动力缺乏，老年人口比例上升。

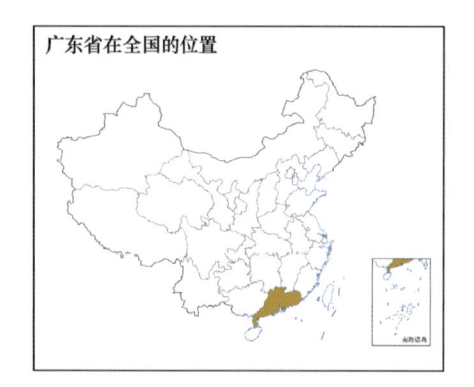

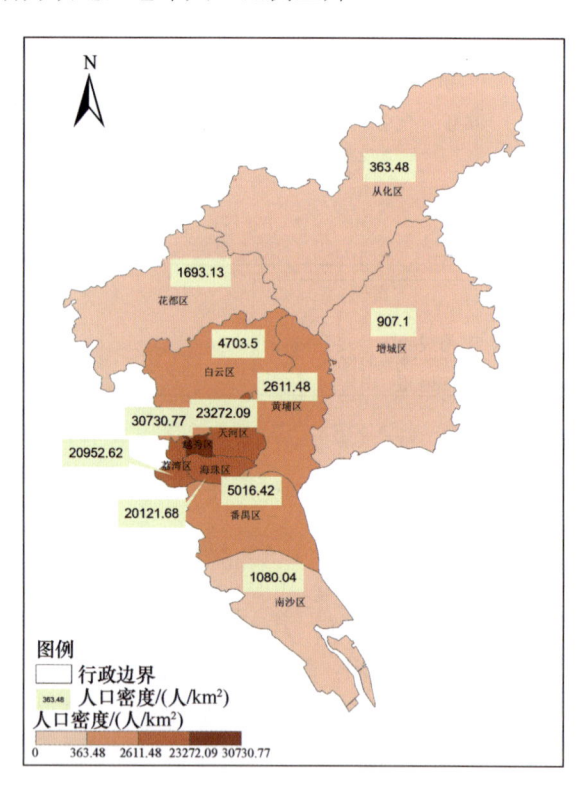

图 4-2 2020 年广州市各区人口密度图

广州市能源资源总体匮乏，属于典型的能源输入型地区。煤炭、石油、天然气等化石能源依靠外地调入和进口。本地可利用的能源资源主要为水能、太阳能、风能等可再生能源。其中，水能资源主要蕴藏在北部的流溪河和东部的增江，开发程度基本饱和；太阳能资源属于三类地区，全年可利用小时数约为 1000h，随着光伏发电技术日益成熟，有较好的开发利用价值；风能资源主要是陆上风电，分布在东北部高山脊地区、南部珠江口沿江沿海地区。此外，生物质能利用领域主要是城镇生活垃圾处理和农林生物质[图 4-3（a）]。能源消费方面，2020 年广州市能源消费结构中，油品、电力净调入分别占全市能源消费量的

36.70%和31.50%，煤品消费占比12.40%，天然气消费占比8.90%，本地一次电力及其他能源消费占比10.50%[图4-3（b）]。2020年，广州市能源消费总量约为6191.5Mtce，较2015年增长8.80%。其中，2020年城乡居民用电220kW·h，较2015年增长6.40%。

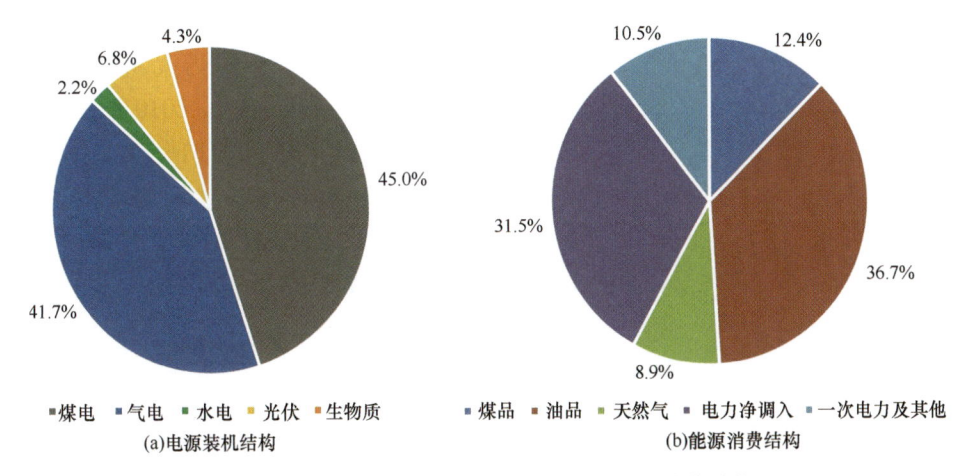

图4-3 2020年广州市电源装机结构和能源消费结构

2020年，全市按照行政区划分的能源消费情况如下：黄浦区能源消费占全市能源消费的22.40%，黄埔、白云、天河、越秀、南沙、番禺六区能源消费合计占全市比例达74.80%。黄埔、南沙两区能源消费占全市比例比2015年分别提升了2.40、1.50个百分点，天河、增城、荔湾、越秀等区能源消费占全市比例比2015年分别下降了1.50、0.70、0.60、0.50个百分点，其余各区基本持平。2020年广州市的能源流如图4-4所示。

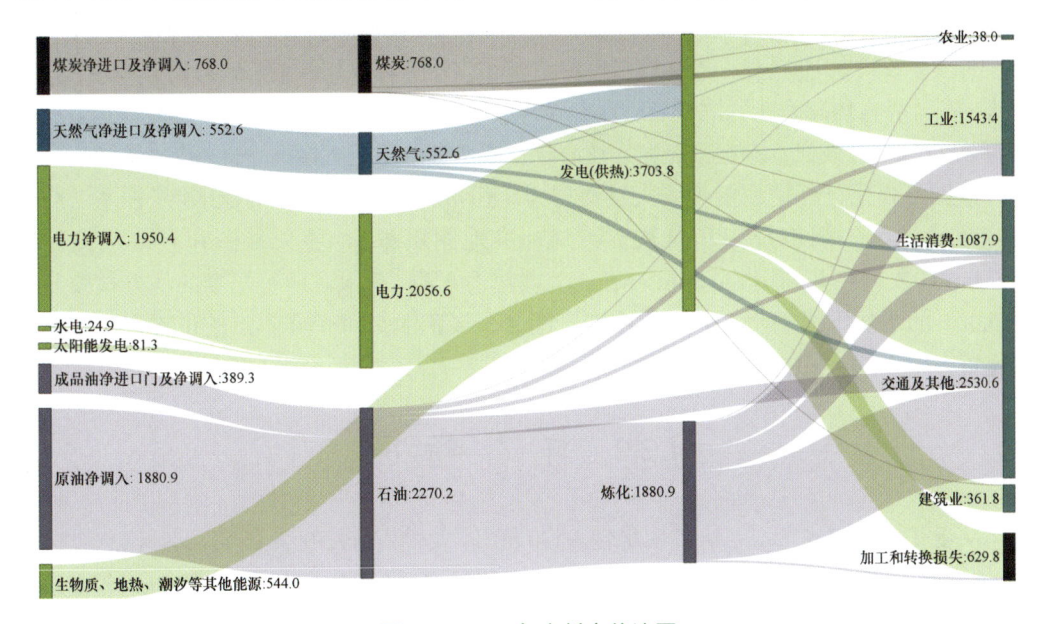

图4-4 2020年广州市能流图

4.1.3　自然资源特征

广州市水资源较少，过境水资源相对丰富。广州市水域面积共 7.44 万 hm^2，占全市总面积约 10.00%。截至 2021 年，广州市绿地面积 147800hm^2，绿化覆盖面积 157120hm^2，建成区面积 53962hm^2，建成区绿化覆盖率是 45.52%。2021 年出台的园林事业发展"十四五"规划，提出到 2025 年，建成区绿化覆盖率达 46.00%，人均公园绿地面积达 17.50m^2，接入绿道、碧道、慢行道等公园数量占公园总数的 70%[①]。广州市的地质构造相当复杂，有较好的成矿条件。已发现矿产 47 种，矿产地 820 处，其中大、中型矿床 22 处。但区内燃料矿产和金属矿产十分短缺，规模均属小型且零星分散，品位较低。广州市常用耕地面积 87831hm^2，主要耕地类型是水（旱）田和旱地。其中最多的是水（旱）田，面积 69981hm^2，占耕地面积的 79.68%（广州市统计局，2023）。

4.2　数据来源与样本特征

4.2.1　数据来源

本节参考了王洋等（2017）提出的"五等级+八阶层+三视角"的社会阶层空间化评价体系和计算方法。针对广州市的分区，于 2020 年在广州市辖区范围（除增城、花都、从化以外），最终，实际发放 1208 份问卷，包括天河区（159）、越秀区（159）、海珠区（163）、番禺区（159）、荔湾区（159）、黄埔区（159）、南沙区（91）及白云区（159）共 8 个行政区。回收有效问卷 1097 份，覆盖广州市中心城区和外围城区，以结构式访谈方式开展入户调研。在计算人均家庭能源消费量时存在异常值现象，删除异常值 15 份，故本次问卷有效率为 89.60%。有效样本点在旧城区、核心区、中心城区、近郊区 4 个区域均有分布。

数据可视化过程使用的地图矢量数据为广州市行政区矢量图-WGS84 坐标系、广州市行政地图（广州市规划和自然资源局标准地图服务），将矢量图和行政地图导入 ArcMap 10.3 软件并利用 Georeferencing 工具进行配准,在保证所有配准的均方根残差小于 0.001 的条件下绘制研究区街道底图。图 4-5 展示的是每个样本点的位置在研究区域的位置。

4.2.2　样本特征

从受访者特征来看，受访者中男性占 50.50%，女性占 49.50%；被访问者年龄在 18~60 岁之间，其中，36~45 岁年龄段的受访者占比最高，占 35.10%；广州市中心城区 18~

[①] 广州市林业和园林局. 2021. 广州市园林事业发展"十四五"规划. https://gz.gov.cn/zt/jjsswgh/sjzxgh/content/post_7878413.html

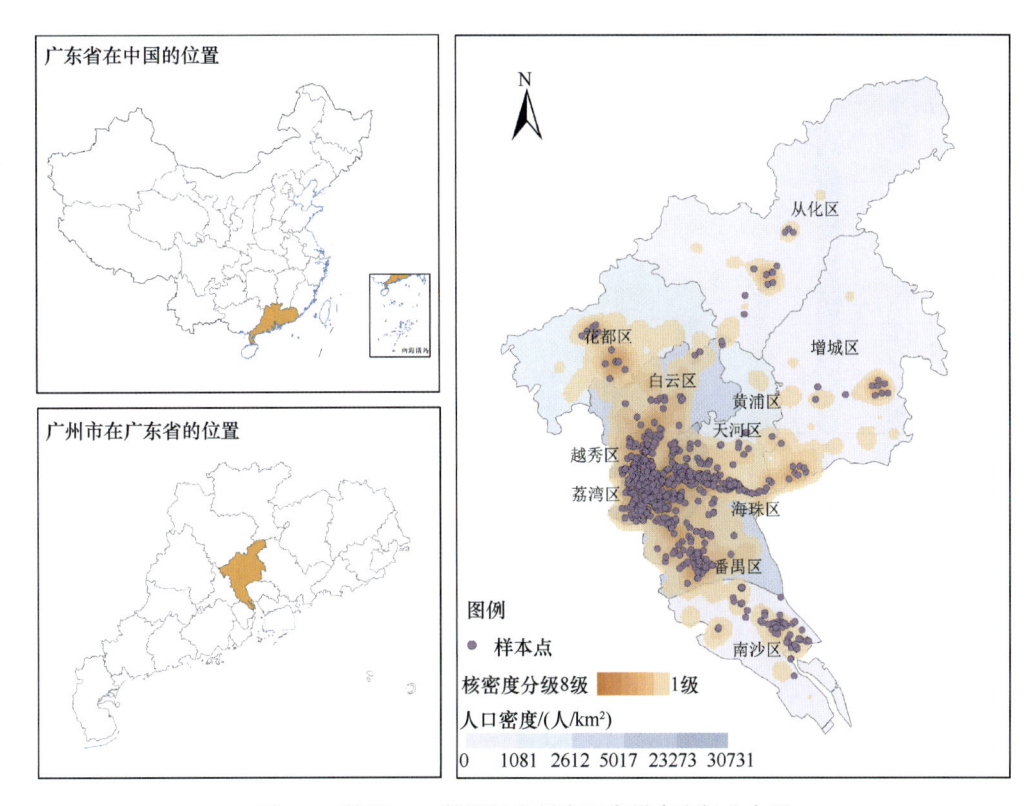

图 4-5　基于 POI 数据的广州市调查样本空间分布图

60 岁人口占比为 41.00%，外围城区 18～60 岁人口占比为 33.00%。受教育程度主要以大专为主，占 24.90%，其中，中心城区的受教育程度主要以大学为主，占比为 57.40%，外围城区以初中为主，占比为 56.12%。从区域特征来看，样本在 8 个行政区均有分布；22.50%的样本居住在广州市城中村。从家庭特征变量来看，65.27%的家庭的劳动人口为 2 人；19.80%的家庭年收入为 10 万～15 万。从住房特征来看，43.6%的家庭居住的住房类型为多层住宅（9 层以下，无电梯）；43.60%的家庭居住房屋的建筑时间在 10～20 年；37.10%的家庭的住房面积以 50～70m^2 为主（图 4-6）。

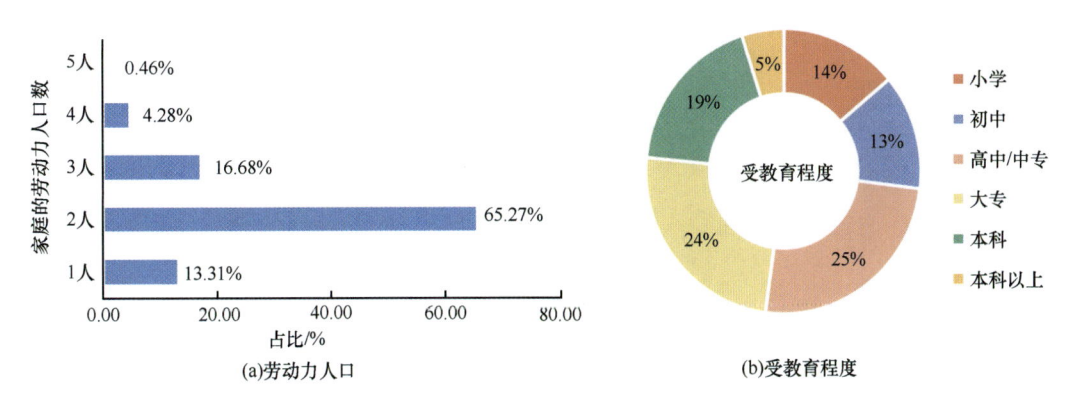

(a)劳动力人口

(b)受教育程度

(c) 职业类型

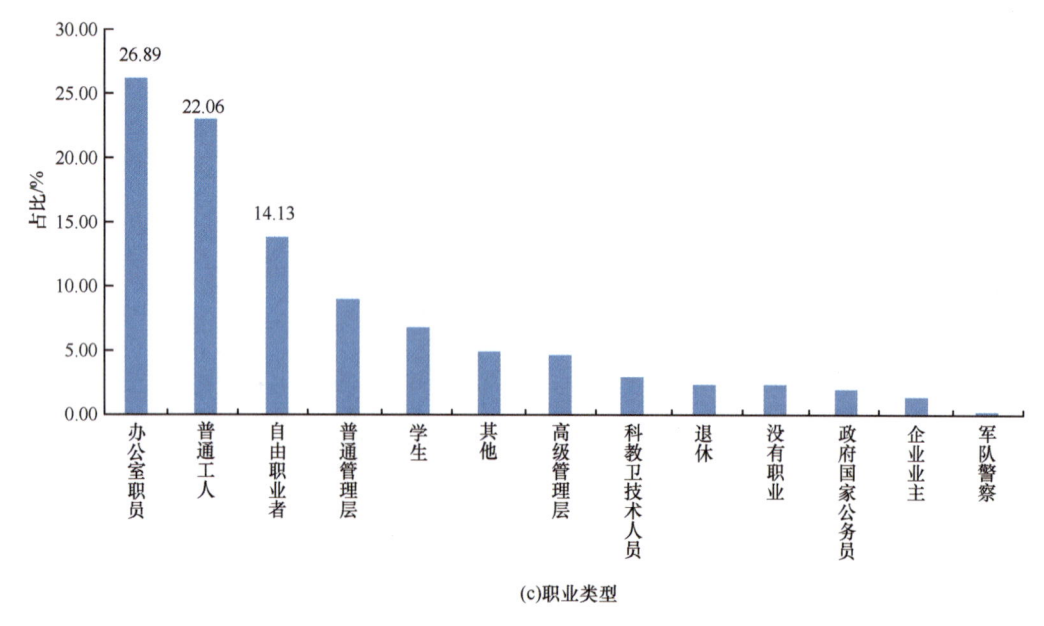

图 4-6　样本数据家庭基本情况

4.3　家庭能源消费数量与结构

4.3.1　家庭能源消费结构

广州市家庭室内能源消费中，热水器产生的能源消费量最高，占比为 37.24%。选择太阳能燃料的热水器的家庭仅占 4.80%。炊事设备和制冷设备产生的能源消费量占比分别为 36.11% 和 20.89%（图 4-7）。炊事设备主要以天然气燃料为主，占比为 59.34%。液化石油气的使用频率较高，炊事设备和热水器是主要使用源头。

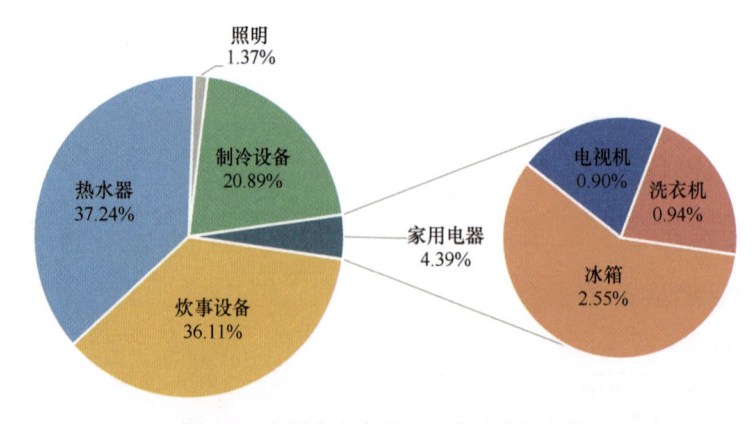

图 4-7　广州市家庭能源消费结构与用途

广州市人均能源消费量为 189.57kgce/a。其中，中心城区人均家庭能源消费量为 177.50kgce/a，而外围城区的人均家庭能源消费量为 203.47kgce/a。本节根据数据分布特征情况和样本数等距分类，将人均家庭能源消费量由高到低划分为 5 个等级，阈值分别为人均 287.27kgce/a、204.73kgce/a、146.93kgce/a、98.70kgce/a。不同区域人均家庭能源消费的样本数和比例如表 4-1 所示。总体上，不同能耗程度的样本分布较为均匀，其比例都在 19.00%～21.00%之间。在中心城区，高能耗人均家庭能源消费的样本占比 18.82%；而低能耗和中低能耗人均家庭能源消费量的样本占比分别为 22.34%和 22.16%。在外围城区，中高能耗和高能耗人均家庭能源消费的样本占比为 22.59%和 21.81%。整体可以看出，外围城区以中高、高能耗人均家庭能源消费量的样本数居多，中心城区以低及中低能耗人均家庭能源消费量的样本为主。

表 4-1　2020 年广州市不同等级人均家庭能源消费的数量和比例

能耗等级	能耗区间/（kgce/a）	研究区域全部 数量/户	研究区域全部 占比/%	中心城区 数量/户	中心城区 占比/%	外围城区 数量/户	外围城区 占比/%
高能耗	>287.27	216	19.96	105	18.32	111	21.81
中高能耗	204.73～287.27	216	19.96	101	17.63	115	22.59
中等能耗	146.93～204.73	216	19.96	112	19.55	104	20.43
中低能耗	98.70～146.93	217	20.06	127	22.16	90	17.68
低能耗	≤98.70	217	20.06	128	22.34	89	17.49
总计	全部	1082	100.00	573	100.00	509	100.00

4.3.2　城中村家庭能源消费情况

城中村是指伴随城镇郊区化、产业分散化以及农村城镇化迅猛发展，为建设用地所包围纳入原有农村聚落，具有城乡二元结构的地域实体，是城镇化进程的产物。已有研究发现，这类人群在城镇内城乡互相嵌合，出现农业文化与现代文化相互碰撞融合，在思想观念、生活方式、建筑景观的相互融合，在能源消费行为上具有独特性。具体表现为，一方面受城镇发展的影响，居民在生活方式趋向现代化；另一方面依然保留着传统文化习俗，如宗族祠堂、节庆礼仪和语言习惯等。

广州市城中村居民的主要能源类型为电力、液化石油气（图 4-8）、天然气。被调查的 247 户家庭中炊事燃料使用天然气的户数为 44 户、使用液化石油气有 145 户、使用电力的有 58 户与广州市城中村整体炊事燃料使用情况较为接近。广州市城中村家庭电力消费量平均为 1236.79MJ/（户·a）液化石油气及代用天然气消费量为 1448.97MJ/（户·a）。在能源用途方面，城中村家庭的电力使用率最高（41.43%），主要用于家用电器（76.20%），但也有 1.72%、22.09%的居民将其分别用于炊事和制冷。汽油使用率为 37.60%，用于交通。

图 4-8　家庭使用的液化石油气（调研图）

液化石油气和天然气使用率为 17.34%，24.20%的居民将其用于家用电器，75.80%的居民用于炊事。炊事方面，居民户均消费约 2587.58kgce/a。电力、液化石油气、天然气基本可以满足家庭炊事需求。其中，液化石油气消费量最高，户均消费 236.38kgce/a，究其原因为城中村居住的都为上班族，对炊事时长有严格要求，液化石油气不仅相对廉价，而且热量相对较高，更加方便快捷。此外，户均消费电力 44.39kgce/a、天然气 210.94kgce/a；制冷方面，家庭户均消费约2587.58kgce/a，电力占比100%；交通方面，私家车拥有率为 41.70%，对比发现，疫情前（2020 年前）与疫情后（2020 年后）居民的主要出行方式均为公交车，但疫情后使用公交车出行比例有所下降，且步行比例有所提升；受访家庭的家电主要为冰箱、洗衣机、电视机、照明设备，拥有率均超过 89.85%，此外较常使用的家电还包括加湿器、电脑、微波炉和电磁炉等。户均消费 2823.96kgce/a。夏季使用空调和风扇频率高，夏季电费比冬季多，夏季月均电费 200 元以上，冬季月电费为 150 元左右（图 4-9）。

(a)室内　　　　(b)室外

图 4-9　广州市城中村室内、室外建筑特征（调研图）

4.3.3　绿色建筑和非绿色建筑中空调能源消费情况

为衡量绿色建筑和非绿色建筑中的空调能源消费量，运用式（4-1）计算可得。具体如下：

$$\text{Energy}_i = \omega \sum_j (\text{Power}_{ij} \times \sigma_{ij} \times t_{ij} \times T_{ij}) \tag{4-1}$$

式中，j 为空调个数；Energy$_i$ 为家庭 i 的空调 j 的总能源消费量；Power$_{ij}$ 为家庭 i 的空调 j 的额定输出功率；σ_{ij} 为家庭 i 空调 j 的能效调整系数；ω 为电力折标系数；t_{ij} 为每天家庭 i 的空调 j 的运行时间；T_{ij} 为每年夏天中家庭 i 的空调 j 的工作天数。

结果显示，绿色建筑（2009 年后建筑）的平均空调能耗为 105.275kgce/a，非绿色建筑（2009 年前建筑）的平均空调能耗为 131.729kgce/a。可见，居住在绿色建筑中比居住在非绿色建筑中可以减少 26.454kgce/a 的能源消耗量。

4.4 家庭能源消费碳排放空间特征

4.4.1 家庭能源消费碳排放量

广州市家庭户均能耗量与户均能耗碳排放分别为 1.98kgce/d 和 15.31kg/d，人均能耗为 0.54kgce/d，碳排放为 4.16kg/d，热水器设备、炊事设备及制冷设备是家庭能耗及碳排放的主要来源。与其他城镇不同，热水器能耗在广州市家庭能耗中占比居首，户均热水器能耗 0.75kg/d，占总能耗的 37.79%，这点有别于其他大多数城镇。热水器用能碳排放是广州市人均碳排放分布空间格局形成的主因。另外，研究发现，广州市大型家电设备的能耗量占比并不高。从变异系数来看，变异系数从大到小的排序依次是：照明＞炊事设备＞制冷设备＞热水器＞大型家电，进一步说明了不同能耗设备的变异性不同，家庭间的用能碳排放存在差异。碳排放的高值聚集样本主要表现为家庭收入高，居住面积较大的广州市户籍家庭。低值聚集样本区主要分布在中心城区边界和近郊区范围内部。同时，广州市家庭生活用能碳排放呈现出全局空间自相关，而局部地区也存在高低（HL）和低高（LH）集聚现象。

4.4.2 家庭人均能耗碳排放空间格局

通过将问卷收集到的具体地址转换成经纬度坐标，并导入 ArcMap 10.3 软件，将能耗数据核算得到的碳排放数据和已有点位进行可视化处理，得到广州市家庭碳排放空间分布图（图 4-10），以对比户均生活用能碳排放和人均生活用能碳排放的空间分布特征。广州市户均碳排放的高值样本的聚集位置有比较明显的特征：高值样本大多数都聚集于中心城区内，特别是在越秀区、海珠区、白云区，在中心城区的周围也零星分布有碳排放高值点。碳排放的低值样本数量较多，各个社会分区和行政区域都有包括，主要围绕在中心城区边界，近郊区范围内部有相当数量的低值样本。人均碳排放的样本分布与户均碳排放的样本分布大致相似，但由于样本中部分家庭的人口较多，人均碳排放的高值样本数量相对于户均碳排放的高值样本上有所减少，但大多仍聚集在中心城区内部及周围，低值样本数量上有所增加。

(a)户均总碳排放　　(b)人均总碳排放

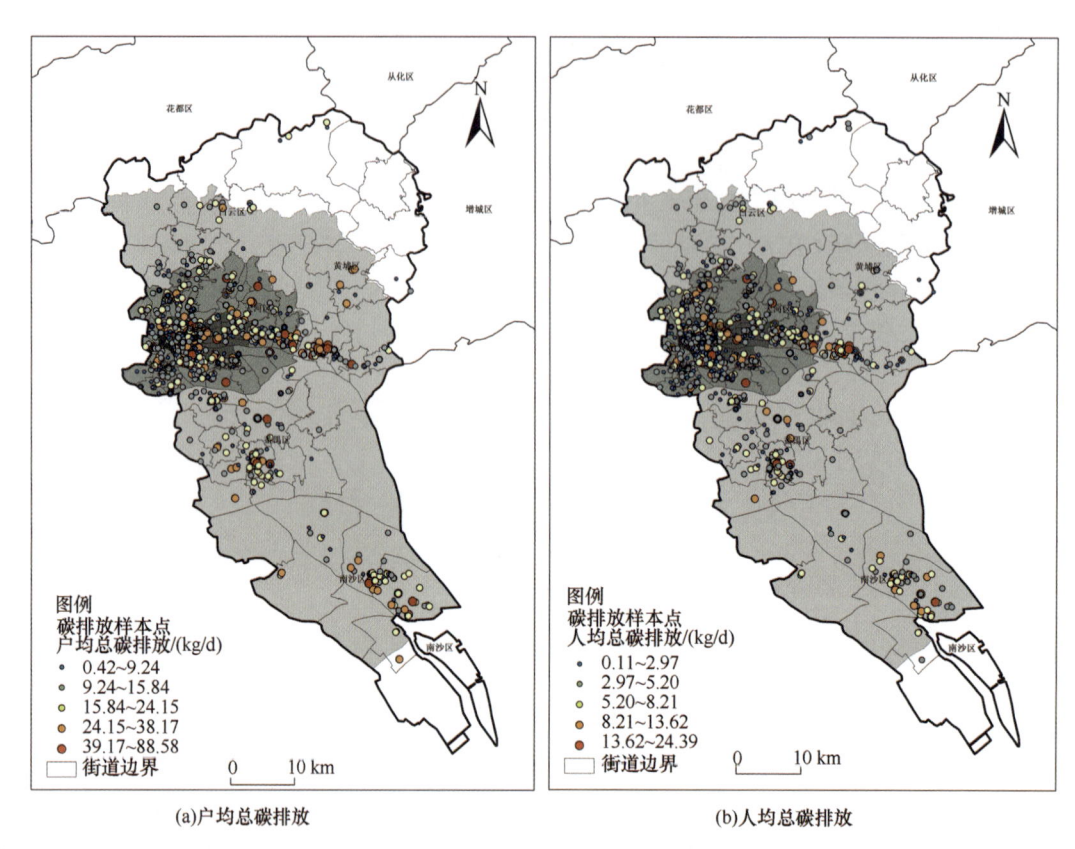

图 4-10　广州市家庭户均总碳排放量与人均碳排放量空间分布图

4.4.3　家庭能耗碳排放全局差异分析

根据 Moran's I 公式计算了样本数据碳排放的全局自相关莫兰指数,并根据 Z 值进行了检验。如表 4-2 所示,全局和局部的莫兰指数均大于 0,且全局自相关 Z 值大于 99%,拒绝随机分布的原假设,通过显著性检验,可以说明样本数据的碳排放不是随机分布的,具有高值与高值邻近,低值与低值邻近的特征。再通过在 ArcMap 10.3 中计算样本数据的全局 Getis-Ord General I 值,结果显示两者观测值均大于期望值,呈现高聚类的特征,且在 95% 置信水平上显著,说明广州市碳排放存在研究区域空间上的聚集热点区。

表 4-2　广州市家庭碳排放的 Moran's I 和 General

指标	Moran's I	$Z(I)$	$P(I)$	$G(d)$	$E(d)$	$Z(d)$	$P(d)$
户均用能碳排	0.0762	3.8448	0.0020	0.0020	0.0010	3.3049	0.0009
人均用能碳排	0.0823	4.2316	0.0010	0.0019	0.0016	2.0720	0.0380

4.4.4 家庭能耗碳排放局部差异分析

1. 家庭直接能耗碳排放局部差异

如图 4-11 所示,广州市碳排放高值点主要聚集在中心城区内部及周围,在研究区域的中部和南部也有少量分布,这一结论不仅与广州市现阶段的发展水平吻合,也与已有研究得出的碳排放差异可能与区域经济发展水平相关相符合。碳排放的高值聚集样本主要表现为家庭收入高,居住面积较大的广州市户籍家庭。具体表现为:高高(HH)聚集样本的家庭年总收入较高,收入在 10 万以上的占到 83.30%;在市中心的样本多于城郊接合部、城中村和郊区的样本;75.00%的高高聚集样本居住房屋面积在 70m² 以上;高高聚集样本的户籍多为广州本地,居住的房龄在 5 年以上的占到 79.17%。使用同样的方法对人均碳排放进行可视化处理,高高聚集样本分布在中心城区内部及往南,低低(LL)聚集样本主要分布在核心区的周围。我们发现,碳排放的聚集特征可能与家庭的住房面积以及家庭年总收入关系密切,但需要根据碳排放的主要组成部分进一步探究其深层次的空间潜在驱动因素。

(a)户均碳排放　　　　(b)人均碳排放

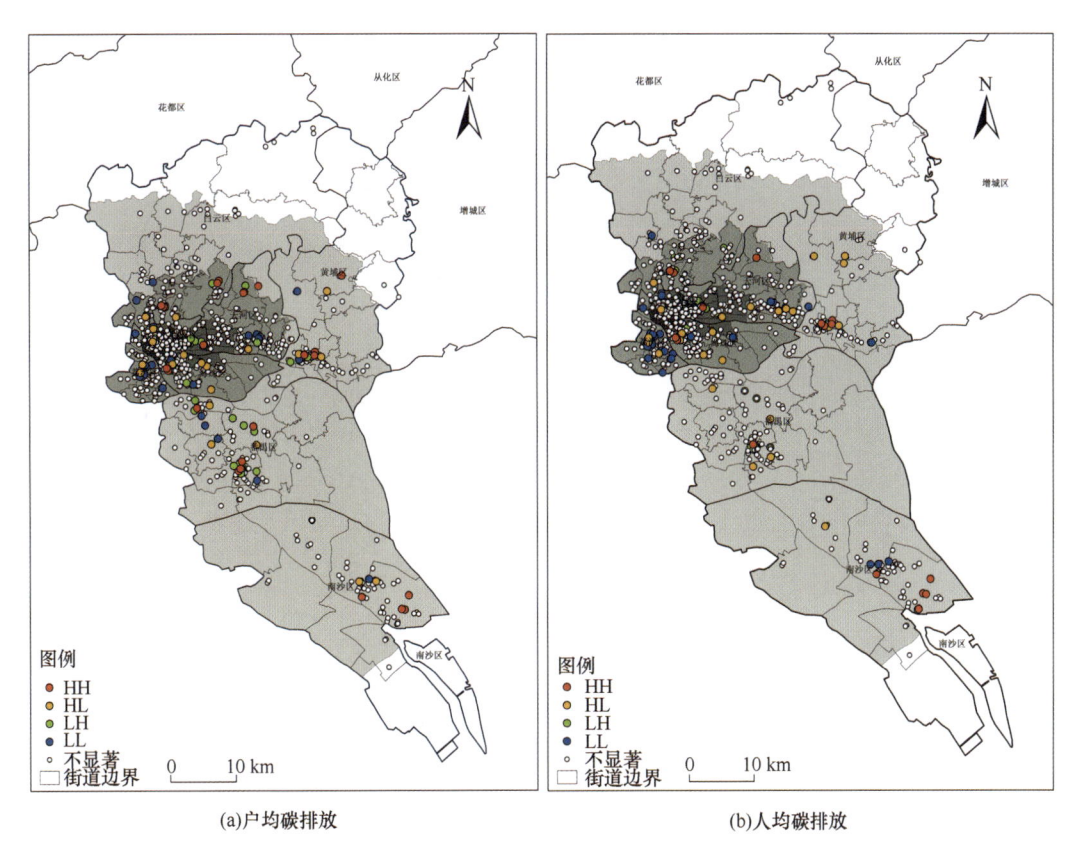

图 4-11　广州市家庭户均碳排放 LISA 聚类地图与人均碳排放 LISA 聚类图

2. 热水器、炊事设备能耗碳排放局部差异

鉴于热水器和炊事设备碳排放的占比达到了总碳排放的 73.89%，分析热水器和炊事设备碳排放的分布特征，能够进一步探究广州市居民能耗碳排放的空间驱动因素。如图 4-12（a）所示，人均热水器碳排放的高值样本（＞8.38kg/d）主要分布在中心城区附近，而其高高聚集样本（HH）主要分布在黄埔区，天河区和南沙区，这些区域都在中心城区的边缘或外部；低值样本（＜0.84kg/d）在各个区域均有分布，而其低值聚集样本（LL）基本以越秀区为中心，围绕分布在中心城区内部，在荔湾区、海珠区、天河区有较多低值聚集样本，且荔湾区的低低聚集样本数量较多。如图 4-12（b）所示，人均炊事设备碳排放的高值样本（＞6.71kg/d）主要分布在中心城区范围及周围，而其高高聚集样本（HH）也主要散落在中心城区内部，主要是荔湾、越秀、海珠、天河等区；低值样本（＜0.64kg/d）在各个区域均有分布，而低值聚集样本（LL）则大多环绕在中心城区的边界和外围，低值聚集样本主要分布在海珠、天河、黄埔等区。HH 区中，广州市户籍样本占 88.89%，省内样本占比 11.11%；LL 区只有 42.86% 为广州市户籍住户，其余为省外或省内非广州市户籍住户。实地调研发现，岭南地区特有的传统"煲汤"文化对于能耗的影响突出，是热水器和炊事设备呈现高碳排放量的主要原因。除此之外，不同行政区常住人口的户籍属性和居住时间长短也会展现出不同的碳排放特征。

(a)人均热水器设备碳排放　　　　(b)人均炊事设备碳排放

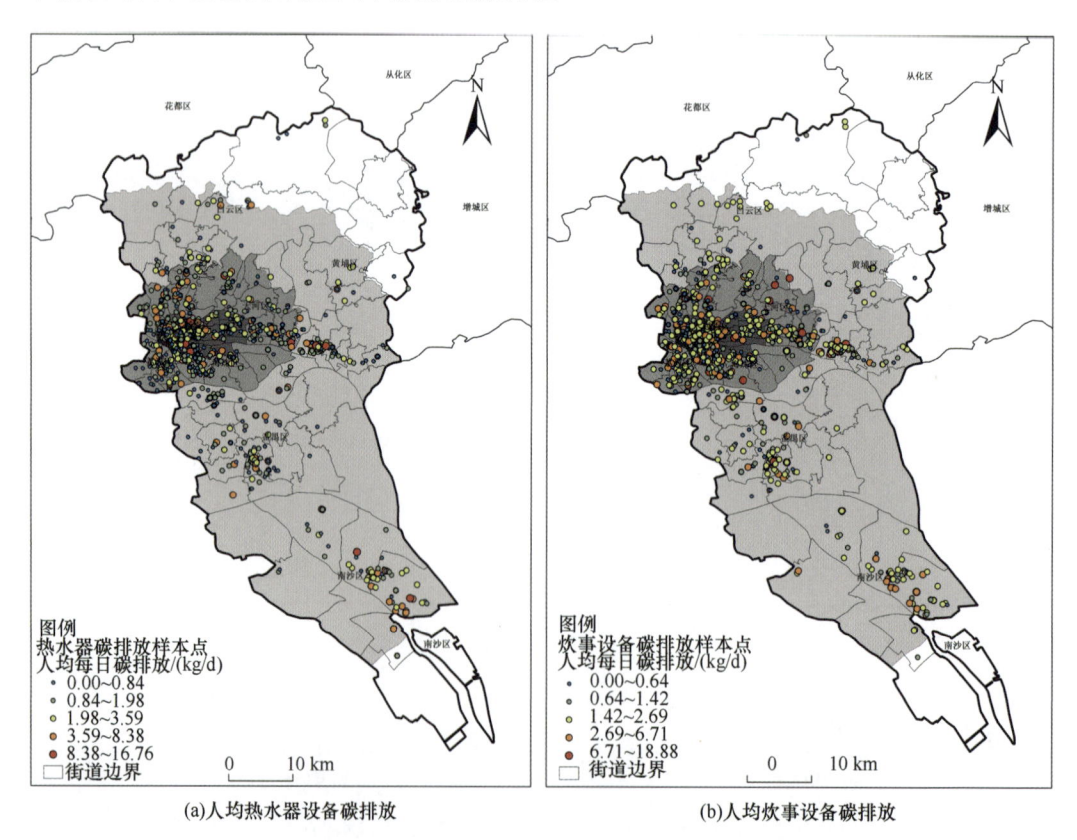

图 4-12　广州市家庭人均热水器设备和炊事设备碳排放 LISA 聚类图

3. 利用标准差椭圆进行空间差异分析

为研究碳排放聚集特征是否具有明确的方向性和分布范围，使用标准差椭圆工具对炊事设备、热水器设备、制冷设备、大型家电以及照明设备等按照 HH、LL 聚集样本进行了分析，结果如表 4-3 所示。此外，根据广州市碳排放标准差椭圆分析结果（图 4-13），总碳排放和人均碳排放的高、低值聚集标准差椭圆具有相似的形状；比较各自的面积（表 4-4），发现人均碳排放 HH 区和 LL 区面积较总碳排均有所增大，且椭圆扁率对应有所增加，即人均碳排放的分布较总碳排放范围更大且方向趋势更明显。

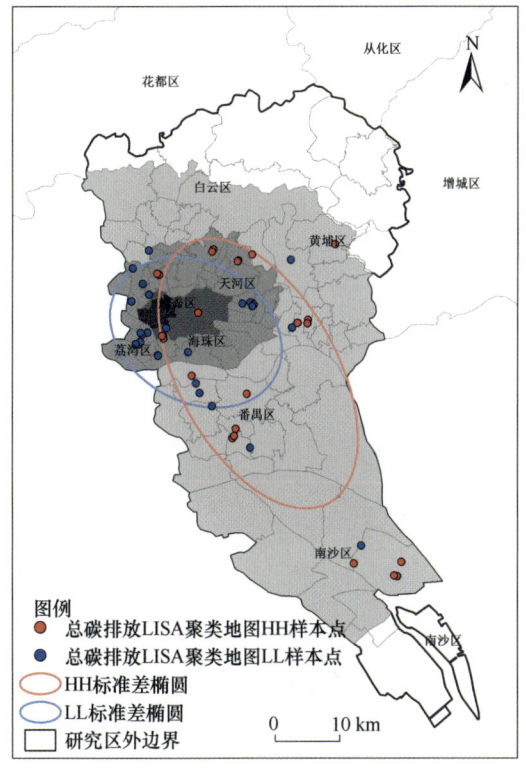

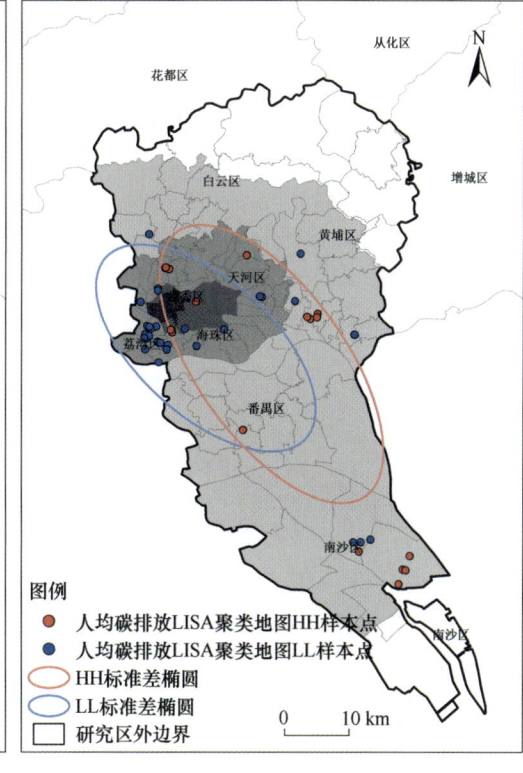

(a) 总碳排放　　(b) 人均碳排放

图 4-13　广州市碳排放标准差椭圆分析结果

表 4-3　分设备人均碳排放 LISA 聚类数据

	炊事设备	热水器	制冷设备	大型家电	照明设备
Moran's I	0.0729	0.0999	0.0749	0.0992	0.0360
$Z(I)$	3.8878	5.2305	3.7701	5.0521	1.9911

注：炊事设备、热水器、制冷设备、大型家电 Z 值均大于 2.58，通过 99% 置信度检验，照明设备 Z 值大于 1.65，通过 90% 置信度检验。

表 4-4 总碳排放与人均碳排放标准差椭圆参数

	周长	面积	X 轴长	Y 轴长	方向角度	椭圆扁率
总碳排放 HH	0.999708	0.069758	0.201052	0.110455	149.599478	0.450614766
总碳排放 LL	0.694436	0.037128	0.125961	0.093858	116.475692	0.254864601
人均碳排 HH	1.052959	0.07137	0.221484	0.102594	143.170724	0.53678821
人均碳排 LL	0.898379	0.053865	0.1856	0.09239	130.477083	0.502209052

更具体地，广州市分设备碳排放标准差椭圆分析结果，如图 4-14（a）（b）所示，炊事设备、照明设备两类设备的低值聚集样本分布范围几乎包括了高值聚集样本的分布范围，尽管两者的分布方向有所不同，但是其均包括社会分区中的旧城区与核心区域。在广州市分设备碳排放标准差椭圆分析结果，如图 4-14（c）（d）（e）所示，可以明显看到，热水器设备、大型家电以及制冷设备的标准差椭圆区域中，高值聚集椭圆和低值聚集椭圆呈现不同的范围和方向，另外，热水器设备的 HH 区椭圆方向和面积与人均碳排放的 HH 区最为接近，这也正是因为热水器设备碳排放占比最高且 HH 样本间碳排放值差异较大的结果，可以说热水器碳排放格局决定了总生活用能碳排放的格局。从椭圆的形状来看，大型家电的 HH 区和制冷设备的 LL 区椭圆均呈现"梭形"，这说明分布重心的集聚程度较低，而照明设备的 HH 区以及热水器的 LL 区分布重心的集聚程度较高，因而面积也较小。

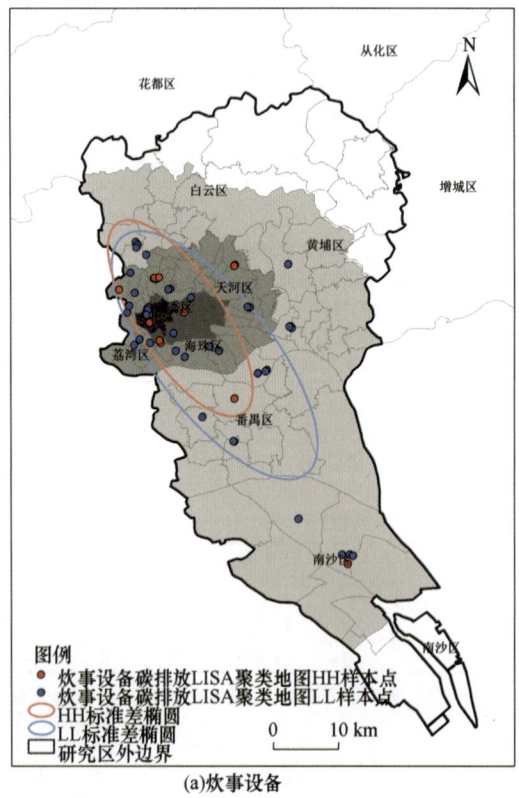

(a)炊事设备 　　　　　　　　　　(b)照明设备

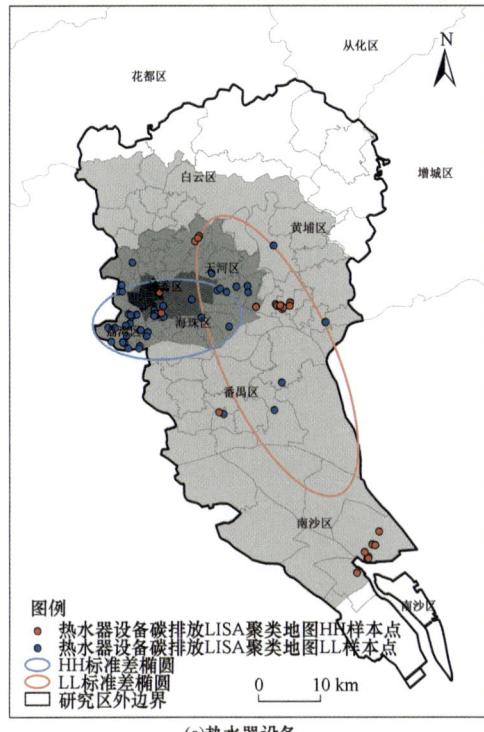

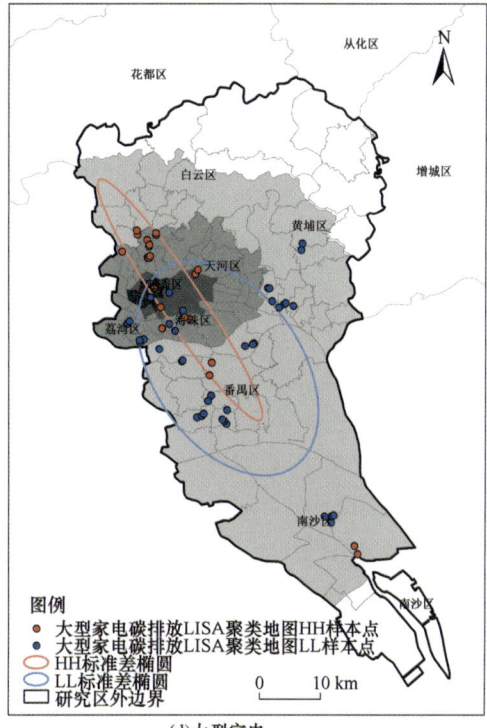

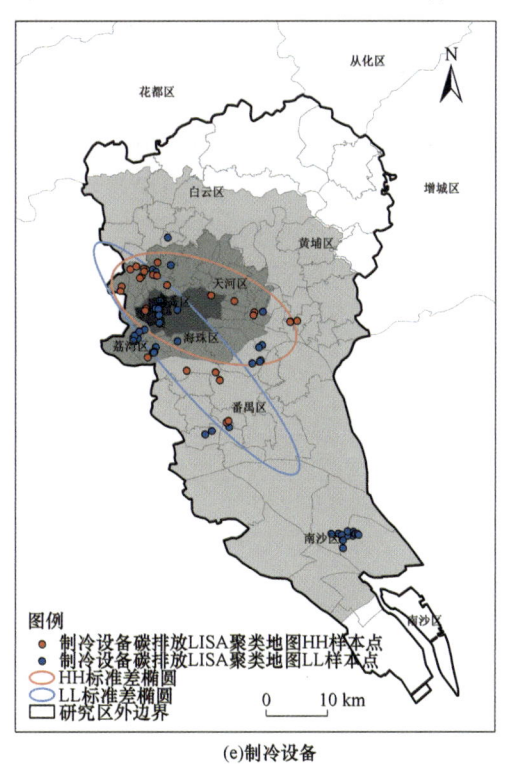

图 4-14　广州市分设备碳排放标准差椭圆分析结果

4.5 家庭能源消费驱动机制分析

4.5.1 指标选取及理论基础

根据以往文献研究结果作为参考，选择影响因素指标。①家庭特征方面，选取家庭劳动人口、受教育程度以及年龄等三个因素，理论上，家庭拥有劳动人口数量与家庭能源消费量呈现负相关关系（崔一澜等，2016），随着家庭劳动人口数量的增加，家庭能源消费量逐渐减少。主要因为，人们大部分时间处在工作岗位，待在家里的时间比较少，所以，家庭中劳动人口数越多家庭能源消费量反而会越少。受教育程度与家庭能源消费量呈现负相关关系（谢伦裕等，2019；秦翱和侯莉，2013），随着受教育程度的不断提高，节能意识更强烈，在选择家用电器的时候，更加倾向选择具有节能功能的家用电器，进而一定程度上减少家庭能源消费量。年龄与家庭能源消耗量呈现正相关，随着年龄增长，老年人的"退休效应"会使老年人在家的时间比较长，用能时间也比较长，进而使能源消费量增加，而中青年人多数时间在外工作，待在家里的时间较少，一定程度上减少家庭能源消费量（左玲，2019）。②经济特征方面，选取家庭收入水平、住房面积。家庭年收入与人均家庭能源消费量呈现正相关关系（史琴琴等，2018）。根据凯恩斯的"绝对收入假说"理论，消费水平随收入水平的变化而变化，还有研究发现家庭能源消费强度与家庭成员的可支配收入有显著的相关关系，随着家庭可支配收入的增加（冯玲等，2011；李智杰，2013），家庭能源消费量也随之增加。随着家庭收入的不断增加，人们对家用电器的需求也不断增加，进而导致家庭能源消费量随之增加。住房面积与家庭能源消费量存在一定的正向关系，住房面积越大所需的家用电器越多，进而导致家庭能源消费量越大（薛丹，2014；谢进宇，2012）。③区域特征，人群密集、经济发展水平较高的地区与家庭能源消费量呈正相关关系（魏楚，2017；严翔等，2019）。居住区人口密度较大对具体家庭能源消费产生一定的影响（表4-5）。

表 4-5 广州市人均家庭能源消费量差异影响因素的描述统计分析

变量名		变量定义	均值	标准差
受教育程度	小学	是 = 1，其他 = 0	0.139	0.346
	初中	是 = 1，其他 = 0	0.128	0.335
	高中/中专	是 = 1，其他 = 0	0.248	0.432
	大专	是 = 1，其他 = 0	0.250	0.433
	本科	是 = 1，其他 = 0	0.188	0.391
	本科及以上	是 = 1，其他 = 0	0.048	0.214
年龄		岁	35.145	9.512
劳动人口		人	2.139	0.702

续表

变量名		变量定义	均值	标准差
家庭年收入水平	5万元以下	是 =1，其他 =0	0.103	0.304
	5万~10万元	是 =1，其他 =0	0.182	0.386
	10万~15万元	是 =1，其他 =0	0.199	0.399
	15万~20万元	是 =1，其他 =0	0.177	0.381
	20万~25万元	是 =1，其他 =0	0.100	0.300
	25万~30万元	是 =1，其他 =0	0.079	0.269
	30万元以上	是 =1，其他 =0	0.162	0.368
住房面积	50m² 以下	是 =1，其他 =0	0.175	0.380
	50~70m²	是 =1，其他 =0	0.373	0.484
	70~100m²	是 =1，其他 =0	0.274	0.446
	100m² 以上	是 =1，其他 =0	0.177	0.382
区域		中心城区 =1 外围城区 =0	0.530	0.499

4.5.2 模型构建

区域之间经济发展水平存在着一定的相关性，因此，本节构建了经济意义下的空间权重矩阵（W_2），选取样本点对应行政区域的人均 GDP 值作为经济变量，其元素 W_{sj} 用 s 样本人均 GDP 与 j 样本人均 GDP 绝对差值的倒数表示。而单纯地考虑以地理距离或经济距离构造权重矩阵存在一定的局限性，从而，构造了地理经济距离空间权重矩阵（W_3）和地理与经济距离的嵌套权重矩阵（W_4）。W_3 的元素为 s 样本与 j 样本距离的倒数和 s 样本人均 GDP 占所有样本人均 GDP 比例的乘积；$W_4 = \phi W_1 + (1-\phi)W_2$，$\phi$ 介于 0~1 之间，表示地理距离权重矩阵所占比例（张征宇和朱平芳，2010）。为简化分析，将 ϕ 取值为 0.5。

其次，OLS 是线性回归模型，可用于研究人均家庭能源消费与一系列影响因素之间的线性关系。OLS 模型的假设前提是变量间相互独立。该模型中，未充分考虑各样本之间空间层面的独立性。也就是说，若人均家庭能源消费存在显著的空间相关效应，就需要采用空间回归模型，如空间滞后模型（SLM）和空间误差模型（SEM）。通过拉格朗日乘子（LM）检验判断使用最合适的空间回归模型，进而从空间角度分析人均家庭能源消费量的影响因素。

首先，OLS 线性回归模型可表示为

$$y_s = \beta_s X_s + \varepsilon_s, \varepsilon_s \sim N(0, \delta^2 I) \tag{4-2}$$

式中，s 为广州市受访者样本，共 1082 个样本；y_s 是第 s 户人均家庭能源消费量；X_s 为人均家庭能源消费的影响因素 i 维行向量（$i=1,2,\cdots,12$），表示第 i 个影响因素

变量在第 s 户受访者样本的观测值；β 为 i 维列向量，是这些因素变量相对应的回归系数；ε 是模型的误差项，$\varepsilon_s \sim N(0, \delta^2 I)$ 表示误差项服从正态分布，并且方差一致，即误差与协方差矩阵的积为 0；I 代表单位矩阵。分析不同因素对人均家庭能源消费的影响程度。

其次，在上述 OLS 线性回归模型的基础上，空间滞后模型（SLM）仅考虑到了某区域人均家庭能源消费对其他邻近人均家庭能源消费的影响，即空间溢出效应，是空间回归模型的一种形式。SLM 模型可表示为（Wang et al., 2017；Anselin et al., 2009；LeSage, 2008）：

$$y_s = \beta \sum\nolimits_{j=1}^{n} W_{sj} y_j + \beta X_s + \varepsilon_s, \varepsilon_s \sim N(0, \delta^2 I) \quad (4\text{-}3)$$

式中，β 为空间自回归的系数值；W_{sj} 表示空间权重矩阵。

在空间回归分析中，模型的独立误差项可能存在空间自相关。空间误差模型（SEM）可考虑到独立误差项的空间溢出效应。SEM 的基本形式是（Anselin et al., 2009；Anselin, 1988；Arbia, 2006）：

$$y_s = \lambda \sum\nolimits_{j=1}^{n} W_{sj} \varphi_s + \beta X_s + \varepsilon_s, \varepsilon_s \sim N(0, \delta^2 I) \quad (4\text{-}4)$$

式中，φ 代表空间自相关误差项；λ 是误差项的空间自相关系数。

4.5.3 家庭能源消费驱动机制

基于构建地理与经济距离的嵌套权重矩阵（W_4）得到的空间莫兰指数显示，广州市人均家庭能源消费量具有显著的空间自相关性，可以说明，广州市人均家庭能源消费量具有显著的空间溢出效应。因此，通过 LM 检验选择最优空间模型其判断标准为：LM 统计量更显著的模型为更合适的模型。由表 4-6 可以看到，在地理和经济嵌套的空间权重矩阵（W_4）设定下，空间误差模型和空间滞后模型的稳健 LM 检验值都在 10% 水平上显著，但是空间滞后模型更加显著。因此，选取空间滞后模型作为后期空间回归模型影响因素分析。

表 4-6 LM 检验选择最优模型

LM 检验	权重矩阵 W_4	
	x^2	p
no lag	0.537	0.464
no lag（robust）	7.474	0.006
no error	0.097	0.755
no error（robust）	7.034	0.008

通过 SLM 空间回归模型得出广州市人均家庭能源消费影响因素的回归系数及显著性等指标（表 4-7）。结果表明，6 个影响因素中，除了受访者年龄，其余 5 项因素对家

庭人均能源消费量的影响均在不同水平上显著,证明了本章节所选的影响因素基本合理。因此,可根据回归系数绝对值大小判断各因素对人均家庭能源消费的影响,进而探索对人均家庭能源消费具有显著影响的核心因素。总体上,经济和区位特征对人均家庭能源消费量的影响最强,家庭特征的影响相对较弱。一定程度上说明,本研究构建的空间权重矩阵的合理性。

表 4-7 基于空间滞后模型(SLM)的广州市人均家庭能源消费影响因素回归系数

因素类别	定义	回归系数	标准差	z	p
受教育程度	初中	−39.43***	13.3176	−2.96	0.003
	高中/中专	−39.55***	13.1025	−3.02	0.003
	大专	−25.00*	13.6758	−1.83	0.068
	本科	−24.06	14.7109	−1.64	0.102
	本科以上	−13.74	23.0004	−0.60	0.550
劳动力人口数	实际劳动力人口数	−43.76***	5.6525	−7.74	0.000
年龄	受访者年龄	−0.67	0.4636	−1.45	0.146
家庭年收入	5万~10万元	9.22	15.2332	0.61	0.545
	10万~15万元	34.08**	15.2129	2.24	0.025
	15万~20万元	49.91***	15.8778	3.14	0.002
	20万~25万元	60.99***	18.4373	3.31	0.001
	25万~30万元	47.02***	17.1794	2.74	0.006
	30万元及以上	21.89	16.6969	1.31	0.190
住房面积	50~70m²	33.37***	10.7151	3.11	0.002
	70~100m²	51.70***	12.5622	4.12	0.000
	100m²以上	53.488***	14.4667	3.70	0.000
区域	中心城区	−16.09*	8.4723	−1.90	0.057
_cons	_cons	248.68	60.5417	4.11	0.000
N	N	1082	—	—	—

* $p<0.10$,** $p<0.05$,*** $p<0.01$。

上述 6 个显著影响因素中,劳动力人口数、住房面积以及家庭年收入是影响人均家庭能源消费量的 3 个最关键因素,区位特征和受教育程度是核心影响因素,年龄对人均家庭能源消费量最不显著。鉴于此,在分析广州市家庭人均能源消费差异的影响因素时,本研究重点关注区位、劳动力人口数、住房面积、家庭年收入及受教育程度这 5 个主要因素。

1. 家庭年收入

在经济特征方面,家庭年收入水平对人均家庭能源消费量整体呈现正向作用。其中,家庭收入水平在 25 万~30 万元时对人均家庭能源消费量在 1%的显著性水平下呈现正向作用。在 10 万~15 万元、15 万~20 万元对人均家庭能源消费量分别在 5%水平下呈现正向作用，而在家庭年收入水平为 20 万~25 万元时对人均家庭能源消费在 10%的显著水平下呈现正向作用。说明，随着家庭年收入水平的提高，人们拥有更多机会改善生活水平，进而使家庭能源需求量随之增加。研究发现，家庭总收入较高的样本（>10 万元）在人均碳排放高高聚集（HH）样本中数量占比更高，10 万元以上的样本户数量占比达到 66.67%，而低于 5 万元的样本仅 15.15%。根据实地调研，发现主要有两个原因，一方面，收入的增长使得家庭在满足基本能源需求之外，有更高的能源使用的需求；另一方面，由于家庭经济水平的差异，使得不同家庭对于家庭能源的消耗量关注度不同，收入较低的家庭更关注能源支出，倾向于节约用能，往往使用完电器设备后就会切断电源。根据实地调查，在旧城区、核心区居住的往往是广州市户籍的自有房产住户，相对于外地租户而言，他们没有租金等成本的"担忧"。

此外，与其他人群相比，老年人、受教育程度高和收入较高的人消耗更多的制冷能源和总能源。居住在绿色建筑中的大多数家庭减少了家庭制冷能源消耗，而不同家庭群体的增量减少幅度不同。经济状况较差的家庭比生活状况更好的家庭更容易受到居住在绿色建筑中的影响。因此，搬迁到绿色建筑可能会帮助经济状况较差的人减少能源消耗（212.49kgce/a），而对于经济状况较好的人来说，这些影响可能是负面的（60.21kgce/a）。尽管影响在统计上并不显著，这一发现是可以理解的，因为收入较低的人对能源消耗更敏感，会试图减少不必要的能源消耗。

2. 住房面积

住房作为家庭经济属性的一部分，研究发现房屋面积的增加可能导致人均碳排放水平增加。人均碳排放高高聚集的样本中，住房面积高于 70m² 的样本数量多于住房面积较小的样本，70m² 以上的样本占比达到 57.58%，50m² 以下样本仅占比 15.15%。已有研究也持相同观点，即住宅面积越大，制冷和供热的需求越高，耗电设备也相应增加，因而能耗需求越高（Min et al.，2010；吴巍等，2018）。与此同时，受访者的住房面积分别为 50~70m²、70~100m² 及 100m² 以上在 5%、10%的显著水平下对人均家庭能源消费量呈现正相关关系，住房面积越大，室内家用电器的需求也就越多，导致人均家庭能源消费量越大。

3. 劳动力人口数

在家庭特征方面，劳动人口数对人均家庭能源消费在 10%的显著水平上，呈现负相关关系。这也就是说，劳动人口规模较大的家庭能够在一定程度上抑制人均家庭能源消费量，主要原因是，家庭成员大部分时间在外务工，居家时长也就越短，进而使得对家庭能源的需求相对较少。其次，受访者的受教育水平与人均家庭能源消费量整体呈负相关，在初中、高中水平分别呈现 5%的显著水平，说明人均家庭能源消费量的差异性在基础教育水平上较为明显。

4. 区域特征

在区域特征方面，中心城区对人均家庭能源消费量在 1%的显著水平下呈现正相关关系。说明经济发展水平较高的地区人均家庭能源消费量也会较高。本节进一步探索经济条件相关要素后发现，居住小区所在位置为城中村的样本，比所在位置为市中心的人均碳排放水平更低；在人均碳排放高高聚集样本中，城中村样本数量仅为市中心样本数量的 1/5。

5. 其他因素

在社会文化因素方面研究发现，岭南文化对广州市家庭能源消费具有重要的影响。首先，岭南地区特有的传统"煲汤"文化对于能耗的影响突出，主要呈现为炊事设备和热水器设备的高碳排放量。实地调研发现，广州市特别是广州市户籍家庭煲汤的频率在每周 4 次以上，而煲汤的时间每次大概在 45min 以上，使得广州市在炊事设备方面的能耗会高出其他地区。其次，不同行政区常住人口的户籍属性展现出不同的碳排放特征，根据人均碳排放高值范围统计数据显示，广州市户籍样本数量＞广东省户籍样本数量＞省外户籍样本数量，而且在人均碳排放高高聚集的样本中，96.97%的样本属于广东省内户籍，在这之中有 75.00%为广州市本地户籍。此外，在广州市居住时间长短可能影响人均碳排放水平，居住时间越长，其碳排放水平越高。在人均碳排放高高聚集区内，在广州市居住 5 年及以上的样本占比 87.88%，5 年以下仅占 12.12%，这也意味着长期居住的住户更易受岭南生活饮食文化的影响。

4.5.4 建筑类型对能耗的影响

为了评估绿色建筑对住宅制冷能耗的影响，本研究从以下基线规范开始：

$$\text{Energy}_i = \alpha_0 + \alpha_1 \text{Greenbuilding}_i + X_i'\lambda + R_i'\eta + \varepsilon_i \tag{4-5}$$

式中，i 为一个家庭；因变量 Energy_i 为家庭 i 的空调的家庭能源消耗。能源消耗核算基于郑新业等（2017）推出的《中国家庭能源消费研究报告》。根据房间空调的能效最低允许值和能效等级，将空调的额定输出功率乘以定频/变频调节系数，计算出空调的实际输出功率。家庭空调制冷时的耗电量计算如式（4-1）所示。研究关注的核心变量是 Greenbuilding_i，它代表了一个家庭居住的建筑类型，即该家庭是否居住在 2009 年（包括）之前建造的建筑中。选择 2009 年作为划分建筑类型的阈值，因为《民用建筑节能条例》是自 2008 年 10 月施行的，并从那时起影响了住宅建筑行业。

X_i 是控制变量的向量（表 4-8）。本研究包括家庭特征变量，如年龄、家庭规模、教育水平和收入水平，因为已发现它们对家庭能源消耗有影响（Jiang et al.，2020；Kavousian et al.，2013；Özcan et al.，2013）。本研究还包括了住房特征，如公寓是出租还是自有、住房规模等（Iraganaboina and Eluru，2021；Kavousian，2013）。此外，本研究还包括受访者对节能态度、绿色能源消费习惯和节能偏好（Banfi et al.，2008；Qiu，2014；Qiu and Kahn，2019；Azar and Menassa，2012；Sweeney et al.，2013；Yu et al.，2011）。

表 4-8 变量描述

变量	描述	均值	标准差
绿色建筑	1 = 如果家庭居住在 2009 年以前建造的社区，0 = 否则	0.646	0.478
年龄	在调查年度，被调查者的年龄	35.19	9.500
小学	1 = 如果受访者完成了小学或以下的教育，0 = 否则	0.140	0.350
初中	1 = 如果受访者完成了初中教育，0 = 否则	0.130	0.330
高中	1 = 如果受访者完成了高中教育，0 = 否则	0.250	0.430
大学	1 = 如果受访者完成了大学教育，0 = 否则	0.480	0.500
家庭规模	家庭成员人数	3.670	1.250
劳动力人口	该部队中的家庭成员人数	2.130	0.700
居住方式	1 = 公寓出租 0 = 公寓自有	0.320	0.470
收入 1	1 = 如果被调查者的收入为 0～10000 元人民，0 = 否则	0.290	0.450
收入 2	1 = 如果被调查者的收入为 10001～20000 元人民币，0 = 否则	0.370	0.480
收入 3	1 = 如果被调查者的收入超过 20001 元，0 = 否则	0.340	0.470
房屋大小	1 = 如果公寓面积超过 70m²，0 = 否则	0.440	0.500
节能设备偏好	1 = 如果受访者更偏爱使用节能设备，0 = 否则	0.490	0.500
绿色消费习惯	1 = 如果被调查者在离开房间时关闭灯和装置，0 = 否则	0.870	0.340
绿色能源行为	1 = 如果受访者经常设置的恒温器高于 26℃，0 = 否则	0.460	0.500
节能态度	1 = 如果被调查者认为节能是重要的，0 = 否则	0.840	0.370

由于遗漏变量或测量误差，仍然可能存在内生性。例如，本研究记录了受访家庭空调标签上的能源效率。然而，受访者可能拥有多台空调，并且一些空调的能效等级可能高于其他空调。这些测量误差可能导致人们高估了居住者行为对住宅能源消耗的影响。此外，被遗漏的变量可能会影响家庭能源消费行为。例如，居住在旧建筑中的家庭可能已经翻新了他们的公寓，并用隔热窗更换了窗户或购买了节能风扇。因此，这些受访者可能居住在那些夏季室内温度较低的地方，因此与其他受访者相比，对空调的需求较少。另一个可能被忽略的变量可能是居民待在家里的时长。有更多成员在家工作的家庭应该比大多数成员长期从事户外工作的家庭消耗更多的能量（O'Neill and Chen，2002）。被遗漏的变量也可能影响家庭建筑类型和住宅能源消耗。

使用基于工具变量（IV）的方法进行估计并解决关于内生性的问题。具体来说，本研究使用了两阶段最小二乘（2SLS）方法。在第一阶段，根据工具变量 IV_i、向量 X_i 和区域虚拟变量 R_i 对绿色建筑变量进行回归，如式（4-6）所示：

$$\text{Greenbuilding}_i = \beta_0 + \beta_1 IV_1 + \beta_2 IV_2 + X_i' \chi + R_i' \varphi + \vartheta_i \tag{4-6}$$

式中，β 为要估计的参数；IV_1 和 IV_2 为工具变量；χ 和 φ 分别为向量 X_i 和区域虚拟变量 R_i 的系数；ϑ_i 为误差项。然后估计了等式（4-7）：

$$\text{Energy}_i = \delta_0 + \delta_1 \text{Greenbuilding}_i + X_i \xi + R_\mu + \theta_i \qquad (4\text{-}7)$$

式中，δ_1 为绿色建筑对住宅制冷能耗的估计影响；ξ 和 μ 分别为向量 X_i 和区域虚拟变量 R_i 的系数；θ_i 为误差项。

使用这种方法的关键在于找到 IV_s。IV 的有效性基于两个条件确定：①相关性条件，即 IV 与家庭是否居住在绿色建筑（Greenbuilding$_i$）相关；②排除限制条件，即 IV 对住宅制冷能耗（Energy$_i$）没有直接影响。纳入有效的工具提供了对绿色建筑对住宅空调能耗影响的一致估计。本研究使用了两个 IV，DISTANCE$_i$ 是指住宅楼与城镇行政中心之间的地理距离，HUKOU$_i$ 是一个虚拟变量，如果受访者有广州市户口则为 1，否则为 0。

为了提供基准，在第（1）列和第（2）列中仅控制了区域对冷却能耗和碳排放的固定影响，然后在第（3）列和第（4）列中控制了基线协变量。结果表明，住宅能源消耗受多种因素的影响，包括家庭特征、建筑特征、节能态度和居住者的能源使用行为（表4-9）。

表 4-9　绿色建筑对能耗及碳排放的影响

影响因素	（1）能耗量	（2）碳排放	（3）能耗量	（4）碳排放
绿色建筑	36.026***	235.736***	28.563***	186.900***
	(7.195)	(47.083)	(6.819)	(44.621)
年龄	—	—	1.095***	7.168***
	—	—	(0.400)	(2.616)
受访者受教育水平是否为初中	—	—	27.919***	182.686***
	—	—	(7.694)	(50.347)
受访者受教育水平是否为高中	—	—	88.389***	578.374***
	—	—	(9.044)	(59.181)
受访者受教育水平是否为本科	—	—	87.436***	572.143***
	—	—	(8.390)	(54.902)
家庭规模	—	—	2.914	19.069
	—	—	(3.060)	(20.025)
劳动力人口数	—	—	−5.627	−36.821
	—	—	(5.181)	(33.899)
居住房屋是否为租赁	—	—	−12.688	−83.026
	—	—	(8.128)	(53.187)
收入 2	—	—	18.247**	119.402**
	—	—	(8.185)	(53.562)
收入 3	—	—	11.203	73.304
	—	—	(9.095)	(59.515)
房屋大小	—	—	71.424***	467.368***
	—	—	(7.508)	(49.128)

续表

变量	（1）能耗量	（2）碳排放	（3）能耗量	（4）碳排放
对节能设备的偏好	—	—	−11.345*	−74.238*
	—	—	(6.661)	(43.584)
绿色习惯			−0.157	−1.025
地区虚拟变量			(11.545)	(75.544)
绿色能源行为	—	—	−28.071***	−183.685***
	—	—	(6.493)	(42.485)
对能源节省的态度	—	—	48.388***	316.627***
	—	—	(10.599)	(69.352)
距离变量	是	是	是	是
常量	46.700***	305.582***	−75.304***	−492.754***
	(8.784)	(57.480)	(21.894)	(143.263)
观察结果	1070	1070	1070	1070
R^2	0.067	0.067	0.293	0.293

注：标准误差显示在圆括号里；***$p<0.01$，**$p<0.05$，*$p<0.1$。

已有研究发现，建筑特征对家庭制冷能源消耗有统计学意义上的显著影响，这与本研究假设一致，即绿色建筑会影响制冷能耗，因为建筑结构和材料创新使室内空间的温度低于非绿色建筑，因此制冷需要的能源更少。人均碳排放高值聚集的样本中，房屋建造时间特征十分明显，人均碳排放高高聚集样本中，建造10年以上样本占比63.64%，其中20年及以上样本占比23.81%，5年以下样本仅占15.15%。不同年代建造房屋的建设标准不同，可能影响到它们的能耗水平（曾宇钦，2020），在新标准下的房屋建筑会比旧标准下的房屋更节能。同时，房屋类型也会对家庭能耗产生影响。新标准住宅比率越高，家庭能源消费量越低（冯璐垚，2018）。事实上，2000年广州市的住宅面积达7950万m^2，但受当时认识、体制、经济发展水平等影响，这些住宅建筑较少采用节能措施，大多属于高能耗建筑（李顺成等，2020），使得其总体能耗较高。

关注设备能效标签的受访者可能比其他受访者消耗的能源更少。但与本研究预期相反，对能源消耗持更环保态度的人（即认为节能对他们很重要），并没有比其他人消耗更少的能源，这可能是消费态度与行为不一致导致的。绿色能源消耗的居住者行为控制的标志和幅度与本研究的预期一致。将恒温器设置在高于26℃（被认为与低碳排放相关的水平）的家庭比其他家庭消耗的制冷能源更少。更关心节能并具有绿色能源行为（即将恒温器设置为高于26℃）的人在搬到更环保的建筑时可能比其他人受益更多［表4-10第（6）列］。相比之下，不关心节能的受访者受建筑类型的影响较小［表4-10第（7）列］。这一结果与文献一致，表明绿色建筑认证的影响往往低于预期，因为居住在节能建筑中的家庭并没有改变他们的能源消耗行为，如开空调时打开窗户或设置低于所需温度（Filippini and Obrist，2022）。

表 4-10　绿色建筑对制冷能耗的影响（工具变量结果）

变量	模型		异质效应模型				
			收入			绿色能源行为	
	（1）能耗量	（2）碳排放	（3）收入1	（4）收入2	（5）收入3	（6）是	（7）否
绿色建筑物	73.675**	482.095**	212.485***	89.772**	−60.209	135.556*	4.666
	(32.619)	(213.443)	(76.510)	(41.197)	(71.864)	(80.723)	(62.680)
控制变量	是	是	是	是	是	是	是
区域虚拟变量	是	是	是	是	是	是	是
观察结果	1070	1070	308	401	361	487	583
调整的 R^2	0.168	0.168	0.155	0.193	0.183	0.150	0.162
F-stat	11.530	11.530	3.392	9.120	3.633	12.942	4.361

注：标准误差显示在圆括号里；***$p<0.01$，**$p<0.05$，*$p<0.1$。

研究探讨了绿色建筑影响住宅制冷能耗的潜在可能（表 4-11）。为此，根据主卧室和客厅的空调开启小时数对绿色建筑进行回归，并根据公寓空调开启的月数对绿色建筑进行回归。列（1）和（3）中显示的结果表明，居住在 2009 年之后建造的建筑物中，在统计学上显著减少了居民打开主卧室空调的次数。然而，对于客厅的空调，这种影响处于较低水平并且在统计上不显著。此外，居住在 2009 年之后建造的建筑物可能会减少家庭使用空调的月数，但其影响在统计上并不显著。

表 4-11　绿色建筑对住宅能耗的影响

变量	（1）空调在主卧里开了几个小时	（2）空调在客厅开了几个小时	（3）空调在房子里开了几个月
绿色建筑	0.303***	0.015	0.180
	(0.094)	(0.071)	(0.136)
控制变量	是	是	是
地区虚拟变量	是	是	是
常量	0.506	−0.953***	2.900***
	(0.308)	(0.239)	(0.444)
观察结果	1070	1070	1070
调整后的 R^2	0.122	0.122	0.122

注：标准误差显示在圆括号里；***$p<0.01$。

本研究采用了三种方法来进行稳健性检验（表 4-12）。首先，改变了排除极端值的方式，删除了碳排放量超过 95% 的家庭，而不是原来的识别策略中的 97.5%。结果得到证实，如第（1）列和第（2）列所示。其次，现有研究表明，家庭成员在家的时间会影响家庭能源消耗。例如，全职工作的人在家的时间更少，因此可能消耗更少的能源（O'Neill and Chen，2002）。因此，本研究改变了控制变量，包括一个新的在家时间变量，表示家庭成员每天待在家里的时间。绿色建筑的影响迹象保持不变，但幅度下降，如第（3）列和第（4）列所示。最后，本研究替换了另一个控制变量，并保留了在第（3）列和第（4）列中添加的变量时间。理论上，本研究将一系列教育虚拟变量（即小学、初中、高中和大学）替换为单一的教育变量，如果受访者初中毕业（义务教育水平）等于1，否则为0。结果显示在第（5）列和第（6）列中。绿色建筑的标志或影响程度没有重大变化。如第（1）列至第（6）列所示，变量"绿色建筑"对所有结果均为正且具有统计显著性，表明绿色建筑有助于减少能源消耗。

表 4-12 稳健性检验的结果

变量	（1）能耗量	（2）碳排放	（3）能耗量	（4）碳排放	（5）能耗量	（6）碳排放
绿色建筑物	80.128**	524.323**	73.267**	479.427**	79.696***	521.495***
	(33.031)	(216.141)	(31.507)	(206.169)	(30.149)	(197.283)
控制变量	是	是	是	是	是	是
区域虚拟变量	是	是	是	是	是	是
观察结果	1048	1048	1070	1070	1070	1070
对 R^2 的调整	0.172	0.172	0.167	0.167	0.160	0.160
F-stat	13.408	13.408	11.332	11.332	11.904	11.904

注：括号中是稳健的标准错误；***$p<0.01$，**$p<0.05$。

4.6 本章小结

广州市家庭户均能耗量为 1.984kgce/d，人均能源消费量为 189.57kgce/a，人均能耗为 0.54kgce/d。广州市外围城区人均家庭能源消费量明显高于中心城区，中心城区和外围城区的人均家庭能源消费量分别为 177.5kgce/a 和 203.47kgce/a，以电力消费为主。外围城区的家庭能源消费量位于中高及高能耗范围居多，分别占比为 2.59%和 21.81%。而中心城区的家庭能源消费量多数处在低、中低水平内，分别占比为 22.34%和 22.16%。中心城区人均家庭能源消费量呈现高高分布的特征，而外围城区人均家庭能源消费量呈现低高的分布特征，热水器是能耗的主体（37.24%）。绿色建筑相较于非绿色建筑更节能，绿色建筑的空调平均能源消费量为 105.28kgce/a，而非绿色建筑的空调消费量为 131.73kgce/a。

广州市家庭户均能耗碳排放为 15.31kg/d，人均能耗碳排放为 4.16kg/d，家庭能源消费碳排放方面，户均碳排放的高值样本的聚集有明显特征：高值样本大多数都聚集于中心城区内，特别是在越秀区、海珠区、白云区，在中心城区的周围也零星分布有碳排放高值点。碳排放的低值样本数量较多，各个社会分区和行政区域都有，主要在中心城区边界，近郊区范围内部有相当数量的低值样本。人均碳排放的样本分布与户均碳排放的样本分布大致相似，但由于样本中部分家庭的人口较多，人均碳排放的高值样本数量相对于户均碳排放的高值样本上有所减少，但大多仍聚集在中心城区内部及周围。家庭直接能耗总碳排放局部差异。碳排放高值点聚集在市中心城区内部及周围，在研究区域的中部和南部也有少量分布。从统计数据来看，碳排放的高值聚集样本主要表现为家庭收入高，居住面积较大的广州市户籍家庭。同时，广州市人均碳排放分布特征为高高聚集样本分布在中心城区内部及往南，低低聚集样本主要分布在核心区的周围。

热水器和厨房炊事设备碳排放占总碳排放 73.89%。其中，人均热水器碳排放的高值分布在中心城区，高高聚集样本分布在黄埔区，天河区和南沙区等边缘或外部；低值样本在各区域均有分布，低值聚集样本以越秀区为中心分布在中心城区内部，荔湾低低聚集样本数量较多。人均厨房炊事设备碳排放的高值样本分布在中心城区，高高聚集样本散落在中心城区内部，主要是荔湾、越秀、海珠、天河等区；低值样本在各区域均有分布，低值聚集样本多环绕在中边界和外围，低值聚集样本主要分布在海珠、天河、黄埔等区。高值聚集样本区中，广州市户籍样本占 88.89%，省内样本占比 11.11%；低值聚集样本区只有 42.86%为广州市户籍住户，其余为非广州市户籍住户。

参 考 文 献

崔一澜, 刘毅, 诸葛承祥. 2016. 城市居民生活能源消费研究进展综述. 中国人口·资源与环境, 26(12): 117-124.

冯玲, 吝涛, 赵千钧. 2011. 城镇居民生活能耗与碳排放动态特征分析. 中国人口·资源与环境, 21(5): 93-100.

冯璐垚. 2018. 广州地区住宅按户节能设计研究. 广州: 华南理工大学.

国家统计局. 2021. 经济社会发展统计图表：第七次全国人口普查超大、特大城市人口基本情况. http://www.qstheory.cn/dukan/qs/2021-09/16/c_1127863567.htm.[2021-09-16].

广东省统计局. 2021. 广东统计年鉴 2020 年. http://stats.gd.gov.cn/gdtjnj/content/post_3557537.html. [2021-06-20].

广州市统计局. 2021. 广州统计年鉴 2021.2021.https://lwzb.gzstats.gov.cn:20001/datav/admin/home/www_nj/2021/directory.html. [2021-01-26].

广州市统计局. 2023. 广州统计年鉴 2023. https://lwzb.gzstats.gov.cn:20001/datav/admin/home/www_nj/. [2023-11-29].

广州市委党史文献研究室. 2022.广州年鉴(2022)[R]. http://dfz.gd.gov.cn/dfz/html/gdsqsj/sxnj/pc/page1.shtml#/. [2022-11-1].

李顺成, 肖卫东, 王志宝. 2020. 家庭部门能源消费影响因素及碳排放结构研究——基于 PLS 结构方程模型的实证解析. 软科学, 34(2): 117-123.

李智杰. 2013. 我国家庭能源消费结构与影响因素研究. 哈尔滨: 哈尔滨工业大学.

潘勇军, 陈步峰, 王兵, 等. 2013. 广州市森林生态系统服务功能评估. 中南林业科技大学学报, 33(5): 73-78.

秦翊, 侯莉. 2013. 我国居民家庭能源消费的人口因素影响分析. 统计与决策, (19): 98-101.

史琴琴, 鲁丰先, 陈海, 等. 2018. 中原经济区城镇居民消费间接碳排放时空格局及其影响因素. 资源科学, 40(6): 1297-1306.

王少剑, 苏泳娴, 赵亚博. 2018. 中国城市能源消费碳排放的区域差异、空间溢出效应及影响因素. 地理学报, 73(3): 414-428.

王洋, 张虹鸥, 金利霞, 等. 2017. 中国城市社会阶层空间化评价的思路与方法. 人文地理, 32(6): 15-23.

魏楚. 2017. 城镇化会增加居民能源需求吗——基于事实与文献的述评. 经济理论与经济管理, (1).

吴巍, 宋彦, 洪再生, 等. 2018. 居住社区形态对住宅能耗影响研究——以宁波市为例. 城市发展研究, 25(1): 15-20, 28.

谢进宇. 2012. 基于离散模型的住区能耗与规划研究. 北京: 清华大学.

谢伦裕, 陈飞, 相晨曦. 2019. 城乡家庭能源消费对比与影响因素——以浙江省为例. 中南大学学报(社会科学版), 25(6): 106-117.

薛丹. 2014. 我国居民生活用能能源效率回弹效应研究. 北京大学学报(自然科学版), 50(2): 348-354.

严翔, 成长春, 易高峰, 等. 2019. 长江经济带城镇化对能源消费的经济门槛效应. 经济地理, 39(1): 73-81.

曾宇钦. 2020. 基于用能行为的岭南地区既有住宅立面更新研究. 广州: 广州大学.

张征宇, 朱平芳. 2010. 地方环境支出的实证研究. 经济研究, 45(5): 82-94.

郑新业, 魏楚, 虞义华, 等. 2017. 中国家庭能源消费研究报告2016. 北京: 科学出版社.

中国人民大学国发院能源与资源战略中心. 2017. 中国家庭能源消费研究报告(2016). 2017-09-22.

周春山, 胡锦灿, 童新梅, 等. 2016. 广州市社会空间结构演变跟踪研究. 地理学报, 71(6): 1010-1024.

左玲. 2019. 我国城镇家庭能源消费影响因素分析. 长沙: 湖南师范大学.

Anselin L. 1988. Spatial econometrics: methods and models. Berlin, Heidelberg: Springer Science and Business Media.

Anselin L, Syabri I, Kho Y. 2009. GeoDa: an introduction to spatial data analysis. Handbook of applied spatial analysis: Software tools, methods and applications. Berlin, Heidelberg: Springer Berlin Heidelberg: 73-89.

Arbia G. 2006. Spatial econometrics: statistical foundations and applications to regional convergence. Berlin, Heidelberg: Springer Science and Business Media.

Azar E, Menassa C C. 2012. Agent-based modeling of occupants and their impact on energy use in commercial buildings. Journal of Computing in Civil Engineering, 26(4): 506-518.

Banfi S, Farsi M, Filippini M, et al. 2008. Willingness to pay for energy-saving measures in residential buildings. Energy Economics, 30(2): 503-516.

Filippini M, Obrist A. 2022. Are households living in green certified buildings consuming less energy? Evidence from Switzerland. Energy Policy, 161: 112724.

Iraganaboina N C, Eluru N. 2021. An examination of factors affecting residential energy consumption using a multiple discrete continuous approach. Energy and Buildings, 240: 110934.

Jiang L, Yu L, Xue B, et al. 2020. Who is energy poor? Evidence from the least developed regions in China. Energy Policy, 137: 111122.

Kavousian A, Rajagopal R, Fischer M. 2013. Determinants of residential electricity consumption: Using smart meter data to examine the effect of climate, building characteristics, appliance stock, and occupants' behavior. Energy, 55: 184-194.

LeSage J P. 2008. An introduction to spatial econometrics. Revue d'économie Industrielle, (123): 19-44.

Min J, Hausfather Z, Lin Q F. 2010. A high‐resolution statistical model of residential energy end use characteristics for the United States. Journal of Industrial Ecology, 14(5): 791-807.

O'Neill B C, Chen B S. 2002. Demographic determinants of household energy use in the United States. Population and Development Review, 28: 53-88.

Özcan K M, Gülay E, Üçdoğruk Ş. 2013. Economic and demographic determinants of household energy use in Turkey. Energy Policy, 60: 550-557.

Qiu Y. 2014. Energy efficiency and rebound effects: an econometric analysis of energy demand in the commercial building sector. Environmental and Resource Economics, 59: 295-335.

Qiu Y, Kahn M E. 2019. Impact of voluntary green certification on building energy performance. Energy Economics, 80: 461-475.

Sweeney J C, Kresling J, Webb D, et al. 2013. Energy saving behaviours: Development of a practice-based model. Energy Policy, 61: 371-381.

Wang Y, Wang S J, Li G D, et al. 2017. Identifying the determinants of housing prices in China using spatial regression and the geographical detector technique. Applied Geography, 79: 26-36.

Yu Z, Fung B C M, Haghighat F, et al. 2011. A systematic procedure to study the influence of occupant behavior on building energy consumption. Energy and Buildings, 43(6): 1409-1417.

第 5 章　东部北方城市北京市的家庭能源消费及碳排放

北京市，既是国家首都，也是超大型城市，集都市与城镇于一体、城与乡于一体、传统与现代于一身，除了具备"大城镇、小农业""大京郊、小城区"的空间特点外，还具有显著的首都城市战略定位、超大城市发展规模、疏解非首都功能、村庄形态分化、首善之区等鲜明特点。探讨北京市的家庭能源消费，需要深刻认识北京市所具有的显著特征。1978~2011年，北京市建成区面积扩大了6.50倍（姚士谋等，2012），尽管受发展阶段和现代理念的影响，北京市城市空间扩展的速度已明显下降，但是能源消费与低碳发展方面仍存在很多问题，过去10年生产部门的能源消费量增长了14.00%，而生活部门却增长了54.00%（北京市统计局，2021），城乡居民生活能源消费所产生的CO_2直接排放呈快速上升之态势，其中城镇居民生活能源消费所产生的CO_2直接排放增幅明显高于乡村，之前对城镇家庭能源消费贡献的忽视所造成的一系列负面影响开始显现（丁楠和董恒年，2019），并困扰了城镇经济、社会与生态系统的良性发展。北京市正在建设现代化大都市（蔡奇，2022），如何构建居民绿色能源消费方式，维持能源消费与空间匹配之间的有效平衡，是无法回避的现实问题，亦是碳排放风险防控与防御对策制定的科学基础。基于此，本章将构建微观大样本家庭能源消费基础数据库，明确家庭能源消费碳排放的空间格局，并从家庭属性、地理因素、生活方式等多要素综合集成分析框架研究其驱动机制，探讨自采暖家庭在不同等级热舒适度需求下产生的能耗碳排放。

5.1　北京市区域概况

5.1.1　自然地理特征

北京市，地处中国北部、华北平原北部。其中心位于东经116°20′、北纬39°56′，地处海河流域中部。2021年，北京市总面积为164.06万hm^2，城区面积87.1km^2，下辖16个区。自然保护地面积占全市总面积约1/6。全市土地资源中，农用地面积126.91万hm^2、建设用地面积32.79万hm^2、未利用地面积4.36万hm^2（高枝，2021）。地势西北高、东南低，西部、北部、东北部三面环山，西部山区统称为西山，属太行山脉（张蔷等，2024）；北部山区统称军都山，属燕山山脉；东南部是一片缓缓向渤海倾斜的平原（张佳怡等，2021）。全市平均海拔43.50m，其中平原的海拔为20~60m，山地海拔约1000~1500m（谢宜嘉等，2024），最高峰为位于门头沟区西北部的东灵山，海拔 2303m，最低点在通州区柴厂屯一带，海拔仅 8.00m（刘祥梅，2017）（图 5-1）。

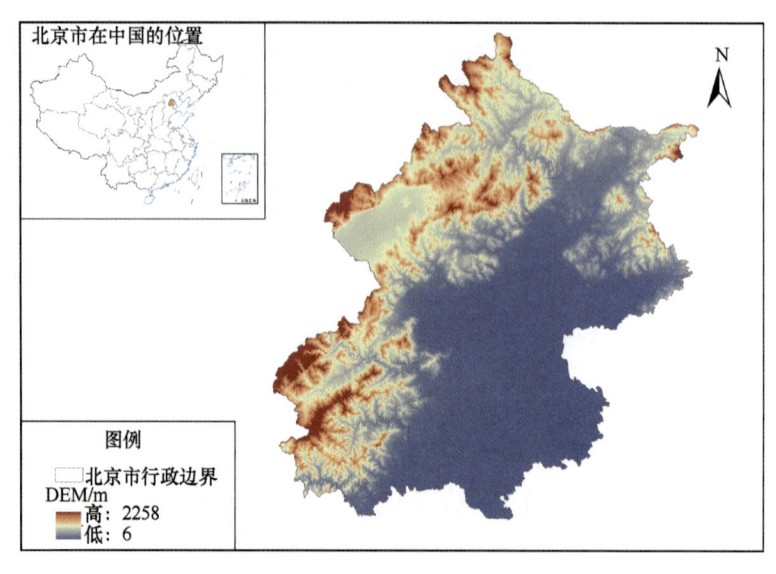

图 5-1　北京市高程图

北京市气候为典型的暖温带半湿润大陆性季风气候，夏季炎热多雨，冬季寒冷干燥，春、秋短促。平原地区年平均气温 11.00～13.00℃，1 月气温最低，月平均–5.00～–4.00℃，7 月气温最高，月平均气温 26.00℃。极端最低–27.40℃，极端最高 42.00℃以上。全年无霜期 180～200 天，西部山区较短。年平均降水量 600mm 左右，为华北地区降水最多的地区之一，山前迎风坡可达 700mm 以上（北京市人民政府，2020）。降水季节分配很不均匀，全年降水的 75.00%集中在夏季，7 月和 8 月常有暴雨（张红星等，2014）。北京市太阳辐射量全年平均为 4688～5693MJ/m²。两个高值区分别分布在延庆盆地及密云西北部至怀柔东部一带，年辐射量均在 4688kcal/cm² 以上；低值区位于房山区的霞云岭附近，年辐射量为 5651kcal/cm²。北京市年平均日照时数为 206.05h，最高值长达 320.50h，最低值为 32.00h。夏季正当雨季，日照时长减少，月日照时长在 230h 左右；秋季日照时数虽没有春季多，但比夏季要多，月日照 230～245h；冬季是一年中日照时长最少季节，月日照不足 200h，一般在 170～190h（国家气象科学数据中心，2023）。北京市持续推进"大城镇病"治理，2022 年全市细颗粒物（$PM_{2.5}$）年均浓度值为 30μg/m³，比上年下降 9.1%。全年新增造林绿化 10200hm²，森林覆盖率达到 44.80%，比上年提高 0.20 个百分点，城市绿化覆盖率为 49.30%，提高 0.01 个百分点（北京市统计局，2023）。

5.1.2　社会经济特征

2021 年末北京全市常住人口 2188.6 万人，比 2020 年末减少 0.4 万人（北京市人民政府，2023）。其中，城镇人口 1916.1 万人，占常住人口的比例为 87.50%；常住外来人口 834.8 万人，占常住人口的比例为 38.10%。分区域看，北京市中心城区六个区的常住人口为 10988587 人，占 50.20%，其中，核心区（东城区、西城区）常住人口为 1815043 人，占 8.30%。此外，大兴区、通州区、顺义区、昌平区、门头沟区、房山区六个近郊区常住人口为 9132801 人，占全市常住人口的 41.70%①（图 5-2）。2019 年，北京市知识型人才投资指数贡献度最大的是知识密集型服务业增加值，其次是高新技术从业人员比例（贾品荣等，2021）。

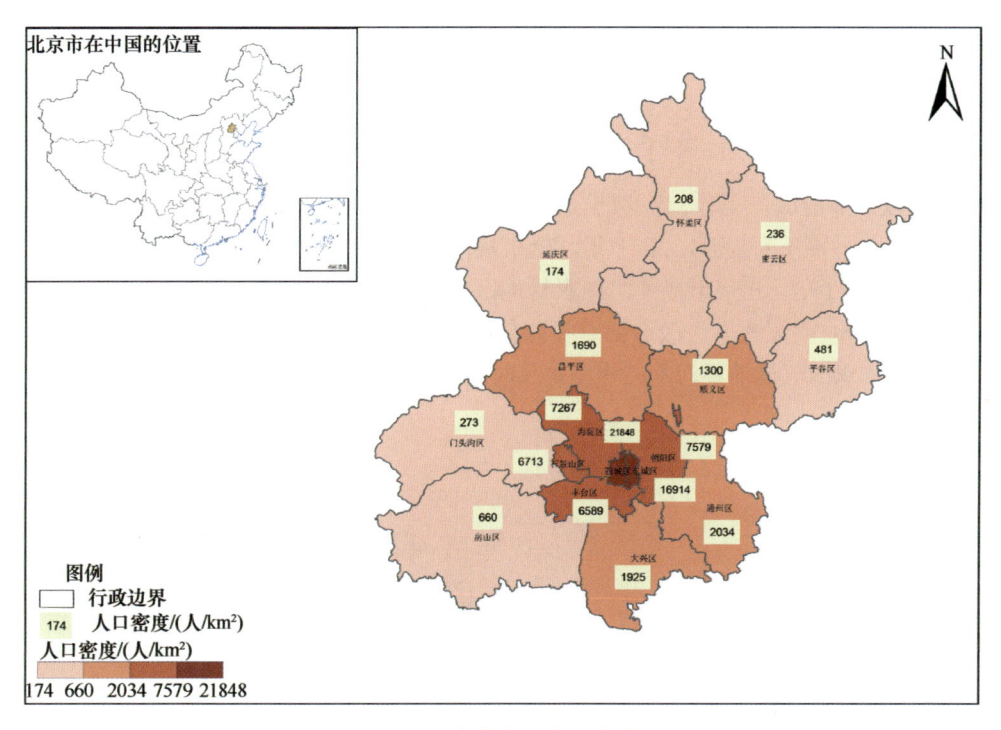

图 5-2 北京市各区人口密度图

2021 年北京市实现地区生产总值（GDP）40269.61 亿元（图 5-3），海淀区最高，其次是朝阳区和西城区。按不变价格计算，全市生产总值比 2020 年增长 8.5%。按常住人口计算，2021 年北京市人均地区生产总值（GDP）为 18.4 万元。2022 年，全市居民人均可支配收入为 77415 元，已经达到高收入水平（北京市统计局，2023）。

北京市能源消费总量从 2012 年的 6564.1Mtce 增长至 2021 年的 7103.6Mtce，以年均 0.88%的较低能耗增速支撑了年均 6.4%的经济增长（北京市统计局，2020）。随着经济结构转型升级和人民生活水平不断提高，能源消费的服务型、都市型特征日趋明显，第一、二产业能耗总体呈下降趋势，年均降幅分别为 7.20%和 2.30%，第三产业和居民生活能耗持续增长，年均增速分别为 2.00%和 2.90%。此外，产业发展更加绿色节能。随着产业

---

① 北京市统计局. 北京市 2021 年国民经济和社会发展统计公报[R]. 2022-03-01. http://www.beijing.gov.cn/gongkai/shuju/tjgb/202203/t20220301_2618806.html

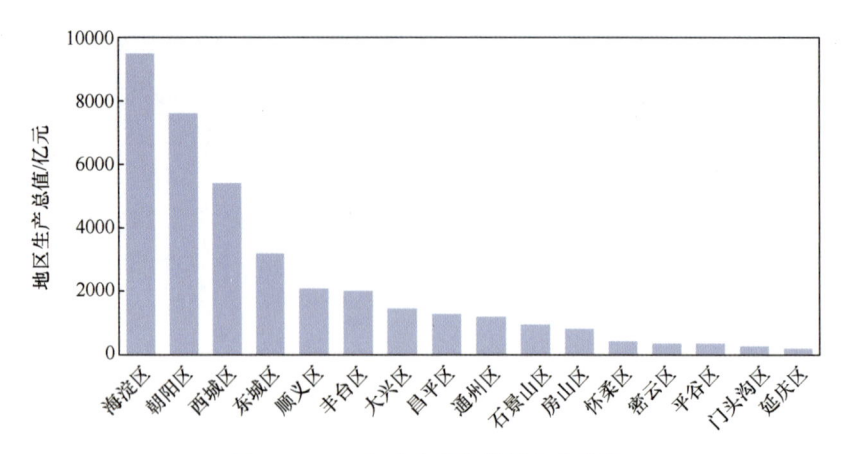

图 5-3　2021 年北京市各地区生产总值

结构调整以及节能减排工作向纵深推进，规模以上工业单位产值能耗、水耗持续下降，能源资源产出效率不断提升。2021 年，全市规模以上工业单位能耗产值 17.30 万元/tce，比 2012 年提高 1 倍。北京市持续实施农村地区冬季清洁采暖工程。一方面，对 2017 年已经完成"煤改电""煤改气"改造而且投入使用的村庄，重点做好后期维护。另一方面，对没有实施"煤改气清洁能源"的村庄，及时足量配送优质煤，保障村庄的全覆盖，户户有煤烧（图 5-4）。

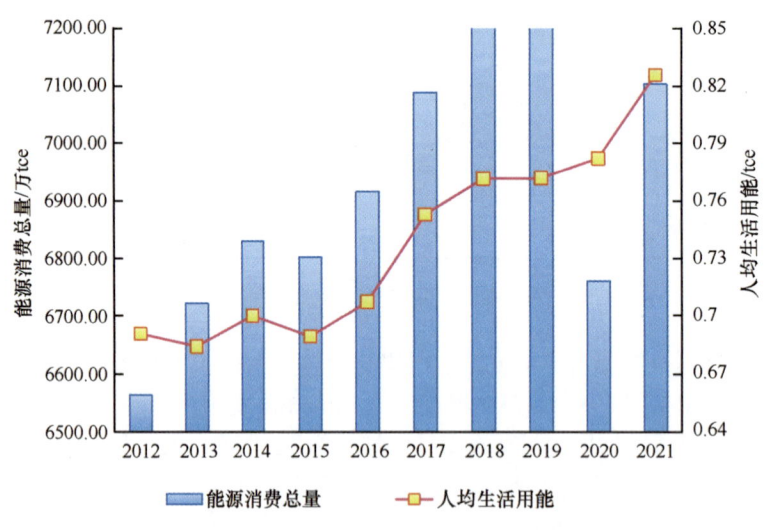

图 5-4　北京市 2012～2021 年能源消费情况

5.1.3　自然资源特征

北京市的自然资源包括水资源、矿产资源、植物资源和动物资源等，绝大多数位于山区之中，而北京市的山区占全市面积的 2/3（中华人民共和国中央人民政府，2022）。地热是摆在最突出位置的资源，是未来首都矿产资源开发利用最为重要的矿种。地热能的直接利用发展十分迅速，已广泛地应用于工业加工、民用采暖和空调、洗浴等各个方面，收到了良好的经济技术效益。北京市矿产资源丰富，有固体矿产、地下水、地热、矿泉水、石油等多种类型。其中，能源矿产 1 种，金属矿产铁、铜、金等 19 种，非金属矿产水泥灰岩、冶金白云岩等 46 种。矿产资源种类比较齐全，但矿产资源总量相对不足，人均占有量低，可供规模开采的矿产地有限。矿产资源分布不均衡，具有分布广泛、矿种相对集中，以远郊区县为主的特点。固体矿产主要分布在远郊区县，地热、矿泉水矿产分布较广，大部分区县均有不同程度分布。北京市的燃料矿产资源中煤是主角，以无烟煤为主，储量约有 25 亿 t，占总量的 96%，土烟煤较少。斋堂地区的风化煤，腐殖酸含量高达 40%，可制腐殖酸肥料。京西煤田主要分布于髫山向斜含煤区、九龙山向斜含煤区和北岭向斜含煤区；京东煤田主要产于松各庄向斜含煤区（北京科学技术学会，2022）。

5.2 数据来源与样本特征

5.2.1 数据来源

本研究主要围绕北京市的核心区、主城区和近郊区三大区域开展，划分依据参考冯健和钟奕纯（2018）关于北京市社会空间分异演化趋势的研究结论。在保证区级行政边界完整的前提下，选定覆盖这三类区域的 12 个行政区，即东城区、西城区、朝阳区、丰台区、石景山区、海淀区、顺义区、通州区、大兴区、房山区、门头沟区、昌平区。在 POI 数据确定的城市空间结构特征基础上，采取分层随机调查的方式，根据 12 个行政分区人口分布比例确定发放问卷的比例，同时按照调研点能够代表周围地区碳排放水平的原则，在 2023 年 1~3 月对城镇家庭户进行了调查，采取入户访谈调查方法，共回收 1072 份有效问卷（图 5-5）。

5.2.2 样本特征

受访者中男性占 43.94%，女性占 56.06%；99.62% 的访问者年龄在 18~65 岁之间，其中，56~65 岁的受访者占比最高，占 24.72%。北京市核心区 56~65 岁人口占比为 32.00%，近郊区 56~65 岁人口占比为 25.91%。受教育程度以本科为主（34.24%），其中，核心区和近郊区的受教育程度均以本科为主，占比分别为 37.37% 和 33.19%。从区域特征来看，样本在 12 个行政区均有分布，47.91% 的样本居住在近郊区。从家庭特征变量来看，38.81% 的家庭常住人口以 3 人为主；54.10% 的家庭的劳动人口为 2 人；51.68% 的家庭年收入为 10 万元及以下。从住房特征来看，41.60% 的家庭居住的住房类型为中高层电梯住宅楼（9 层及以上）；41.98% 的家庭居住房屋的建筑时间在 20 年以上；34.51% 的家庭的住房面积以 50~70m^2 为主。此外，近郊区的外地户口居民最多（17.44%），而主城区本地户口居民占 30.78%，为三大区域中占比最高的区（图 5-6）。

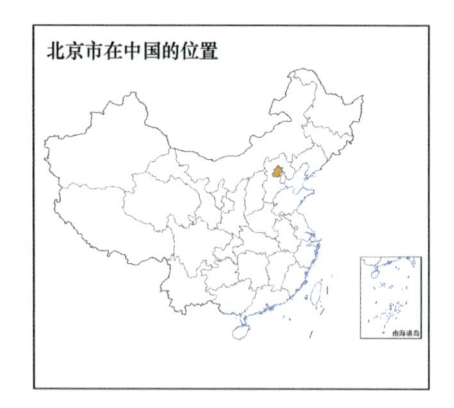

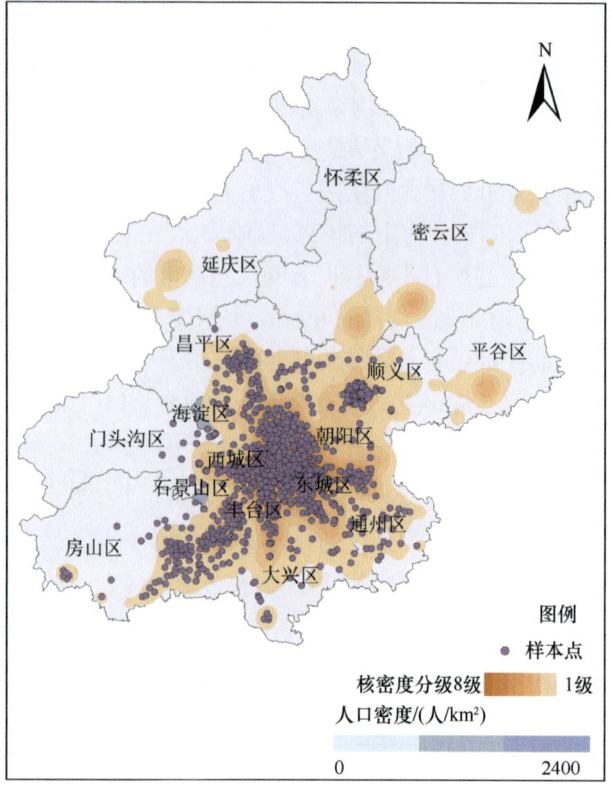

图 5-5 北京市调研样空间分布图

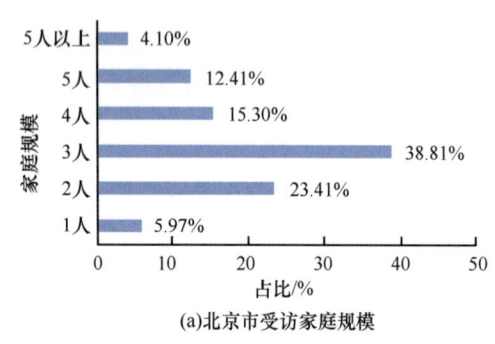

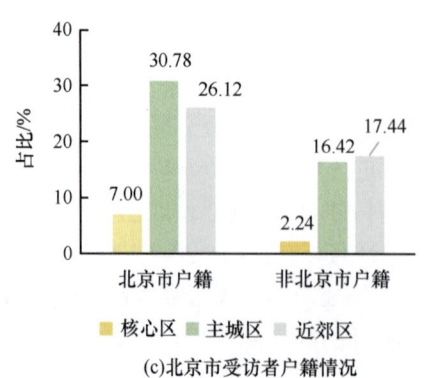

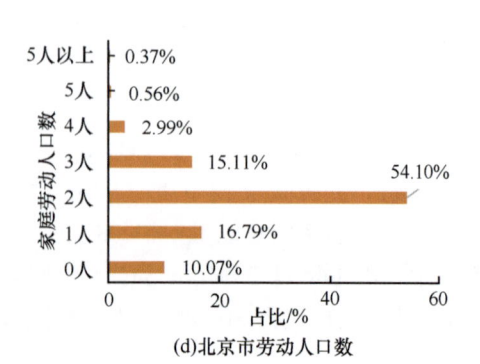

(e) 北京市受访者职业类型

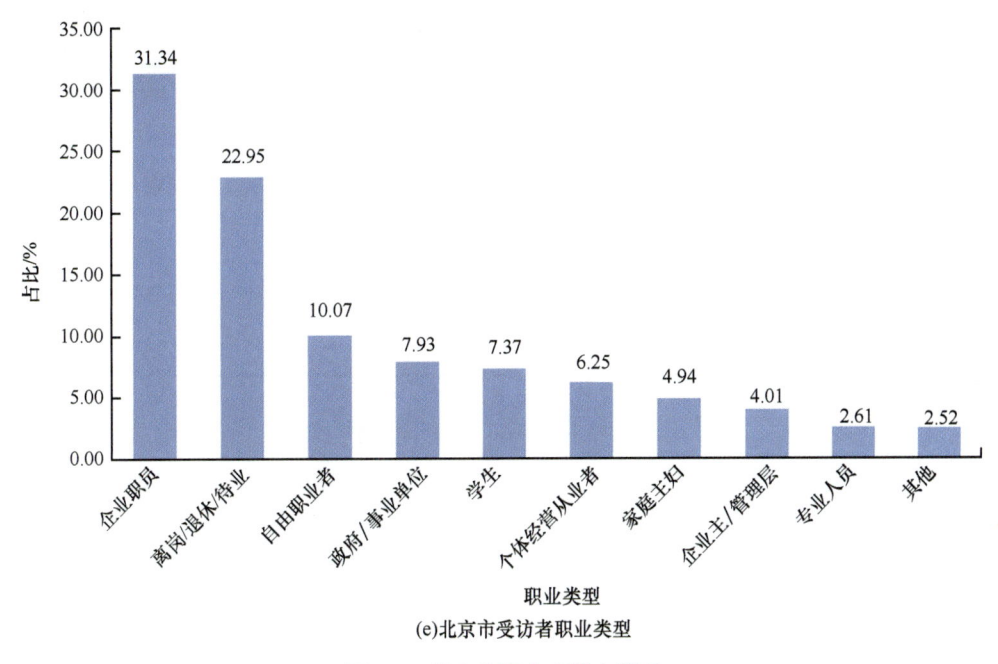

图 5-6　样本数据家庭基本情况

5.3　家庭能源消费数量与结构

5.3.1　家庭能源消费结构

北京市家庭户均能耗量为 5.35kgce/d，人均能源消费量为 613.80kgce/a，人均能耗为 1.68kgce/d。北京市城镇居民家庭能源消费中炊事设备能源消费以炉灶为主，大型家用电器主要有冰箱、洗衣机、电视。采暖能源消费是家庭能源消费的重要组成部分（图 5-7）。由表 5-1 可知，采暖人均能源消费量为 379.12kgce/a，占家庭总人均能源消费量的 61.77%。这是因为北京市除中心城区外，城中村自建房等老旧居民点均未铺设天然气管道进行集中供暖。大部分居民会使用电力设备，如地暖、电暖器、空调等自采暖。采暖能源消费类型主要为天然气，消费比例达 80.87%。炊事的人均能源消费量为 91.04kgce/a，占人均能源消费量的 14.83%，所消费的能源类型占比依次为天然气 85.59%、液化气 12.12%、电力 2.24%、煤炭 0.06%。调研发现，为减少开支，租住户家庭更倾向选择液化气和电力用于炊事。热水器的人均能源消费量为 99.15kgce/a，占人均家庭能源消费量的 16.15%，能源消费类型占比从大到小依次为天然气＞电能＞太阳能。冰箱的年人均用能为 5.17kgce/a，洗衣机的年人均用能为 3.54kgce/a，电视的年人均用能为 4.27kgce/a。洗衣机的能源消费量比例最小，为 0.58%。调研发现多数家庭的洗衣频次为每周 1~3 次，只有极少部分家庭每天使用洗衣机，而这部分家庭中均有老人和小孩。大部分家庭夏季制冷使用空调，年人均用能为 31.06kgce/a，占 5.06%，而电风扇仅占 0.07%。

表 5-1　北京市家庭年人均能源消费量及占比

用途	人均用能/（kgce/a）	占比/%	电能/%	天然气/%	液化气/%	煤炭/%	太阳能/%
炊事	91.04	14.83	2.24	85.59	12.12	0.06	—
冰箱	5.17	0.84	100	—	—	—	—
洗衣机	3.54	0.58	100	—	—	—	—
电视机	4.27	0.70	100	—	—	—	—
热水器	99.15	16.15	37.59	59.44	—	—	2.97
采暖	379.12	61.77	19.13	80.87	—	—	—
空调	31.06	5.06	100	—	—	—	—
电风扇	0.43	0.07	100	—	—	—	—

在能源用途方面，采暖和热水器是北京市家庭能源消费的主体部分。其中，炊事设备的人均能源消费量为 91.04kgce/a，占总量的 14.83%；制冷的人均能源消费量不高，为 31.50kgce/a，占 5.13%；家用电器的能源种类均为电力，导致人均能源消费量最低，为 12.98kgce/a，占 2.12%，其中冰箱、电视机、洗衣机由高至低分别占 0.84%、0.70% 及 0.58%（图 5-7）。

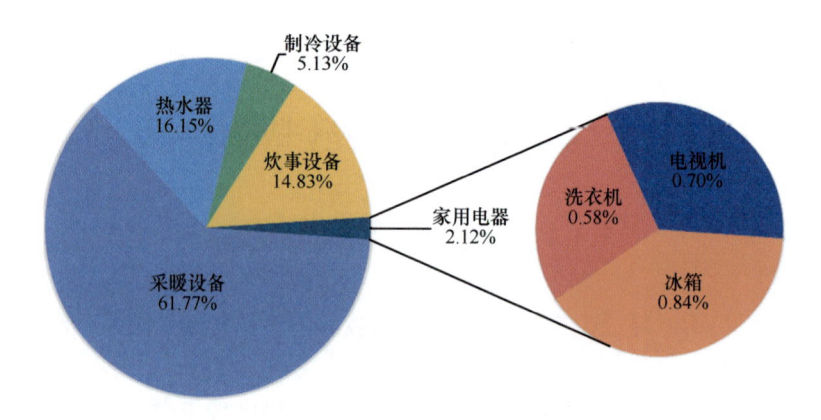

图 5-7　北京市家庭能源消费结构与用途

5.3.2　区域人均家庭能源消费情况

对比不同设备类别发现（表 5-2），核心区（东城区和西城区）的人均家庭能源消费量为 572.26kgce/a，采暖所消耗的家庭能源占北京市家庭能源总消费的 4.82%，致使采暖活动在各类能源用途中占比最多，炊事则是除采暖外占比最高的用能活动（1.25%），热水器及制冷设备(空调、电风扇)分别占 1.89%和 0.40%，家用电器消耗的能源最少(0.21%)。主城区的家庭年人均能源消费量为 619.59kgce，同核心区的情况类似，采暖在主城区的能源用途中占比最多为 25.53%，家用电器（电视、冰箱和洗衣机）占比最少为 0.98%。余下用能活动在北京市家庭能源总消费中占比从高至低为热水器、炊事设备和制冷设备，分别占 8.42%、7.42%、2.50%。近郊区的人均家庭能源消费量为 616.47kgce/a，各用能设备能耗占比情况与核心区有所不同,其中采暖在近郊区的各类能源用途中占比最多,达总量的 31.42%;炊事设备仅次于采暖为 6.16%;热水器和制冷设备分别占总量的 5.84%、2.23%;家用电器占比仍为最少占 0.94%。

表 5-2 北京市各区域家庭不同能源用途的年人均能源消费量及占比

区域	人均能源消费量/(kgce/a)	炊事设备/%	冰箱/%	洗衣机/%	电视机/%	采暖/%	热水器/%	空调/%	电风扇/%
核心区	572.26	1.25	0.08	0.05	0.08	4.82	1.89	0.39	0.01
主城区	619.59	7.42	0.39	0.27	0.32	25.53	8.42	2.47	0.03
近郊区	616.47	6.16	0.38	0.26	0.30	31.42	5.84	2.20	0.03

对比核心区、主城区及近郊区可得,炊事设备在主城区中消耗的能源最多,占北京市家庭能源总消费的 7.42%,是三个区域中使用最多的;近郊区和核心区的炊事设备所消耗的能源,分别占 6.16%、1.25%。家用电器共占 2.12%,电视机在主城区消耗最多达 0.32%,冰箱、洗衣机在主城区和近郊区占比相近,分别约为 0.40%、0.25%;其中,核心区家用电器所消耗的能源在三大区域类型内占比最少,仅为 0.21%,冰箱、洗衣机和电视机分别占 0.08%、0.05% 和 0.08%。近郊区采暖占比最多,达 31.42;其次是在主城区,占 25.53%;核心区最少 4.82%。热水器则在主城区占比最多为 8.42%,近郊区占 5.84%,而核心区占比明显小于其余两区,仅为 1.89%。制冷设备分空调、电风扇两类,但无论在哪个区域,空调所消耗的能源占比均显著高于电风扇,核心区电风扇能耗占比仅为 0.01%。从主城区到近郊区再到核心区,空调所消耗的能源由高到低的占比分别为 2.47%、2.20% 及 0.39%;加上电风扇所消耗的能源,制冷设备在主城区所消耗的能源占比最多,为 2.50%,在核心区最低为 0.40%。

5.3.3 胡同家庭能源消费情况

北京市的胡同四合院是历史名城延续数百年历史的传统文化的载体,其家庭用能呈现出典型特性(图 5-8)。实际上,胡同指老北京的街道,是由院子里的建筑和街道空间两侧墙壁构成的封闭空间,其形态具有多样性、复杂性。北京市共有街、巷、胡同、村约 6104 条(个),其中直接称为胡同的约有 1316 条。根据地形和统计数据分析形成网格的整体情况来看,东城区当地的胡同相对规则,分布均匀;而西城区的胡同是凌乱的,分布散乱,各条胡同是呈现更多的自然增长的状态。在北京城胡同中,坐落着许多由东、南、西、北四面房屋围合起来的院落式住宅,就是四合院,是中国的一种传统合院式建筑,其特征是外观规矩、中线对称,会从建筑的布局、体量的变化等各方面总体营造出长幼尊卑、高低错落的建筑形态。北京市正规四合院一般依东西向的胡同而坐北朝南,基本形制是分居四面的北房(正房)、南房(倒座房)和东、西厢房,四周再围以高墙形成四合,开一个门(图 5-8)。大门辟于宅院东南角"巽"位。房间总数一般是北房 3 正 2 耳 5 间,东、西房各 3 间,南屋不算大门 4 间,连大门洞、垂花门共 17 间。如以每间 11~12m² 计算,全部面积约 200m²。新的城镇空间和生活方式必然要进行大规模的旧城改造，大量的四合院被拆除，新建了自建房。这一部分，我们将胡同里的四合院和自建房作为一种独特的建筑类型，开展家庭能源消费分析。

图 5-8　北京市胡同内的住宅建筑特征（调研图）

北京市胡同及四合院居民生活使用的主要能源类型为电力、天然气、煤炭。受访的 157 户家庭中有 87 户炊事燃料使用罐装煤气，余下家庭户则主要使用天然气和电力。集中供暖采暖费用按流量计费，每户都有一个流量表。自采暖家庭中绝大部分以电力作为采暖燃料类型，使用天然气的仅 12 户。采暖部分有 30 户家庭是集中供暖，其余 127 户均为自采暖。热水器部分使用电力的有 135 户，使用太阳能的家庭有 19 户，仅 3 户使用管道气/液化石油气。绝大部分家庭家用电器配备完善，但家用电器电视机占比较低，为 82.17%。而作为制冷设备之一的电风扇配备率远低于其他家用电器，仅为 52.23%（表 5-3）。

表 5-3　北京市胡同家庭年人均能源消费量及占比

能源用途	户均用能/（kgce/a）	年户均占比/%	电力/%	天然气/%	煤炭/%	LPG/%	太阳能/%
炊事	288.85	11.97	4.37	27.16	0.28	68.19	—
采暖	1784.54	73.97	81.39	18.61	—	—	—
热水器	188.52	7.81	85.23	—	—	3.08	11.69
冰箱	18.11	0.75	94.90	—	—	—	—
洗衣机	13.00	0.54	93.63	—	—	—	—
电视	19.13	0.79	82.17	—	—	—	—
空调	98.25	4.07	92.99	—	—	—	—
电风扇	2.06	0.09	52.23	—	—	—	—

在能源类型方面，液化石油气（LPG）能源消费 68.19%，为炊事燃料消耗最多的能源，此外，天然气、电力、煤炭用能依次为 27.16%、4.37%、0.28%。电力使用最高（73.63%），主要用家庭采暖（60.21%），但也有 0.71% 和 5.65% 的居民用于炊事和制冷。天然气的使用率为（17.02%），3.25% 的居民用于炊事，13.77% 的居民用于采暖，在使用天然气采暖的家庭中大部分是集中供暖，而自采暖的家庭主要依靠电力。热水器方面，户均用能为 188.52kgce/a，电能占比最高为 85.23%，其次是太阳能占 11.69%，管道气/液化石油气仅占 3.08%。受访家庭的家电主要为冰箱、洗衣机、电视、空调，拥有率均超过 80%，此外还有约 50% 的家庭拥有电风扇（图 5-9）。

第5章 东部北方城市北京市的家庭能源消费及碳排放

图 5-9 北京市胡同家庭炊事及家用电器使用情况（调研图）

在能源用途方面，一是热舒适度需求，用于采暖的户均能耗达到 1784.54kgce/a，年户均用能占比最高为 73.97%。根据所使用的采暖设备、采暖时长对受访家庭采暖耗能及碳排放进行计算，按采暖类型求其人均能耗及碳排放（表 5-4）。结果显示自采暖家庭的人均采暖能耗量 574.52kgce/a，人均采暖碳排放量 4251.21kg/a；集中采暖家庭的人均采暖能耗量 396.70kgce/a，人均采暖碳排放量 1134.68kg/a，较之集中采暖，自采暖年人均采暖能耗量增加 44.82%，年人均采暖碳排放量提高 274.66%（图 5-10）。

表 5-4 北京市胡同家庭不同采暖方式的耗能及碳排放

采暖类型	人均采暖能耗量/（kgce/a）	人均采暖碳排放量/（kg/a）
自采暖	574.52	4251.21
集中采暖	396.70	1134.68

(a) 自采暖

(b) 集中采暖

图 5-10 北京市胡同自采暖和集中采暖能耗及碳排放对比

对于采暖方式（图 5-10），大多数居民认为供热公司提供的室内温度适中，无须增加

77

额外采暖设备来提高室内温度。但也有居民认为自采暖的自由度更高，可以控制室内温度，而集中供暖有时候温度会达到27～28℃，加之北京市冬天天气较干燥，"大人心情烦躁，小孩流鼻血"①。部分胡同未铺设天然气管道，居民仍使用煤炭进行自采暖，一般先用木柴引燃（废弃建材/家具），后用煤球燃烧，该煤球购买和回收都是450元/t。政府部门在小区设置了固定的烟灰回收站，并在小区内设置各类标识，禁止售卖劣质煤球等，以防止燃煤带来的空气污染问题（图5-11）。2016年实行"煤改电"政策后，由于无天然气管道，政府给予供暖设备购买补贴，大部分居民购买了空气源热泵，该设备通过电加热水或者直接提供电力供热。此外，家庭自采暖的方式还包括地暖管道和壁挂暖气片等。

图5-11　北京市自采暖使用的煤球及储煤间（调研图）

在夏季，居民制冷用能户均总能耗为100.31kgce/a，占比为4.16%。其中，空调的户均用能为98.25kgce/a，占总能耗的4.07%，约为其他所有家用电器户均用能总和的2倍，电风扇户均用能为2.06kgce/a，在所有能源中户均用能占比最低（0.09%）。值得关注的是胡同里的中老年人口（45岁以上）占比例达到64.97%，尽管家用电器、制冷设备、炊事设备、热水器基本齐全，但在制冷设备方面，老人会在特热时期常开，其他时期会减少制冷设备的使用频次，且家中若有电风扇，老人更愿意使用电风扇来进行室内降温，这因为他们认为使用电风扇比空调更省钱，也有些老人表示常开电风扇或空调身体不舒服，只会在三伏天的时候每天都会开，但是时间不长。

二是炊事需求。居民户均消费约288.85kgce/a。电力、天然气和煤炭基本上可以满足家庭炊事的需求。其中液化石油气消费量最多（68.19%），出现这种情况的原因有以下两方面：四合院和胡同都是传统住宅区，天然气管网等基础设施未能全覆盖，政府曾有过铺设天然气管道的举措，但是因为需要住户支付一部分费用，所以他们放弃了铺设天然气管道，导致现在大部分家庭还是选择使用罐装天然气；该地区常住人口文化水平相对较低，高中学历或高中学历以下占69.43%，他们的经济收入相对较低，在基础管道设施配备不完善的背景下，会选择液化石油气这类相对购买便利的能源。

---

①受访者原话记录

三是家用电器。能耗从高至低依次为热水器、电视机、冰箱、洗衣机。访谈中,我们发现退休的老人尤其是男性,对自家空调的匹数、冰箱的容量、月均电费都很了解,能准确地说出数字,但是租房人群中一部分人家中有空调和冰箱的不关注空调的匹数、冰箱的容量,且所有的用电量均在一个电表中,或只需每阶段向房东缴纳一定的钱,所以不了解平均每年采暖费用和月均电费;另一部分人为了节约成本,选择住十几平方米左右房屋,基本没有家用电器,他们大多使用公共浴室、公共洗衣机(图 5-12)等公共设施,其能耗不计入家庭总能源消耗。在热水器使用方面,家中人口多、有老人和小孩的则表示热水器一年从未关过;而家中只有老人,尤其是独居老人表示热水器每天使用时长小于一小时,且每月使用次数较少。

图 5-12 北京市胡同里的公共洗衣机(调研图)

5.4 家庭能源消费碳排放空间特征

5.4.1 家庭能源消费碳排放量

北京市城镇家庭日人均能源消费碳排放量为 6.42kg/d,其中热水器家庭人均碳排放占比 13.71%、炊事设备人均碳排放占比 10.56%、家用电器人均碳排放占比 4.21%,家庭制冷人均碳排放占比为 10.28%、家庭采暖人均碳排放占比远高于制冷为 61.21%(表 5-5)。

表 5-5 北京市家庭日人均能源消费碳排放量现状　　　　　　　　单位:kg/d

设备类别	炊事设备	家用电器	家庭制冷	家庭采暖	热水器	总计
碳排放量	0.68	0.27	0.66	3.93	0.88	6.42

调研范围包括的全市 12 个行政区家庭人均碳排放量具体如下:昌平区最高为 14.02kg/d,海淀区最低为 4.65kg/d。其中,各类别家庭设备层面,即炊事设备、家用电器、家庭照明、热水器、家庭采暖日人均碳排放量由高至低的排列顺序如下(表 5-6)。从各

类别家用设备层面分析，整体数据来看，炊事设备日人均碳排放量最低的是门头沟区为 0.46kg/d；通州区家用电器人均碳排放量最低为 0.20kg/d；大兴区和朝阳区家庭制冷日人均碳排放量同为最高达 0.87kg/d；热水器人均碳排放量均在 2.00kg/d 以下；家庭采暖为五大类家用设备中产生碳排的主要用能活动之一，人均碳排放量最高的昌平区 11.40kg/d。

北京市家庭户均能耗碳排放为 20.42kg/d。按照分区来看，近郊区最高为 25.26kg/d，主城区最低为 15.98kg/d，近郊区约为主城区的 1.60 倍。从用能活动上看，家庭采暖及热水器是家庭能耗及碳排放的主要来源，户均采暖碳排放 12.48kg/d，占总能耗的 61.12%，与西宁市不同的是，北京市大部分居民在夏季为满足自身热舒适度需求，会使用空调与电风扇制冷。因此除家庭采暖外，制冷设备为 2.10kg/d，占总能耗的 10.30%。另外，研究发现，北京市大型家电设备的能耗量占比并不高，仅为 0.87kg/d。从户均碳排放来看，从大到小的排序依次是：冰箱＞电视机＞洗衣机（表 5-7）。

表 5-6 北京市各区家庭能源消费日人均碳排放量现状　　　　　　　单位：kg/d

调研区	总量	炊事设备	家用电器	家庭制冷	家庭采暖	热水器
昌平区	14.02	0.59	0.28	0.54	11.40	1.21
朝阳区	6.11	0.84	0.32	0.79	3.22	0.94
大兴区	5.05	0.71	0.23	0.87	2.77	0.48
东城区	4.97	0.58	0.25	0.52	2.57	1.05
房山区	5.79	0.59	0.26	0.60	2.74	1.61
丰台区	5.17	0.88	0.32	0.87	2.42	0.68
海淀区	4.65	0.74	0.22	0.61	2.55	0.53
门头沟区	5.38	0.46	0.51	0.52	3.42	0.47
石景山区	5.88	0.84	0.28	0.47	2.90	1.38
顺义区	5.94	0.48	0.29	0.50	3.93	0.75
通州区	5.56	0.54	0.20	0.58	3.20	1.04
西城区	7.54	0.50	0.30	0.59	4.93	1.22
全市	6.42	0.68	0.27	0.66	3.93	0.88

表 5-7 北京市三大区域家庭能源消费日户均碳排放现状　　　　　　单位：kg/d

调研区	总量	炊事设备	家用电器	家庭制冷	家庭采暖	热水器
核心区	20.28	1.68	0.88	1.77	12.32	3.63
主城区	15.98	2.42	0.85	2.17	8.31	2.24
近郊区	25.26	1.97	0.89	2.10	17.04	3.26
总计	20.42	2.16	0.87	2.10	12.48	2.81

从日人均碳排放进行分析，北京市家庭人均能耗碳排放分别为 13.56kg/d，三大区域类型从高到低为（图 5-13）：近郊区 7.46kg/d、核心区 6.42kg/d、主城区 5.34kg/d，这与户均碳排情况类似。通过人均碳排计算各用能活动终端碳排于北京市的占比情况发现（表 5-8）：近郊区人均碳排较高主要是由于家庭采暖活动造成的，近郊区采暖碳排达全市的 36.36%。而核心区制采暖设备为三大区域中最低，占比仅为 5.57%，近郊区达核心

区的 6.53 倍。

表 5-8　北京市各区域家庭用能活动终端碳排放占比　　　单位：%

调研区	炊事设备	家用电器	家庭制冷	家庭采暖	热水器
核心区	0.76	0.40	0.80	5.57	1.64
主城区	5.59	1.96	5.01	19.20	5.17
近郊区	4.21	1.89	4.48	36.36	6.95

总体来看，除采暖和热水器之外，炊事设备、制冷设备和家用电器三大用能活动的终端碳排仅占全市的 25.11%。对于三大类型区域而言，采暖设备均为碳排放主体部分。而家庭采暖作为近郊区碳排放主体用能活动之一，是采暖碳排放最低的核心区的 6.50 倍，这与基础设施建设水平和管道铺设情况相关。另外，炊事设备在核心区的碳排放仅占 0.76%，最高的主城区达到其 7.40 倍。

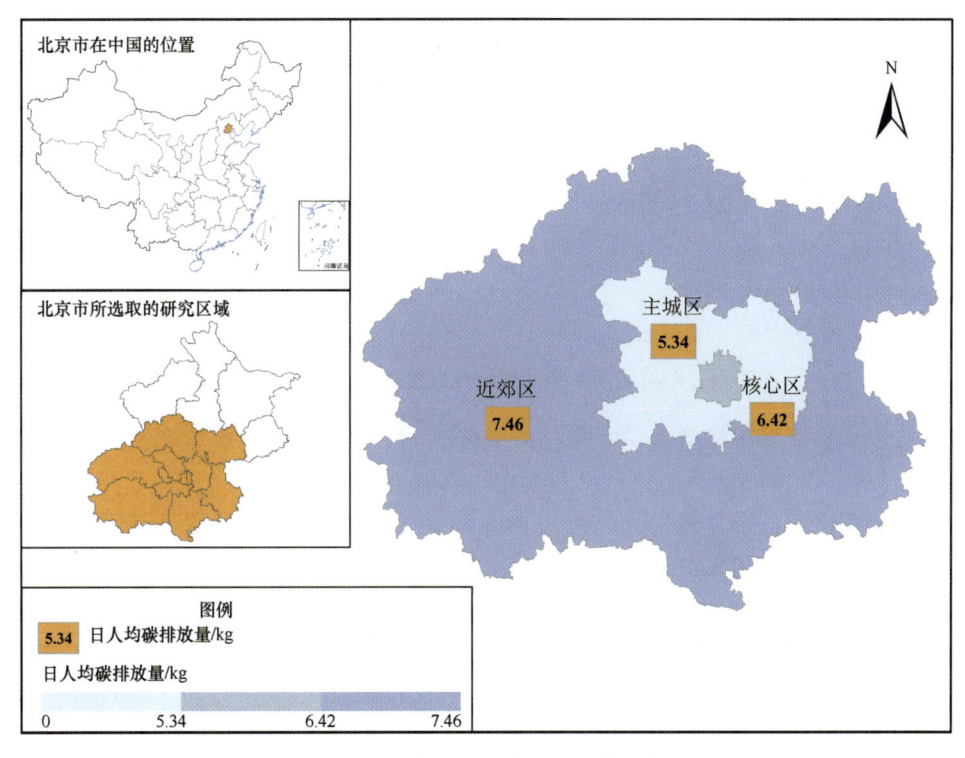

图 5-13　北京市三大区域日人均碳排放现状

5.4.2　家庭能源消费碳排放量空间自相关

将北京市收集到问卷依据地址利用 ArcGIS 软件可视化，进行全局空间相关性分析。在反距离法下，户均生活碳排放和人均供暖碳排放的 Moran's I 分别为 0.028616、0.022643，Z(I) 值大于置信度 95% 的临界值 1.96（图 5-14），显著性检验通过，具有统计学意义，表明北京市户均生活碳排放和人均供暖碳排放存在空间正相关性（表 5-9）。通过 Getis-Ord General G 分析判断其是否存在高/低聚类情况，分析得户均碳排放和人均供暖碳排放的 $Z(d)$ 值分别–0.254614、0.234019，置信度不足 90%（<–1.65 或>1.65），不存在高/低聚类现象。

表 5-9　北京市家庭能源消费的 Moran's I

名称（kg/d）	Moran's I	$Z(I)$	$P(I)$
户均生活碳排放	0.028616	2.118221	0.034156
人均供暖碳排放	0.022643	2.428695	0.015153

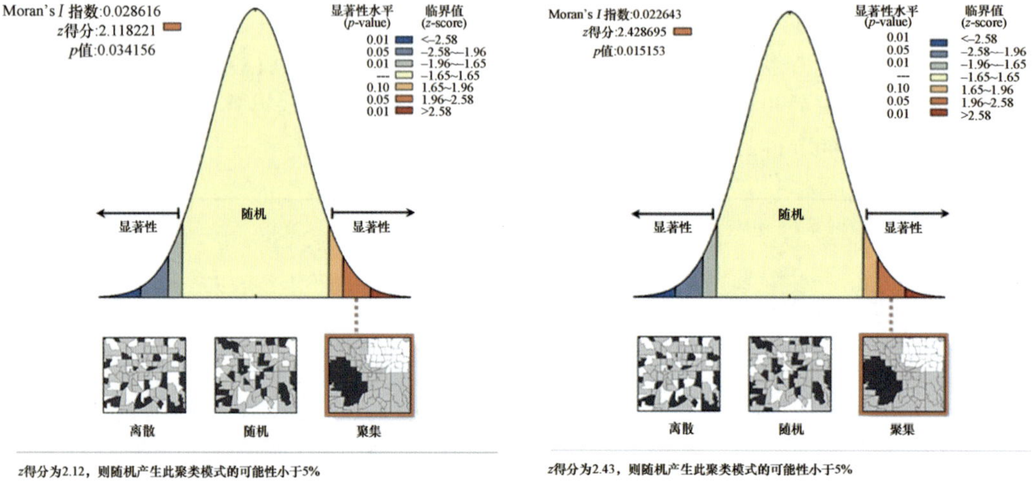

(a)户均排放　　　　　　　　　　　　(b)人均采暖排放

图 5-14　户均碳排放莫兰指数与人均采暖碳排放莫兰指数

北京市家庭能耗碳排放存在空间相关性特征，但不存在高/低聚类现象。为探究这一结论的可靠性，采用实地调研和资料查询相结合的方式从人口属性、区域能源消费情况、家庭能源消费情况三个方面进行分析。

一是北京市复杂的人口属性及人口快速流动，造成区域内家庭能耗碳排放出现较大波动特征，难以形成高/低聚类。数据显示，2022 年北京市总人口为 2184.20 万人，其中外来人口 825.10 万人，占人口总量的 37.80%。本次调查共收问卷 1072 份，其中外来人口 387 份，占比 36.10%，基本符合北京市人口属性状况。在东城区和平里街道小黄庄社区、昌平区鼓楼南街附近胡同等实地走访了解到大部分的外来人口因房东要求、公司机制等原因，家中除备有日常生活所需的基本家电外（如炊事设备、热水器等），一般不再使用其他家用电器，且其中多数独居男性炊事设备的使用次数也极其有限。

二是北京市区域能源消费具有较大差异性。实地走访发现，在南锣鼓巷社区、东城区天坛街道西园子社区等地，由于管道设施未能完善，居民多使用灌装液化石油气、电磁炉等炊事设备，采暖多以电力为主，太阳能热水器使用较多。海淀区中关村街道华清园社区具有市政热水供应，且社区内采暖形式具有差异性，例如，位于社区的东升公寓等为集中采暖，华清嘉园为自采暖；昌平区北七家镇西府村仍采用煤球进行采暖等。所以，区域甚至社区能源消费情况的多样性，也使得家庭能源碳排放难以形成集聚特征。

三是不同收入水平家庭能源消费情况存在较大差异，且居住分散。经走访了解到，在海淀区学院路街道展春园社区、东城区和平里街道小黄庄社区因照顾家中老人和小孩会刻意延长采暖或制冷时长，使家中环境变得舒适。而在丰台区玉泉营街道万柳西园生活的居民考虑经济原因，表示其家中供暖最高温度仅为18℃左右，人体感知较冷，采用增添衣服的方式来采暖。

综上所述，北京市家庭能耗碳排放存在较大差异，其家庭能耗碳排放高/低聚类现象不成立具有一定的合理性。

5.5 热舒适度能耗影响因素

5.5.1 热舒适度需求分级及对能耗碳排放的量化

1. 热舒适度需求评价

热舒适度需求与多方面因素密不可分，其中适宜的室内温度是冬季供暖满足居民热舒适度需求的重要因素之一。1984年国际标准化组织（ISO）提出了室内热环境评价与测量的标准化方法（ISO7726），Fanger和Toftum（2002）在此基础上用预测平均投票值PMV（predicted mean vote）和预测不满意百分数PPD（predicted percentage of dissatisfied）指标来描述和评价热环境。PMV指标综合考虑了环境因素和人为因素，PPD指标则反应对热环境不满意的比例，具体计算式如下：

$$\text{PMV} = (0.303e - 0.036M + 0.0275)[M(1-\eta) - 3.054(5.765 - 0.007H - p_a) \\ - 0.42(H - 58.15) - 0.0173M(5.867 - p_a) - 0.0014(34 - t_a) \\ - 3.9 \times 10^{-8} f_{cl}(T_{cl}^4 - T_{mrt}^4) - f_{cl}h_c(t_{cl} - t_a)] \quad (5\text{-}1)$$

$$\text{PDD} = 100 - 95e^{-(0.03353\text{PMV}^4 + 0.2179\text{PMV}^2)} \quad (5\text{-}2)$$

式中，M为人体能量代谢率，决定于人体的活动量大小，W/m²；η为机械效率，即人体所做的机械功占人体能量代谢率的比例；H为单位面积的新陈代谢产热量；p_a为人体周围空气的水蒸气分压力；t_a为人体周围空气温度；f_{cl}为人体着装后实际表面与其裸身人体表面积之比，即着衣面积系数；T_{cl}为服装热阻；t_{cl}为衣服外表面温度；T_{mrt}为房间的平均辐射温度；h_c为对流换热系数，与室内空气流速V（m/s）相关。根据上述计算式求PMV-PDD值后，即可按照表5-10中的分度值进行热舒适度需求级别评估。

表5-10 PMV、PDD 分度值

指标	PMV 值						
	−3	−2	−1	0	1	2	3
热感觉	冷	凉	稍凉	适中	稍暖	暖	热
PDD/%	100	75	25	5	25	75	100

在《北京市居民供热采暖合同（按面积计费版）》（北京市市场监督管理局，2022）中，规定冬季居民楼集中供暖温度不得低于18℃，由政府和供暖公司整体调控。因此，通过PMV-PDD计算后，利用上述分度值表，可将北京市冬季自采暖家庭进行相应级别的热舒适度需求划分。

2. 热舒适度需求对能耗及碳排放影响的量化

参考Roxon等（2020）分析城镇热岛效应UHI对美国各州的住宅能源消耗成本和二氧化碳排放产生影响的研究，通过家庭总人口、家庭规模、供暖成本、能耗和碳排放，针对居民热舒适度需求（thermal comfort requirements，TCR）差异对家庭采暖能耗和碳排放产生的影响进行探讨，具体公式为

$$\text{UHI}_{\text{cost}} = P_h^{\text{urban}}(H_c E_h^{\text{UHI}} + H_c E_c^{\text{UHI}}) + P_h^{\text{rural}}(C_c E_h + H_c E_c) - P_h(C_c E_h + H_c E_c) \quad (5-3)$$

$$\text{UHI}_{\text{CO}_2} = P_h^{\text{urban}}(H_E E_h^{\text{UHI}} + H_E E_c^{\text{UHI}}) + P_h^{\text{rural}}(C_E E_h + H_E E_c) - P_h(C_E E_h + H_E E_c) \quad (5-4)$$

式中，H_c为采暖成本；E_h^{UHI}为在热岛效应影响下采暖产生的能耗；C_c为制冷成本；E_c^{UHI}为在热岛效应影响下制冷产生的能耗；P_h为各州市家庭人口；E_h为无热岛效应影响的采暖能耗；E_c为无热岛效应影响的采制冷能耗；H_E为采暖碳排放；C_E为制冷碳排放；P_h^{urban}为城市家庭人口数；E_h^{UHI}为在热岛效应影响下采暖产生的能耗；P_h^{rural}为农村家庭人口数。上述数据均来自IEA和对应研究区域统计年鉴。

本书主要针对北京市自采暖家庭在不同等级热舒适度需求下产生的能耗和碳排放进行探讨。以在冬季自采暖过程中设置20℃室内温度的家庭户作为热舒适度需求适中作为平均水平，计算当热舒适度需求偏高或偏低时产生的热需求成本和满足热需求产生的碳排，通过对比分析得到居民热舒适度需求对家庭采暖碳排放的驱动机制。因此，根据一手调研数据将上述计算式更新为

$$\text{TCR}_{\text{cost}} = P_h / h \times H_c \times (E_h^{\text{TCR}} - E_a) \quad (5-5)$$

$$\text{TCR}_{\text{CO}_2} = P_h / h \times H_E \times (E_h^{\text{TCR}} - E_a) \quad (5-6)$$

式中，H_c为采暖成本；E_h^{TCR}为在不同热舒适度需求影响下采暖产生的能耗；P_h为各行政区家庭人口；h为家庭平均规模；E_a为热舒适度需求适中时的采暖能耗；H_E为采暖碳排放。同时，该式通过除以不同热舒适度需求下各行政区家庭平均规模，减小了家庭规模对采暖能耗和碳排放的影响。

5.5.2 家庭采暖能源消费特征及空间结构

1. 家庭采暖能源消费特征

在能源用途方面，采暖是北京市家庭能源消费的主体部分，能源消耗量人均达379.33kgce/a。其中，集中供暖为264.08kgce/a，占能耗总量的69.62%；自采暖人均为115.25kgce/a，占比为30.38%。经调研，北京市居民采暖的主要能源类型为电力和天然

气。受访的 1072 户家庭中有 803 户通过天然气管道进行集中采暖，其余家庭则主要使用天然气和电力进行自采暖。自采暖家庭中 47.58%以电力作为采暖燃料类型，使用天然气壁挂炉的为 141 户，达 52.42%。这主要是天然气壁挂炉供热辐射面积更广，相较电力型供暖设备更加方便。同时，通过对比两者产生的采暖费用发现，非电力型供暖设备（天然气壁挂炉）比电力型供暖设备支出更低。

在能源类型方面，天然气能源消费达 77.12%，为采暖燃料消耗最多的能源，在不同的采暖方式中均有使用。电力使用占 22.88%，主要用于自采暖中的地暖、空调、电暖器等设备。在各类型电力型自采暖设备中，居民偏向使用地暖和天然气壁挂炉，分别占采暖年人均总量的 13.54%和 11.25%，其中天然气壁挂炉的使用率占自采暖的 44.57%。而危险系数相较更高的电油热汀人均用能为 81.93kgce/a，占比仅为 0.06%（表 5-11）。

表 5-11　北京市家庭采暖年人均能源消费量及占比

采暖方式	供暖设备	人均用能/(kgce/a)	年人均占比/%	电能/%	天然气/%
集中供暖	天然气管道	263.82	69.59	—	100
自采暖	总计	115.30	30.41	45.77	54.23
	天然气壁挂炉	314.26	11.25	—	100
	电地暖	870.60	13.54	100	—
	电暖器	313.97	4.71	100	—
	空调	510.32	0.83	100	—
	电油热汀	81.93	0.06	100	—

北京市家庭采暖分为集中采暖和自采暖两种方式。自采暖家庭的居民可自行选择采暖设备和相应的采暖能源类型，因此，由于使用偏好和消费习惯的不同，自采暖年人均用能出现了差异（表 5-12）。对比各区域发现，近郊区人均用能最高为 508.88kgce/a，分别是主城区、核心区的 1.6 倍和 1.5 倍。从居民使用能源偏好来看，核心区和近郊区居民偏向使用电力型设备，而主城区居民则更多使用天然气进行采暖。核心区和近郊区为北京市自采暖的电力使用主体区域，总占比达 98.60%，其中核心区最高为 56.23%，以上两个区域分别为占比最低的主城区的 43.3 倍和 32.6 倍。天然气则是在主城区占比最高为 75.35%。出现以上差异的原因除天然气管道铺设情况之外，楼房类型及其住宅建筑面积是重要因素。此外，各区域能源使用结构的差异也将直接影响自采暖的能源消费情况。

表 5-12　北京市各区域自采暖年人均能源消费量及占比

区域	人均用能/(kgce/a)	电能/%	天然气/%
核心区	331.01	56.23	3.31
主城区	309.18	1.30	75.35
近郊区	508.88	42.37	21.34

集中供暖用能活动（表5-13）在北京全市占比从高至低为主城区、近郊区和核心区，分别占36.38%、28.07%、5.17%，经调研确定造成以上结果的主要原因之一是各区域的管道铺设情况不同。而自采暖则在近郊区占比最高为22.82%，其年人均采暖能耗量分别

是主城区、核心区的4.6倍和8.6倍。在三大类型区域中，核心区的采暖年人均能源消费量为322.29kgce/a，是占比最低的区域。其中，核心区自采暖仅占采暖能耗总量的2.64%，而集中供暖约为自采暖的2倍。主城区的集中供暖则为北京市采暖能耗的主体部分，占比达36.38%，是集中供暖占比最低的核心区的7倍，因此主城区采暖年人均能耗量高于核心区，为352.71kgce/a。近郊区年人均碳排放最高为416.13kgce/a，这主要因为该区域的自采暖为全市占比最高的区域，此外该区域集中供暖也达到了28.07%，为最低的核心区的5.4倍。

表5-13 北京市各区域家庭采暖年人均能源消费量及占比情况

区域	人均能源消费量/(kgce/a)	集中采暖/%	自采暖/%
核心区	322.29	5.17	2.64
主城区	352.71	36.38	4.93
近郊区	416.13	28.07	22.82

根据上述数据结果，结合调研情况将商住楼房（多层住宅、中高层住宅、商住公寓）和平房（四合院、城中村自建房）进行对比发现：各区域的楼房类型是影响采暖方式的重要原因之一，存在差异的采暖年人均能耗则是其具体表现（表5-14）。从采暖方式来看，集中供暖中平房年人均能耗量最低，仅占3.01%；商住楼房中消耗的能源最多，占北京市家庭能源总消费的66.58%，约是平房的22倍。自采暖约占采暖能耗总量的30.42%，其中平房为主体部分占18.68%。楼房类型方面，商住楼房采暖人均能耗量为350.13kgce/a，以集中供暖为主，其中集中供暖是自采暖的5.70倍；平房则以自采暖为主，人均能源消费量约是商住楼房的1.59倍，为540.88kgce/a。

表5-14 北京市各类型楼房家庭采暖年人均能源消费量及占比情况

住宅类型	人均能源消费量/kgce	集中供暖/%	自采暖/%
商住楼房	350.13	66.58	11.74
平房	540.88	3.01	18.68

2. 家庭采暖能源消费空间特征

北京市家庭能源采暖终端消费主要使用煤炭、天然气和电力等能源。全市家庭采暖人均碳排放量为3.93kg/d，使用天然气采暖产生的碳排放量占比达到总量的61.21%。两种采暖方式中，自采暖人均碳排放量为7.12kg/d，约是集中供暖的2.50倍。按照分区进行分析发现：三大区域各自的家庭采暖碳排放总量占全市总量的比例从高至低为近郊区＞主城区＞核心区，占比分别为59.48%、31.40%和9.11%。具体来看，近郊区日人均碳排放量最高为5.04kg/d，主城区最低为2.78kg/d，近郊区约为主城区的1.80倍。核心区为3.90kg/d，接近北京全市的日人均碳排放量水平（图5-15）。

对比分析不同区域的集中供暖、自采暖的日人均碳排放量发现：近郊区自采暖日人均碳排放量最高为8.82kg/d，而主城区最低为2.51kg/d，仅为近郊区的28.46%（图5-16）。集中供暖方面，三大区域中最低的是核心区为2.49kg，该采暖方式中日人均碳排放最高

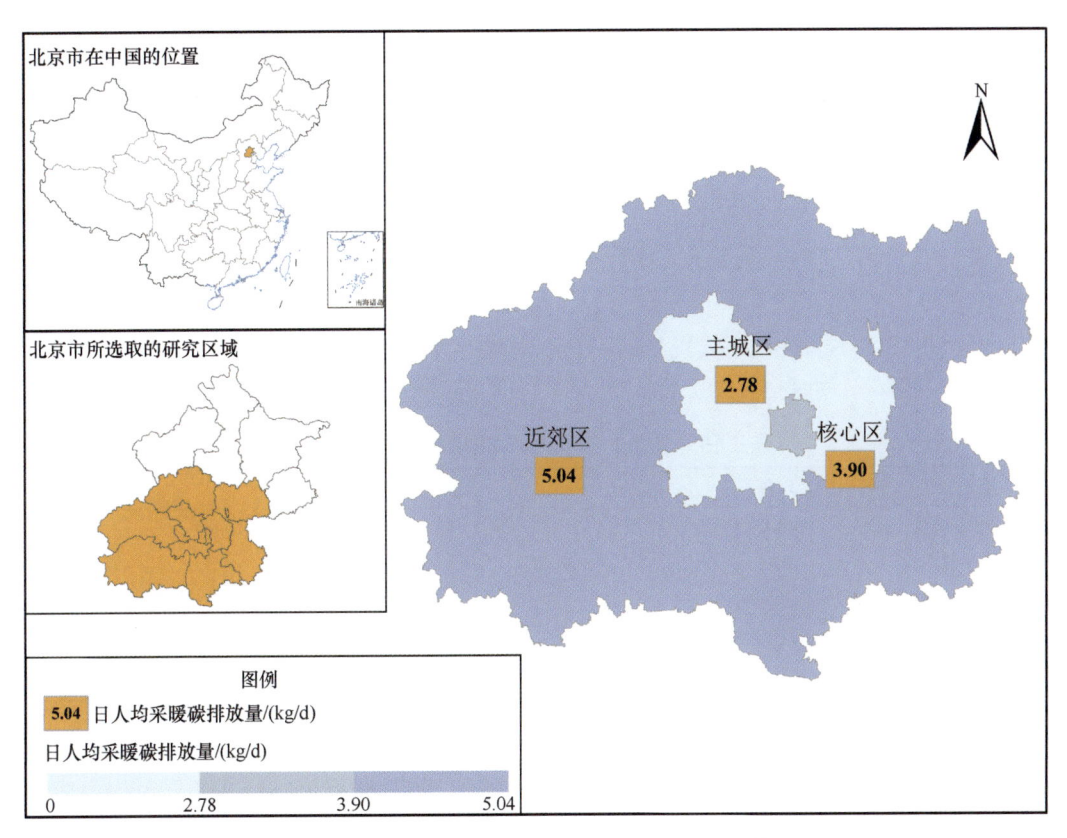

图 5-15　北京市三大区域日均采暖碳排放量现状图

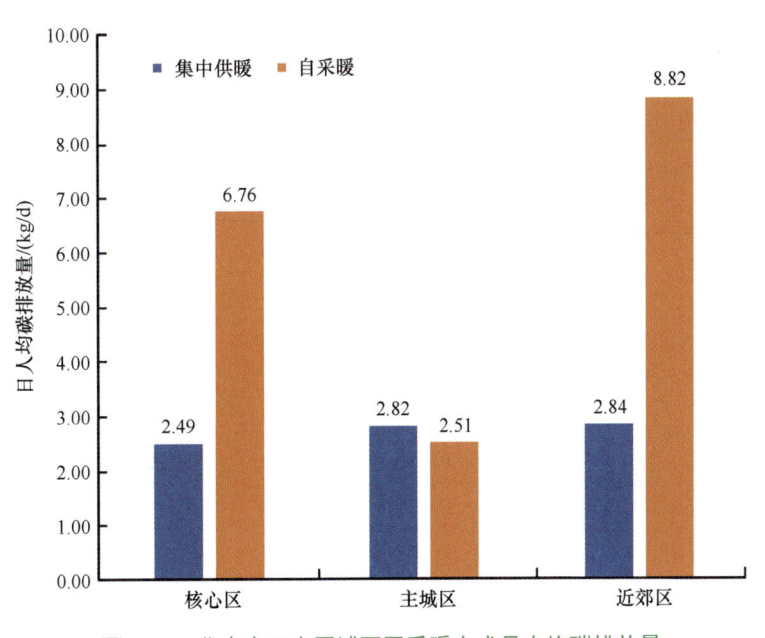

图 5-16　北京市三大区域不同采暖方式日人均碳排放量

的近郊区仅为其 1.1 倍，这主要是因为集中供暖统一以天然气作为燃料，居民终端能源消费碳排放不会出现明显差异。而自采暖部分，结合调研情况发现：除了家庭规模、供暖管道铺设基础水平的差异之外，楼房类型和居民自采暖设备选择偏好对不同区域的日人均碳排放量也起到了不可忽视的作用（图 5-16）。

5.5.3 居民热舒适需求评价

根据北京市冬季供暖期居民生活习惯以及供热系统的特点，对 PMV-PDD 模型中的参数作如下假设，如表 5-15 所示。

表 5-15 北京市冬季 PMV-PDD 模型变量选取

模型变量	取值	参考依据
冬季活动量	1.36MET*	2021 ASHRAE Handbook-Fundamentals
服装热阻	0.75	北京市气象站数据
室内温度	15～30℃	一手调研数据
室内风速	$V = 0.5$m/s	《民用建筑供暖通风与空气调节设计规范》（GB50736—2012）
室内湿度	$\phi = 30\%$	《民用建筑供暖通风与空气调节设计规范》（GB50736—2012）

＊1MET=1kcal/(kg·h)。

将上述变量带入 PMV-PDD 模型得到其对应值，根据分度值判定在不同室内温度下居民热舒适性所处级别如表 5-16 所示。

表 5-16 北京市冬季 PMV-PDD 值计算表

室内温度/℃	PMV	PDD/%	热感觉
15	−2.31	89	凉
16	−2.07	80	凉
17	−1.83	69	凉
18	−1.59	56	凉
19	−1.35	43	稍凉
20	−1.12	31	稍凉
21	−0.89	22	稍凉
22	−0.68	15	稍凉
23	−0.48	11	适中
24	−0.28	7	适中
25	−0.09	5	适中
26	0.11	5	适中
27	0.32	7	适中
28	0.52	11	稍暖
29	0.73	16	稍暖
30	0.94	24	稍暖

由表 5-16 可知，在北京市冬季供暖期内不同室内温度对居民热舒适度需求的影响存在一定差异，整体情况涉及：凉（15～18℃）、稍凉（19～22℃）、适中（23～27℃）、稍暖（28～30℃）4 个等级，没有暖这一等级。在调研涉及 12 个行政区中，位于主城区的石景山区受访家庭均为集中供暖，余下区域自采暖家庭热舒适度需求具体分级情况如图 5-17 所示。

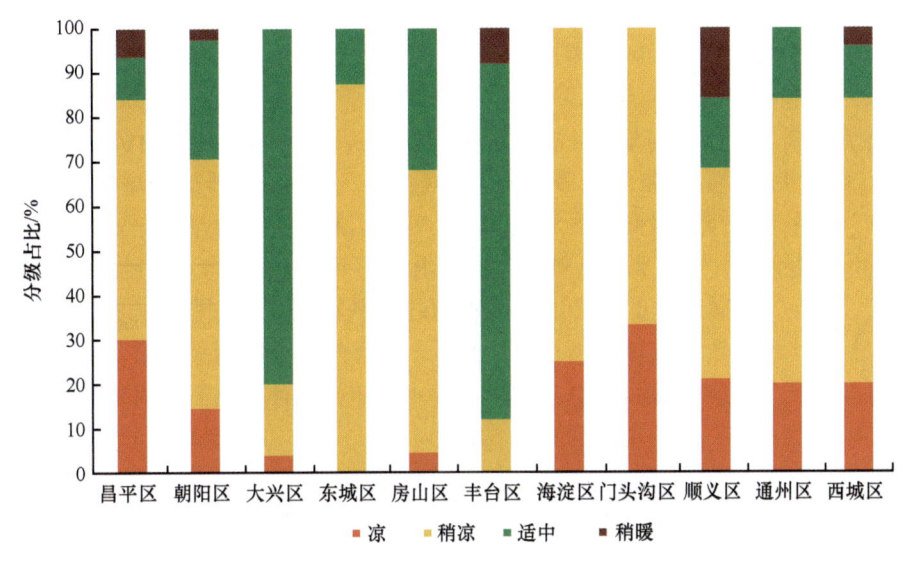

图 5-17　北京市自采暖家庭热舒适度需求分级基本情况

5.5.4　热舒适度需求对能耗及碳排放的影响

1. 不同热舒适度能源需求分级下自采暖碳排放现状

经筛选分级后总结可得北京市热舒适度需求居中的家庭共 75 份，计算后确定热舒适度需求适中（室内温度 23～27℃）的能耗标准为 746.91kgce/a，碳排放标准为 1288.52kg/a。为满足该水平的采暖热舒适度需求，每户家庭平均每年需支出 0.31 万元。

对比区域差异发现，北京全市热舒适度需求适中的采暖碳排放标准水平为 1288.52kg/a，当热舒适度需求分级处于"凉""稍凉""稍暖"时自采暖家庭碳排放水平均高于热舒适度"适中"等级。其中，主城区和近郊区热需求"适中"的家庭户碳排放均低于全市热需求"适中"等级，仅占全市的 69.55%和 86.25%；核心区自采暖家庭在"适中"的热舒适度需求等级下产生碳排放则高于全市水平，为"适中"等级的 1.8 倍。分区域来看，近郊区不论处于哪种热舒适度需求等级下产生的碳排放均高于"适中"等级，其中在"稍凉"级别热需求下产生的碳排放最低为 3718.07kg/a，达近郊区"适中"水平的 3.3 倍。而主城区在居民满足"稍凉"的热需求时产生采暖碳排放低于全市水平，其余热需求等级产生碳排放则高于标准水平，达 1.20 倍以上。在核心区也呈现出了相应差异，其中若居民需要满足"稍凉"或"稍暖"的热需求，自采暖产生碳排放则高于标准水平；若居民仅需满足"凉"的热需求则低于标准水平。

对热舒适度需求分级分析发现，在热舒适度需求"适中"的标准水平下，核心区自采暖碳排放量最高为2272.07kg/a，达到最低的主城区的2.5倍，且超过了北京全市总量。在热需求为"凉"的分级下，仅近郊区高于全市水平为4277.91kg/a，余下的主城区和核心区自采暖碳排放则远低于全市碳排放为2000kg/a以下。在此热舒适需求级别下，全市标准碳排放水平分别是核心区和主城区的2.00倍和3.27倍。当热舒适度需求级别为"稍凉"时，仍是主城区和核心区的碳排放低于全市水平，其中核心区最低为881.35kg/a，仅占超过全市水平的近郊区的23.7%。即若热舒适度需求偏凉时，均为近郊区自采暖产生的碳排放最高，主城区为最低，"凉"和"稍凉"两类需求级别下近郊区分别为主城区的3.76倍和4.22倍；热舒适度需求为"稍暖"时，各区域碳排放排序情况有所不同，核心区作为自采暖碳排放最高的区域达3978.59kg/a，超过全市标准水平，是最低的主城区的3.60倍。因此，不论处于何种热舒适度需求水平下，主城区均为碳排放最低的区域。总体而言，一旦自采暖家庭的热舒适度需求超过适中范围，其碳排放在北京全市层面均高于适中标准水平。若是具体分需求等级来看，仅有热需求级别"偏凉"时，自采暖家庭冬季供暖期产生的碳排放可能低于适中标准水平碳排放，如热需求为"凉"时的核心区和热需求为"稍凉"时的主城区（图5-18）。

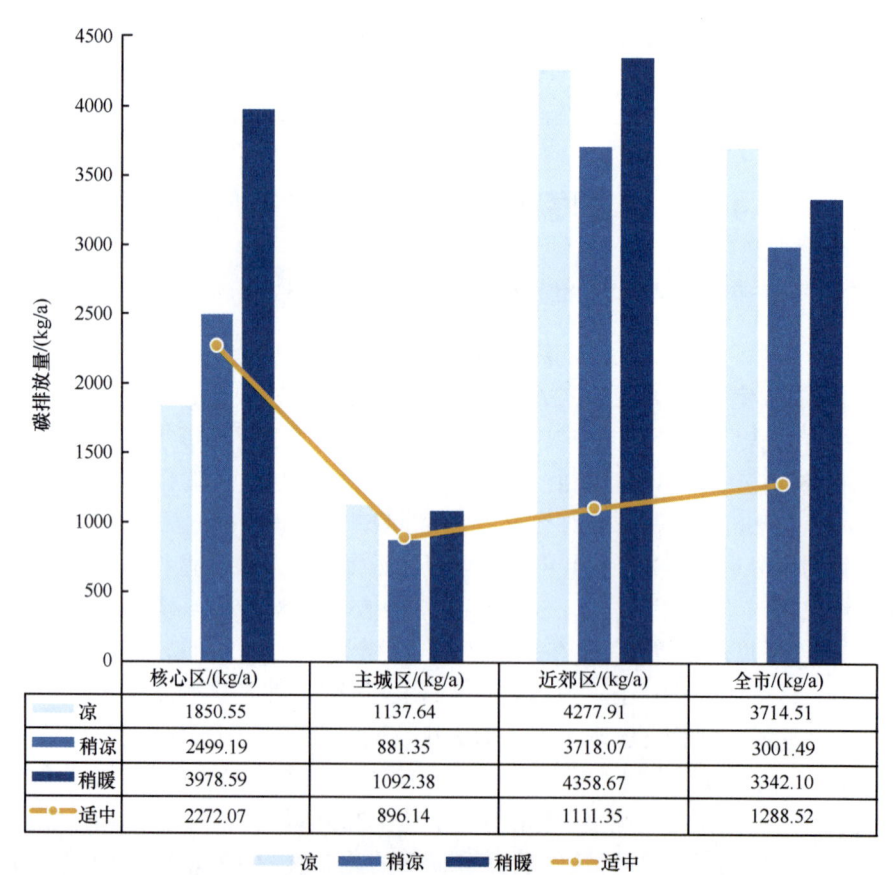

	核心区/(kg/a)	主城区/(kg/a)	近郊区/(kg/a)	全市/(kg/a)
凉	1850.55	1137.64	4277.91	3714.51
稍凉	2499.19	881.35	3718.07	3001.49
稍暖	3978.59	1092.38	4358.67	3342.10
适中	2272.07	896.14	1111.35	1288.52

图 5-18　不同热舒适度需求级别下各区域家庭采暖及碳排放

2. 热舒适度需求对能耗及碳排放的影响

以室内温度范围为 23~27℃作为热舒适度需求"适中"的标准水平，按照前文建立的方法量化居民不同热舒适度需求层级对家庭供暖能源消耗和碳排放的影响。要得出不同热舒适度需求对能耗及碳排放的影响，以下三类基础数据的计算是必要的：①受访家庭总人口和所处区域的家庭平均规模；②各区域年度采暖平均成本；③每个区域在不同热舒适度需求层级下的家庭采暖能源消耗和碳排放，具体结果计算如表 5-17 至表 5-19 所示。

表5-17　北京市热舒适度需求级别为稍凉（15~18℃）的基础数据表

区域	平均家庭规模	家庭总人口	采暖平均成本/万元	能耗量/（kgce/a）	碳排放量/（kg/a）
主城区	2	11	0.10	241.46	1850.55
核心区	2	15	0.23	329.08	1137.64
近郊区	3	105	0.27	593.59	4277.91
总量	3	131	0.25	533.74	3714.51

表5-18　北京市热舒适度需求级别为凉（19~22℃）的基础数据表

区域	平均家庭规模	家庭总人口	采暖平均成本/万元	能耗量/（kgce/a）	碳排放量/（kg/a）
主城区	3	72	0.26	338.83	2499.19
核心区	3	84	0.19	292.21	881.35
近郊区	4	299	0.30	562.58	3718.07
总量	3	455	0.27	477.26	3001.49

表5-19　北京市热舒适度需求级别为稍暖（28~30℃）的基础数据表

区域	平均家庭规模	家庭总人口	采暖平均成本/万元	能耗量/（kgce/a）	碳排放量/（kg/a）
主城区	5	5	0.60	519.13	3978.59
核心区	3	10	0.20	381.91	1092.38
近郊区	3	19	0.26	568.72	4358.67
总量	3	34	0.27	506.49	3342.10

根据上述基础量，按照式（5-5）和式（5-6）进行两种热舒适度需求层级对应的热需求成本（TCR$_{cost}$）和热需求碳排放（TCR$_{CO_2}$）计算。其中数值的正负号仅表示热舒需求度对热需求成本和热需求碳排放的影响，与大小无关。

为确定能耗与热需求成本、热需求碳排放之间的变化关系，利用 Stata 将能耗与以上两者分别进行 reg 回归。在热舒适度需求级别为"凉"时，能耗每出现 1.0%的变化，热需求成本系数和热需求碳排放系数分别出现 0.94%、0.76%的变化；当热舒适度需求级别为"稍凉"时，若能耗每变化 1.0%，热需求成本系数和热需求碳排放系数分别对应出现 0.91%、0.95%的变化；当热舒适度需求级别为"稍暖"时，若能耗每变化 1.0%，热需求成本系数和热需求碳排放系数分别对应出现 0.95%、0.96%的变化。由此，根据式（5-5）和式（5-6）可得到不同热舒适度需求下三大区域的热需求成本系数和热需求碳排放系数（图 5-19），将以下三种情况进行对比，即可得到不同热舒适度需求对供暖成本和碳排放的影响。

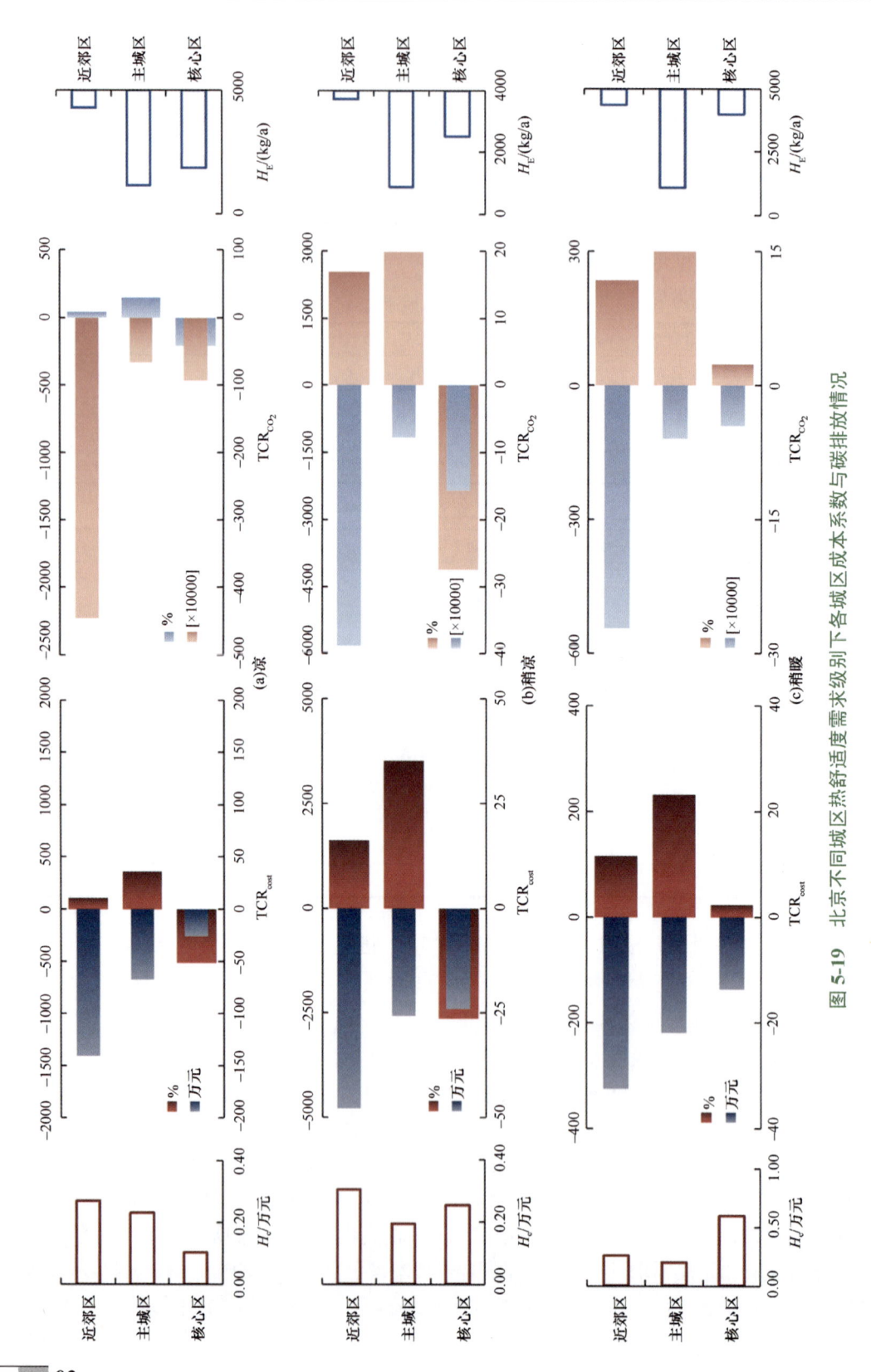

图 5-19 北京不同城区热舒适度需求级别下各城区成本系数与碳排放情况

当热舒适度需求级别为"凉"时，主城区、近郊区的采暖成本和采暖碳排放均产生正向影响，即当全市能耗出现 1.0%的提升时，主城区各家庭户年平均采暖支出会出现 35.97%的上升，而近郊区则会提高 10.52%。同时，当全市能耗每升高 1%，主城区和近郊区的家庭采暖碳排放会分别出现 29.07%、8.50%的正向变化。而对于核心区来说，热舒适度需求级别为"凉"会对家庭采暖成本和碳排放产生最为明显的负向影响，即采暖成本和碳排放随着全市能耗 1.0%的变化，分别出现 51.37%、41.51%的降低。当热舒适度需求级别为"稍凉"时，三大区域的采暖成本和采暖碳排放的变化趋势与热舒适度需求级别为"凉"时类似但其变化幅度更为显著，其中仅核心区受到负向影响。即当全市能耗出现 1.0%的提升时，核心区各家庭户年平均采暖支出会出现 26.37%的下降，主城区和近郊区则分别出现 35.21%、16.23%的上升。同时，核心区碳排放会随着全市能耗 1.0%的变化产生 27.47%的下降，主城区、近郊区的热需求碳排放则呈现出与热需求成本相近变化幅度的上升。综上，按照热舒适度趋势来分析，当居民热需求整体都偏凉时，即"凉"和"稍凉"两个等级，对应热需求成本系数和碳排放系数在不同区域呈现相同趋势，但存在不同显著性。主要有两个原因：一是核心区收入水平高于近郊区，当可支配收入增多时，核心区居民更愿意将其分配至家庭采暖活动。二则是因为基础设施配备现状差异，核心区的能源可得性相较近郊区更高，能源结构更容易发生变化，从而影响碳排放。

当热舒适度需求级别为"稍暖"时，全市的能耗变化给家庭采暖成本和碳排放均带来正向影响，并且在三大区域中变化幅度情况类似。其中，主城区表现得最为显著，每当全市能耗变化 1.0%时，采暖成本和碳排放分别出现 23.32%、23.61%的下降。核心区年度平均采暖成本变化幅度最低为 2.37%，且与近郊区情况有明显差异，近郊区年度平均采暖成本变化幅度为核心区的近 5 倍。同时，随着全市能耗变化 1.0%，核心区家庭采暖碳排放变化 2.40%，近郊区家庭采暖碳排放变化幅度为 11.80%，两者相差 4.90 倍。导致这一现象的原因，除了能源利用技术水平差异，居民所居住的拥有不同保暖属性的楼房类型也起到了重要作用。

综上所述，北京市家庭采暖存在两种情景：一是当采暖成本处于同一水平，热舒适度需求偏凉时，反而会产生更多的碳排放。调研发现，这主要原因是房屋老旧，保温效果较差，尽管这类居民的热舒适度需求偏凉，但仍需要消耗更多采暖能源；二是当居民收入处于一致水平，热舒适度需求偏暖时，虽然其较热舒适度需求偏凉时支出更多能源成本，但碳排放反而更少。这是由于随着采暖成本的增加，煤炭的热供给不能满足这类群体，此时居民更偏向于使用电力，碳排放也随之较低。可见，为控制及减少北京市采暖碳排放，需要重点关注近郊区内热舒适度需求偏凉的居民群体，尤其是居住在老旧楼房的居民。

5.6 本章小结

北京市家庭户均能耗量为 5.35kgce/d，人均能源消费量为 613.80kgce/a，人均能耗为 1.68kgce/d。采暖设备及热水器能源消费是家庭能源消费的重要组成部分，采暖能源消费类型主要为天然气；炊事占人均能源消费量的 14.83%。热水器占人均家庭能源消费量的 16.15%。炊事设备在主城区中消耗的能源最高为 7.42%，近郊区采暖占比最高达 31.42%。热水器则在主城区占比最多为 8.42%。从主城区到近郊区再到核心区，空调所消耗的能源由高到低的占比分别为 2.47%、2.20% 及 0.39%；加上电风扇所消耗的能源，制冷设备在主城区所消耗的能源占比最多为 2.50%，在核心区最低为 0.40%。

碳排放方面，近郊区最高为 7.46kg/d，约为主城区的 1.40 倍。采暖设备及热水器是北京市家庭碳排放的主要来源，大型家电设备户均碳排从大到小的排序依次是：冰箱＞电视机＞洗衣机。从日人均碳排放进行分析，北京市城镇家庭日人均能源消费碳排放量为 6.42kg/d，其中家庭采暖占比最高为 61.21%、家庭采暖人均碳排放量占比相较制冷偏低为 10.28%，热水器、炊事设备、家用电器占比分别为 13.71%、10.56% 和 4.21%。总体来看，除采暖设备和热水器之外，其余用能活动的终端碳排仅占全市的 28.31%。其中，炊事设备在核心区的碳排放仅占 0.76%，最高的主城区达到其 7.40 倍。制冷设备在三大区域中均为碳排放主体。在胡同、城中村等有待整治的非正规聚居区，其流动人口租户的较低的生计资本和不稳定的居留状态特征对该群体的实现能源公正产生着一定的阻力，体现在：一是居民获得天然气等现代能源服务尚有欠缺；二是居民为了节省能源开支，放弃使用空调等更家用电器，转向电风扇、燃煤炉等使用成本较低的设备。

北京市户均生活碳排放和人均供暖碳排放存在空间正相关性,但不存在高/低聚类现象。结合实地调研和资料查询发现可能有以下三方面原因：一是北京市复杂人口属性及人口快速流动，造成区域内家庭能耗碳排放出现较大波动特征，难以形成高/低聚类；二是北京市区域能源消费具有较大差异性；三是不同收入水平家庭能源消费情况存在较大差异，且居住分散。

将能耗与热需求的能源支出（成本）、热需求碳排放结合分析得到：当热舒适度需求偏凉时，对主城区、近郊区的采暖成本和采暖碳排放均产生正向影响，对核心区产生明显的负向影响。当热舒适度需求偏暖时，全市的能耗变化给家庭采暖成本和碳排放均带来正向影响，并且在三大区域中变化幅度情况类似，主城区表现得最为显著。总体而言，当全市采暖成本处于同一水平时，热舒适度需求偏凉反而会产生更多的碳排放。为控制及减少北京市采暖碳排放，需要重点关注近郊区内热舒适度需求偏凉的居民群体，尤其是居住在老旧楼房的居民。

参 考 文 献

北京市科学技术学会. 2022. 北京的自然资源什么样？摆在最突出位置的居然是它. https://mp.weixin.qq.com/s/uiQ17A1Te6A7JecEHyFYrw.

北京市市场监督管理局. 2022. 北京市居民供热采暖合同(按面积收费版). http://scjgj.beijing.gov.cn/bsfw/bmfw/sfwbbm/shxfl/qtwb/201911/t20191129_722464.html?eqid = 8fd84fca0020c5f90000000364334d0f.

北京市统计局. 2020. 北京统计年鉴2020. http://tjj.beijing.gov.cn/zwgkai/gzdt/202012/t20201204_2156745.html.

北京市统计局. 2021. 北京统计年鉴 2021. http://tjj.beijing.gov.cn/tjsj_31433/tjsk_31457/202111/t20211116_2537704.html.[2021-12-20].

北京市统计局. 2023. 北京市 2022 年国民经济和社会发展统计公报. https://tjj.beijing.gov.cn/tjsj_31433/sjjd_31444/202303/t20230320_2940009.html.[2023-03-21].

北京市人民政府. 2020. 气候. https://www.beijing.gov.cn/renwen/bjgk/bjgk/qh/201911/t20191106_1872564. html.[2020-07-29] .

北京市人民政府. 2022.北京市 2021 年国民经济和社会发展统计公报. https://www.beijing.gov.cn/gongkai/ shuju/tjgb/202203/t20220301_2618806.html.[2022-03-01].

蔡奇. 2022. 中国共产党北京市第十三次代表大会报告. https://zt.bjcc.gov.cn/rdztarticle/ 600207789. html. [2022-07-18].

陈妍, 乔飞, 江磊. 2016. 基于 In VEST 模型的土地利用格局变化对区域尺度生境质量的影响研究——以北京为例. 北京大学学报(自然科学版), 52(3): 553-562.

丁楠, 董恒年. 2019. 城乡融合背景下北京能源消费与碳排放时空变化. 环境与可持续发展, 44(4): 110-114.

冯健, 钟奕纯. 2018. 北京社会空间重构(2000—2010 年). 地理学报, 73(4): 711-737.

高枝. 2021. 本市首次亮相出国有自然资源资产"家底". 北京日报. http://yllhj.beijing.gov.cn/ztxx/mtjj/mtbd/202111/t20211126_2546017.shtml.[2021-12-16].

国家气象科学数据中心. 2023.中国地面气象观测历史数据集(年值). http://data.cma.cn/data/detail/dataCode/A.0019.0001.S002.html.[2023-06-11].

贾品荣, 黄鲁成, 袁菲. 2021. 北京新经济指数报告. 新经济导刊, (2): 74-86.

刘祥梅. 2017. 基于 GIS 的地质灾害易发区划分与评价. 环球人文地理, (9): 107.

谢宜嘉, 杨倍倍, 张镇, 等. 2024. 2000—2022 年北京市植被春季物候期变化特征分析. 自然资源遥感, 1-9.

姚士谋, 李广宇, 燕月, 等. 2012. 我国特大城市协调性发展的创新模式探究. 人文地理, 27(5): 48-53.

张红星, 孙旭, 姚余辉, 等. 2014. 北京夏季地表臭氧污染分布特征及其对植物的伤害效应. 生态学报, 34(16): 4756-4765.

张佳怡, 赵丹, 李海军, 等. 2021. 新形势下北京矿山生态修复路径探讨. 北京规划建设, (5): 41-46.

张蔷, 李令军, 陈韵如, 等. 2024. 北京山地森林群落物种多样性、生物量及其关系分析. 中国环境科学, 1-16.

中华人民共和国中央人民政府. 2022. 北京建成 79 处自然保护地保护野生动植物及其栖息地. http://www.gov.cn/xinwen/2022-03/02/content_5676496.htm.[2022-12-28].

Fanger P O, Toftum J. 2002. Extension of the PMV model to non-air-conditioned buildings in warm climates. Energy and buildings, 34(6): 533-536.

Roxon J, Ulm F J, Pellenq R J M. 2020. Urban heat island impact on state residential energy cost and CO_2 emissions in the United States. Urban Climate, 31: 100546.

第 6 章　东部平原城市聊城市的家庭能源消费及碳排放

中原城市群地处我国"两横三纵"城市化战略格局陆桥通道与京广通道交会区域，涵盖五省 30 座地级市，是规模最大、人口最密集的国家级城市群，其生产总值仅次于京津冀、长三角、珠三角三大国家级城市群，为中国经济第四增长极（赖建波等，2023）。随着交通、信息等网络不断完善，中原城市群已显示出由郑州为单核的空间发展格局转为均质的多中心发展趋势。但由于中原城市群能源种类不齐全，居民购买商品能源的途径较为复杂，导致城镇居民家庭能源消费碳排放优化动力不足，需要进一步明晰其家庭能源消费的空间格局与驱动机制。聊城市位于我国中原城市群经济高质量发展排名的前十名，在经济体量、人口结构、产业特征等方面具有代表性（朱永明和贾宗雅，2022）。为此，本章以中原城市群中聊城市为例，开展东部平原城市家庭能源消费及碳排放研究。最后，根据不同家庭收入分组，建立典型家庭的物质流模型，纵向观察能源在原态、加工、消费、废弃这一系列过程中形态、功能、价值的转移和变化，分析能源系统要素之间的时空及行为主体关系。

6.1 聊城市区域概况

6.1.1 自然地理特征

聊城市位于中原城市群的东北部，山东省的西部，是冀鲁豫三省的交界处。介于 115°16′~116°32′E，35°47′~37°02′N 之间，东连济南、泰安两市，西与河北省的邯郸、邢台市相连，南部与河南省濮阳市为邻，北邻德州市，全市总面积为 8628km^2，下辖两个市辖区、5 个县，代管 1 个县级市。聊城市地势由西南向东北递减，平均海拔 34.00m（图 6-1），地形为黄河下游冲积平原，受黄河多次的决口改道和自然侵蚀的影响，区域内呈现出岗、坡、洼相间的地貌特征，其中岗地、坡地及洼地分别占 46.80%、3.60%、9.60%，主要分为河滩高地、决口扇形地、浅平洼地、平缓坡地、背河槽状洼地、沙质河槽地等 6 种地貌类型（聊城市人民政府，2023；中共聊城市委党史研究院，2020）。

聊城市属温带季风气候，四季分明，春季多风、夏季湿热、秋季气爽、冬季干寒。2021 年平均气温为 14.51℃，茌平区及冠县年平均气温最低，为 14.10℃，阳谷县年平均气温最高，为 15.10℃；1 月份气温最低，平均–1.18℃，7 月份气温最高，平均 27.48℃（中共聊城市委党史研究院，2020）。2021 年平均降水量为 998.76mm，莘县年平均降水

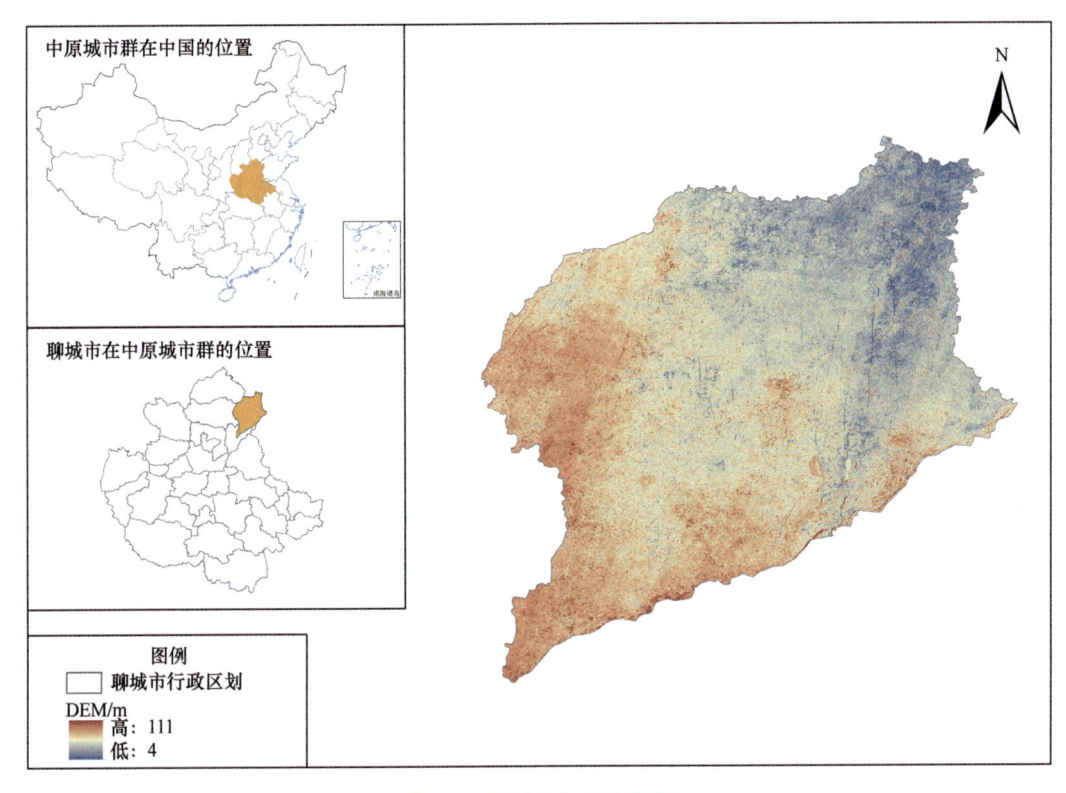

图 6-1 聊城市海拔高程图

量最少，为 904.60mm，东昌府区年平均降水量最多，为 1077.20mm；1 月份降水量最少，平均 0.15mm，9 月份降水量最多，平均 300.28mm，即全年降水多集中在夏季，易出现局部内涝。2021 年平均日照时数为 2240.99h，冠县年平均日照时数最少，为 1920.30h；阳谷县年平均日照时数最多，为 2369.50h。10 月份日照时数最少，平均 129.74h，5 月份日照时数最多，平均 255.43h（聊城市统计局和国家统计局聊城调查队，2022）。此外，聊城市年平均相对湿度为 68.00%，年平均蒸发量为 1709.00mm；年平均风速为 2.30m/s，春季较大，夏季较小，全年多为南风、偏南风。聊城市河湖众多、水网纵横，黄河文化同运河文化在此地交融。

6.1.2 社会经济特征

2021 年末全市生产总值同比增长 8.40%，达 2642.52 亿元，其中，第一产业增长 7.50%，增加值为 374.21 亿元，第二产业增长 9.90%，增加值为 968.47 亿元，第三产业增长 7.60%，增加值为 1299.84 亿元，三次产业结构为 14.20%、36.6%和 49.20%。常住人口达 592.79 万人，全体居民人均可支配收入为 24512 元，人均消费支出为 15630 元；城镇化率比上一年提高 1 个百分点，为 53.97%，城镇居民人均可支配收入为 32262 元，增长 7.4%，人均消费支出为 19012 元，增长 7.40%（聊城市统计局和国家统计局聊城调查队，2022）。2020年，聊城市的能源消费总量达2828Mtce，煤炭、油品、天然气、一次电力及其他比例分别占84.90%、5.30%、6.10%及3.70%。煤炭消耗总量虽从2015年的3147Mtce下降到2020年的2915Mtce，且消费比例也下降4.80个百分点（聊城市统计局和国家统计局聊城调查队，2023）。

与第六次全国人口普查相比，第七次全国人口普查时，东昌府区的人口占比由21.24%增至25.02%，临清市的人口占比也由12.43%增至13.35%，而茌平区的人口占比则由8.98%降至8.70%，其余县域的人口占比也均呈下降趋势[①]，即聊城市外围地区的人口正逐渐向中心地区靠拢（图6-2）。2018年10月，聊城市人民政府颁布了《聊城市城市总体规划（2014~2030年）》[②]，将东昌府区（含市经济开发区、高新技术产业开发区、旅游度假区）及茌平区的中心城区定为市域中心城镇，将临清市城区定为市域副中心城镇，东阿县城、莘县县城、阳谷县城、冠县县城、高唐县城被定为县域中心城镇，旨在进一步提高本地新型城镇化水平，以城镇带动聊城市全域的发展。

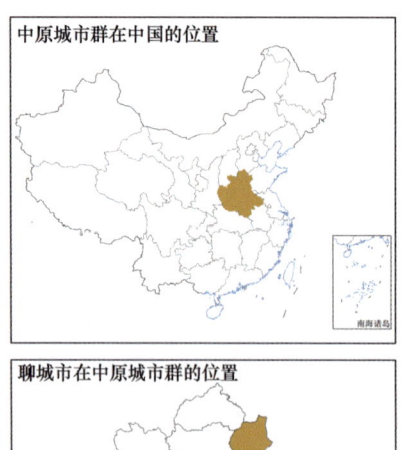

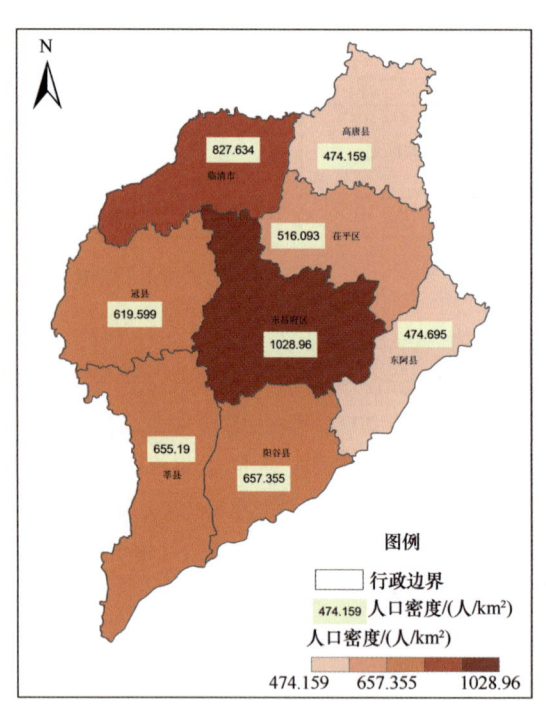

图6-2 聊城市人口密度空间分布

2020年全市能源消费总量达2828Mtce，约占全省的6.70%，其中煤炭、油品、天然气及一次电力的比例分别占84.90%、5.30%、6.10%及3.70%[③]。全市的能源结构正逐

[①] 聊城市统计局. 2021. 聊城市第七次全国人口普查公报. http://tjj.liaocheng.gov.cn/tjsj/sjfb/tjgb/202106/t20210611_3625944.html

[②] 聊城市人民政府. 2018. 聊城市城市总体规划（2014—2030年）[EB/OL]. http://zrzyhghj.liaocheng.gov.cn/zwgk/gkml/ghjh/202007/t202007203170227.html

[③] 聊城市统计局. 2021. 2021年聊城市国民经济和社会发展统计公报. http://tjj.liaocheng.gov.cn/tjsj/sjfb/tjgb/202203/t20220314_3875826.html

渐优化，煤炭消耗总量由 2015 年的 3147Mtce 减至 2020 年的 2915Mtce，下降 7.37 个百分点，并计划到 2025 年，所消耗的比例占全市能源消费总量的 75.00%左右。可再生能源装机容量同 2015 年相比，增加了 13.00 倍，达 1640MW，其中光伏发电装机容量为 1405MW，生物质发电装机容量为 135MW，风电装机容量为 100MW（图 6-3）。

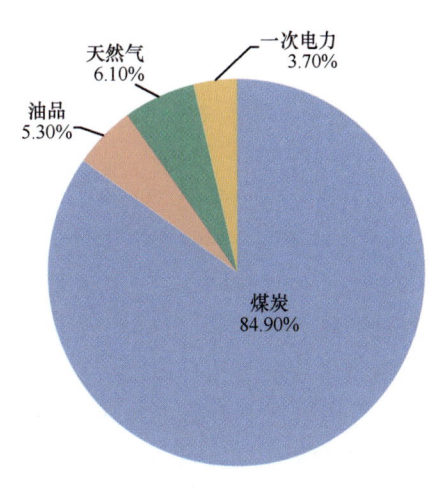

图 6-3　2020 年聊城市能源消费结构

6.1.3　自然资源特征

聊城市的水资源分当地水资源和客水资源两类。当地水资源深受大气降水的影响，水资源总量为 11.9 亿 m^3，可利用量为 8.39 亿 m^3，平均地表水资源量为 2.67 亿 m^3，地下水资源量为 9.71 亿 m^3，可开采量为 7.50 亿 m^3；聊城市的主要客水资源为黄河水，年引黄河水指标为 7.92 亿 m^3，但黄河水存在着时空分布不均匀的现象，即汛期出现在每年的 6~9 月，占年径流量的 85.00%，水资源从东部至西部递减，易带来水资源紧缺或洪涝等自然灾害。黄河在聊城市多次泛滥，使得泥沙在此堆积，洪积物、冲积物覆盖厚度经长期积累，已达数百米，且成土母质多为黄土高原的土壤，具有一定肥力，致使垦殖率较高，耕地数量较多[①]。2022 年聊城市统计年鉴显示，2020 年全市辖区总面积为 862805.10hm^2，其中耕地为 510921.7hm^2，园地为 18536.90hm^2，林地为 85609.30hm^2，草地为 1969.80hm^2（聊城市统计局和国家统计局聊城调查队，2022）。但土壤呈中性至微碱性，碳酸钙含量高，有强石灰性反应，施用铵态氮肥易挥发，不适宜喜酸性植物生长；养分自然分解的速度较快，加之人工投入较少，土壤肥力减弱的现象日益显著；渗透性差，盐分难以从土体内排出，易造成土地盐渍化。截至 2020 年年底，聊城市已发现煤、石油、天然气、煤层气、地热等 5 种能源矿产。煤矿主要分布在聊城市的东部及西部，已累计查明煤炭资源量 17.75 亿 t，其中阳谷—茌平煤田，因分布范围广，煤层层

---

① 聊城市水利局. 2022. 聊城市"十四五"水利发展规划. http://slj.liaocheng.gov.cn/zwgk/ghjh/202206/t20220617_3971906.html

数多、厚度大，储量丰富、煤质优良，水文地质条件简单而备受关注；石油、天然气等资源分布在莘县、高唐县的大部，东昌府区、临清市的中部，茌平县的西部和冠县的东部；聊城市地热资源分布广且稳定，易于开发利用，是山东省地热资源富集区之一[①]。

6.2 数据来源与样本特征

6.2.1 数据来源

问卷调查工作于 2022 年 8 月至 2022 年 12 月进行，受疫情影响，问卷在线上进行发放，最终通过扩展扩散等方式共在聊城市的 8 个区/县收集到 185 份线上问卷，其中有效问卷 184 份，有效率达 99.46%。依据聊城市第七次全国人口普查结果，对各区/县的问卷进行整理，其中东昌府区的 35 组数据为 107 组内的随机选择结果，冠县、莘县则采用众数、平均数等方法各自补进 4 组和 8 组样本，最终采用 274 份问卷，符合 Scheaffer 等（2006）的抽样标准。市域中心、市域副中心及县域中心的样本分别占 36.29%、14.52%，及 49.19%，三大区域的划分参考聊城市"十四五"规划，符合聊城市第七次全国人口普查结果和 POI 城市空间结构特征（图 6-4）。半结构式访谈工作则于 2023 年 2 月 20 日至 2023 年 2 月 22 日进行。

6.2.2 样本特征

从个体特征来看（表 6-1），受访者中男性占 37.68%，女性占 62.32%，相较于男性，女性对家庭能源消费的了解更为细致、全面；年龄在 18~69 岁之间的受访者占 99.64%，其中 18~45 岁年龄段和 46~69 岁年龄段的受访者分别占 46.74%、52.90%；在聊城市居住 5 年以上的受访者占 74.64%，平均居住 16 年，对此类受访者进行调研具有代表性；受教育程度主要以本科/大专为主，占 54.71%，完成九年义务教育的受访者占 97.82%；受访者的职业类型较为分散，其中政府/国家公务员、办公室职员、普通工人、退休及自由职业者的占比较高，由高至低分别为 17.39%、15.22%、14.49%、10.87% 及 10.87%。从家庭特征来看，受访者的家庭常住人口以 3 人为主，占 44.20%；家庭的劳动人口以 2 人为主，占 66.30%；家庭年总收入在 10 万元以下的占 41.30%，在 10 万~20 万元的占 48.91%，在 20 万元以上的占 9.79%，人均年收入 3.89 万元，基本符合城镇居民可支配收入情况（聊城市统计局和国家统计局聊城调查队，2022）。从住房特征来看，受访者所在的家庭居住的小区规模以小型为主（1000 户以下），占 55.80%；家庭的住房面积以 100m² 以上为主，占 63.41%；家庭居住房屋的建筑时间以 10~20 年为主，占 35.51%（表 6-1）。

[①] 聊城市自然资源和规划局. 2023. 聊城市矿产资源总体规划（2021—2025 年）. http://zrzyghj.liaocheng.gov.cn/zwgk/gkml/zcjd/202303/t20230317_4266664.html

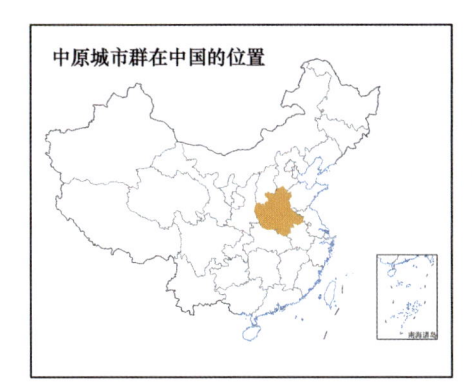

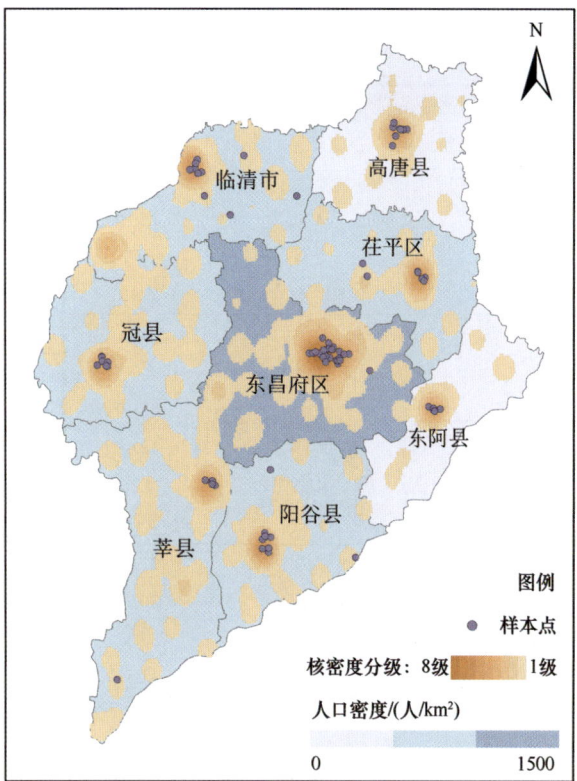

图 6-4　聊城市城镇地区人口密度与样本分布图

表 6-1　聊城市有效样本人口学特征表

类别	变量	比例/%	类别	变量	比例/%
性别	男	37.68	受教育程度	高中/中专	27.17
	女	62.32		本科/大专	54.71
年龄/岁	18 以下	0.36		研究生及以上	3.62
	18~45	46.74	职业	政府/国家公务员	17.39
	46~69	52.90		办公室职员	15.22
	69 以上	0.00		高级管理层	0.36
居住年份/年	6 以下	25.36		科技卫技术人员	6.88
	6~10	22.83		普通工人	14.49
	11~15	10.14		普通管理层	5.43
	16~20	17.39		企业业主	1.09
	21~25	4.71		军队/警察	2.54
	26~30	4.71		学生	1.09
	30 以上	14.86		退休	10.87
受教育程度	没上过学	0.72		自由职业者	10.87
	小学	1.45		没有职业	2.54
	初中	12.32		其他	11.23

续表

类别	变量	比例/%	类别	变量	比例/%
常住人口数/人	1	1.09	家庭年总收入/万元	21~25	2.90
	2	20.65		26~30	3.99
	3	44.20		30 以上	2.90
	4	22.10	小区规模/户	小型（1000 以下）	55.80
	5	6.52		中型（1000~3000）	28.26
	5 以上	5.43		大型（3000 以上）	6.52
劳动力人口数/人	0	1.09		不清楚	9.42
	1	8.70	住房面积/m²	50 以下	4.71
	2	66.30		50~70	2.90
	3	18.48		71~100	28.99
	4	4.35		100 以上	63.41
	5	1.09	楼龄/年	6 以下	14.86
家庭年总收入/万元	6 以内	21.01		6~10	26.81
	6~10	20.29		11~20	35.51
	11~15	37.32		20 以上	13.41
	16~20	11.59		不清楚	9.42

6.3 家庭能源消费数量与结构

6.3.1 家庭能源消费总体情况

聊城市家庭室内人均能源消费量为 437.16kgce/a，其中市域中心、市域副中心以及县域中心的家庭室内人均能源消费量分别为 435.17kgce/a、439.90kgce/a、438.78kgce/a，即市域副中心＞县域中心＞市域中心。

在能源类型方面，聊城市城镇居民的炊事设备多选择天然气，其人均能源消费量为 95.33kgce/a，占炊事设备的 94.58%；电力及液化石油气的消耗分别占炊事设备能源消耗的 2.93%、2.28%；消耗的煤炭最少，为 0.21kgce/a，占 0.21%。热水器多选择电力，其人均能源消费量为 31.44kgce/a，占热水器的 57.65%；太阳能及液化石油气的消耗分别占热水器能源消耗的 32.12%、10.23%。家用电器及照明设备均使用电力，人均能源消费量分别为 10.10kgce/a、10.24kgce/a；聊城市城镇家庭采暖，需要使用煤炭对水进行加热，人均能源消费为 261.49kgce/a。总体而言，因冬季供暖需求，煤炭在各类能源中消耗最多（图 6-5），为 261.67kgce/a，占聊城市城镇家庭室内年人均能源消费总量的 59.86%；天然气、电力消耗适中，分别为 95.33kgce/a、54.73kgce/a，占 21.81%、12.52%；太阳能、液化石油气消耗最少，分别为 17.52kgce/a、7.88kgce/a，占 4.01%、1.80%（图 6-5，表 6-2）。

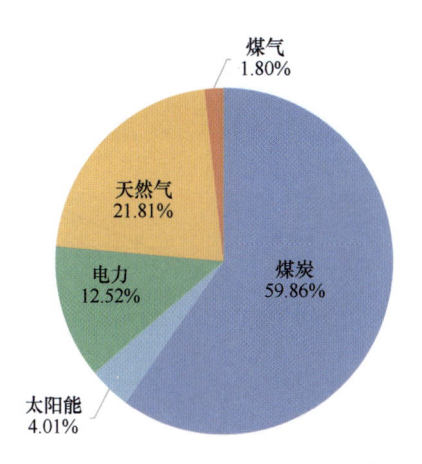

图 6-5 聊城市家庭能源类型结构

表 6-2 聊城市家庭能源消费用途及占比

能源用途		人均用能/(kgce/a)	年人均占比/%	电力/%	天然气/%	液化石油气/%	煤炭/%	太阳能/%
炊事设备		100.80	23.06	2.93	94.58	2.28	0.21	—
家用电器	冰箱	6.35	1.45	100.00	—	—	—	—
	洗衣机	1.26	0.29	100.00	—	—	—	—
	电视机	2.49	0.57	100.00	—	—	—	—
采暖设备		261.49	59.82	—	—	—	100.00	—
照明设备		10.24	2.34	100.00	—	—	—	—
热水器		54.54	12.48	57.65	—	10.23	—	32.12
总计		437.16	100.00	12.52	21.81	1.80	59.86	4.01

注：因数值修约表中个别数据略有误差。

在能源用途方面，采暖设备及炊事设备是聊城市城镇家庭室内年人均能源消费的主体部分。其中，采暖设备消耗最多，为 261.49kgce/a，占室内人均能源消费总量的 59.82%，这与聊城市城镇家庭集中供暖时间较长（131 天）有着很大的关联；其次，因城镇住房有着完整的天然气管道，家用炊事设备以天然气管道气灶为主，炊事设备占城镇家庭室内年人均能源消费总量的 23.06%，为 100.80kgce/a；以电或太阳能为能源的热水器，占热水器总量的 96.96%，因此热水器的人均能源消费量不高，为 54.54kgce/a，占 12.48%；照明设备及家用电器的能源种类均为电力，因此人均能源消费量较低，分别为 10.24kgce/a、10.10kgce/a，占比 2.34%、2.31%，其中冰箱因使用时间较长，人均能源消费占总量的 1.45%，电视机、洗衣机则分别占 0.57% 及 0.29%（图 6-6）。

6.3.2 家庭能源消费分区域情况

分区域来看能源消费的用途，无论是市域中心、市域副中心还是县域中心，家庭室内能源消费的主要用途均体现在采暖设备上，分别为 277.73kgce/a、264.01kgce/a、

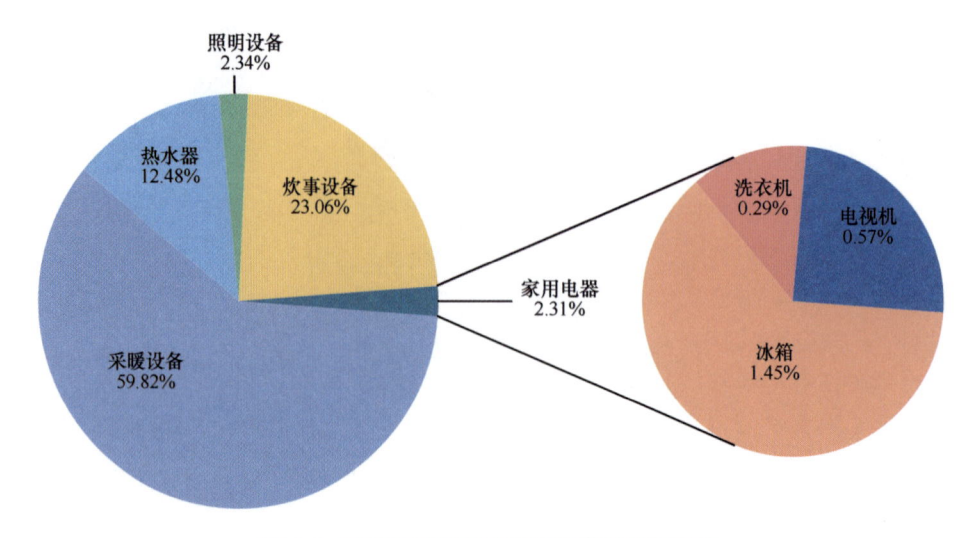

图 6-6　聊城市城镇家庭能源消费结构与用途

241.81kgce/a，实地调查发现，造成此现象的原因在于，各分区的家庭多选用集中供暖，且全市的集中供暖时间较长，超过全年的1/3；市域中心和县域中心的照明设备在室内耗能设备中消耗最少，分别为9.21kgce/a、9.45kgce/a，市域副中心的家用电器在家庭室内年人均能源消费量中消耗最少，为10.00kgce/a。

炊事设备在县域中心消耗的能源最多，为 110.14kgce/a，在市域中心消耗的最少，为 92.08kgce/a；家用电器在市域中心消耗的能源最多，为 10.65kgce/a，在县域中心消耗的最少，为 9.47kgce/a；市域中心的家庭规模较小，使得采暖设备在市域中心消耗的人均能源最多，为 277.73kgce/a，相类似地，在县域中心消耗得最少，为 241.81kgce/a；照明设备在市域副中心消耗的能源最多，为 17.83kgce/a，在市域中心消耗的最少，为 9.21kgce/a；县域中心家用设备的更新速度较慢，热水器的节能性普遍较差，加之人口规模较大，能耗最多，为 67.89kgce/a，热水器在市域副中心消耗得最少，为 44.00kgce/a（表 6-3）。

表 6-3　聊城市各中心城镇家庭能源用途人均基本情况　　　　　　　　　单位：kgce/a

中心	炊事设备	家用电器	采暖设备	照明设备	热水器	总计
聊城市	100.80	10.10	261.49	10.24	54.54	437.16
市域中心	92.08	10.65	277.73	9.21	45.50	435.17
市域副中心	104.05	10.00	264.01	17.83	44.00	439.90
县域中心	110.14	9.47	241.81	9.45	67.89	438.78

注：因数值修约表中个别数据略有误差。

6.3.3　家庭能源消费物质流分析

随着人们对经济发展成效的衡量标准从生产和消费转变为总资本存量的性质、程度、质量和复杂性,对社会系统的关注点也从能量转换效率转移至物质的再循环。之后,诸多学者针对经济活动的物质流分析构建了多种分析框架,界定了相关研究范围,明确了投入产出的物质关联(Fischer-Kowalski,1998)。基于此,研究通过绘制能源物质流,试图从家庭能源消费来源–用途–废弃形态全流程刻画其动态变化过程,同时为进一步判断家庭年人均收入和家庭室内年能源消费量之间的关系,研究将样本中的家庭年总收入同《聊城市统计年鉴》相结合,分为低收入、中低收入、中等收入、中高收入、高收入等五类家庭(表6-4),计算低收入、中等收入及高收入家庭的年平均能源消费量,选取三类当中与平均结果最为相似的家庭,构建典型家庭能源消费物质流模型,并使用e!Sankey 软件进行能源物质流图的绘制。

表6-4 聊城市城镇家庭收入分组情况

指标	收入分组				
	低收入	中低收入	中等收入	中高收入	高收入
家庭人均年收入/元	9986	18700	26733	39932	98229
家庭规模/人	3.64	3.68	3.40	3.20	2.96
劳动力人数/人	1.96	2.36	2.08	2.52	2.29
受访者年龄/岁	39.16	40.16	44.44	16.36	45.67

家庭 A 属于低收入组,常住人口 6 人,劳动力人数 4 人,受访者年龄为 34 岁,已在该地居住 7 年,大专学历,住房面积 70~100m^2,家庭年总收入 8 万元,家庭室内能源消费量 1244.6kgce/a。该家庭室内所用能源种类有 3 种,分别是天然气、煤炭及电能。其中天然气的消费量占家庭室内能源总消费的 21.40%,且均用于炊事;煤炭的消费量占家庭室内能源总消费的 63.90%,且均用于集中供暖;电力的消费量占家庭室内能源总消费的 14.70%,像热水器、照明设备及洗衣机这类受居住人口影响明显的设备,均占比较多,依次为 48.20%、24.90%及 13.80%,除此之外,电视机占 5.40%,冰箱占 7.70%(图6-7)。

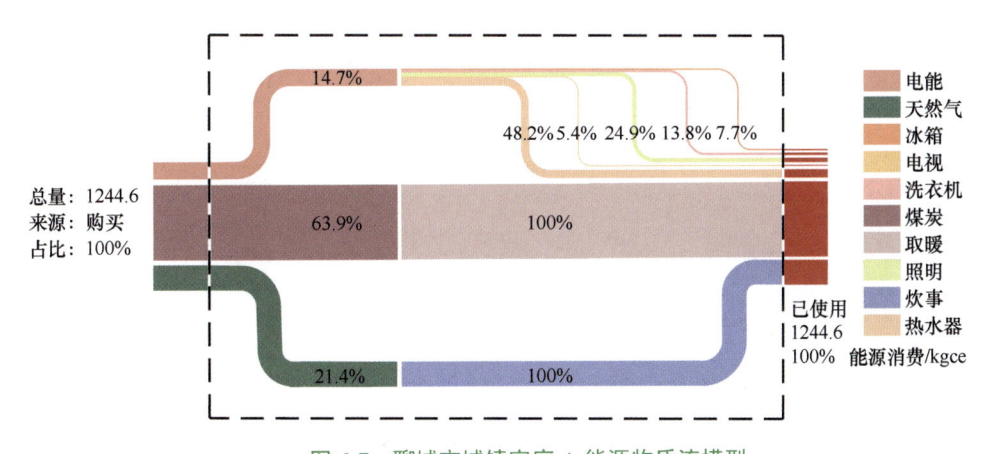

图 6-7 聊城市城镇家庭 A 能源物质流模型

家庭 B 属于中收入组，常住人口 3 人，劳动力人数 1 人，受访者年龄为 50 岁，已在该地居住 7 年，高中/中专学历，住房面积 100m^2 以上，家庭年总收入 10 万元，家庭室内能源消费量 1390.0kgce/a。该家庭室内所用能源包括天然气、煤炭及电能。其中天然气均用于炊事设备，消费量占家庭室内能源总消费的 28.70%；煤炭均用于集中供暖，消费量占家庭室内能源总消费的 67.30%；电力的消费量仅占家庭室内能源总消费的 4.00%，照明设备占比最多为 32.70%，其次是冰箱占 31.90%，电视机、热水器占比较少，分别为 17.90%、11.60%，洗衣机占比最少为 5.90%（图 6-8）。

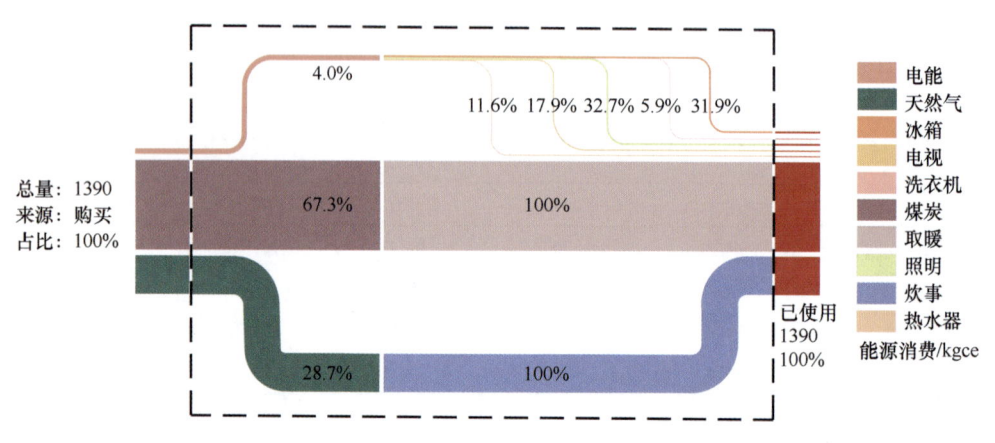

图 6-8 聊城市城镇家庭 B 能源物质流模型

家庭 C 属于高收入组，常住人口 3 人，劳动力人数 2 人，受访者年龄为 49 岁，已在该地居住 6 年，本科学历，住房面积 100m^2 以上，家庭年总收入 16 万元，家庭室内能源消费量 1454.50kgce/a。天然气、煤炭及电能为该家庭室内所用的能源，炊事是该家庭唯一使用天然气的设备，占家庭室内能源总消费的 27.40%；煤炭均使用于集中供暖，占家庭室内能源总消费的 64.30%；电力的消费量占家庭室内能源总消费的 8.20%，热水器占比最多达 56.50%，其次是照明设备及冰箱，分别占 19.70%、17.10%，洗衣机占比较少为 5.40%，电视机占比最少仅为 1.30%（图 6-9）。

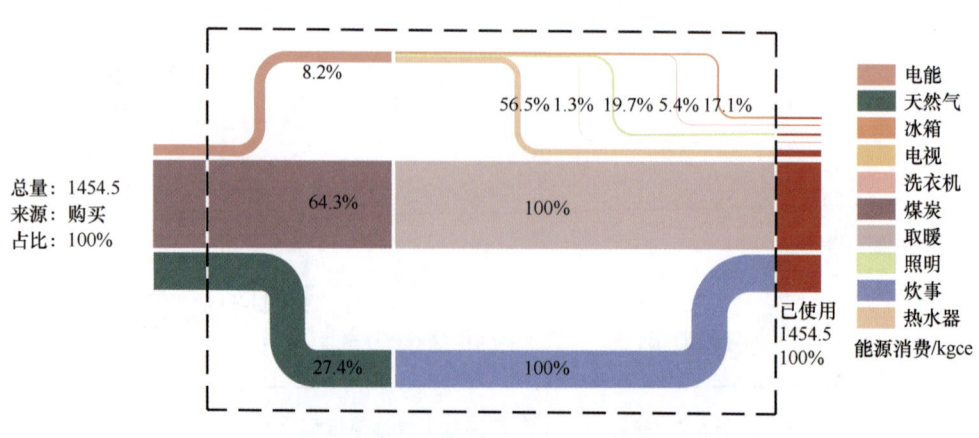

图 6-9 聊城市城镇家庭 C 能源物质流模型

综上所述，家庭人均年收入同家庭室内能源消费量之间呈正相关，即随着家庭人均年收入的增多，家庭的室内能源消费量也会增加。具体来看，家庭人均年收入越多，房屋面积越大，所消耗的能源就越多；冰箱作为家庭固定能源消费设备，其能源消费量不会随着家庭人均年收入的增加而增加；洗衣机及照明设备的能源消费量随人口数的增长而增加；电视机及热水器的能源消费量取决于生活方式。

6.4 家庭能源消费碳排放空间特征

6.4.1 家庭能源消费碳排放

聊城市城镇人均家庭能源消费碳排放量为1765.66kg/a，其中室内人均碳排放量为1412.13kg/a，室外为353.53kg/a。在室内，县域中心的年人均碳排放量最多，为1432.10kg/a，市域中心最少，为1394.18kg/a；在室外，市域副中心的年人均碳排放量最多，为752.44kg/a，县域中心依旧最少，为245.11kg/a（图6-10）。

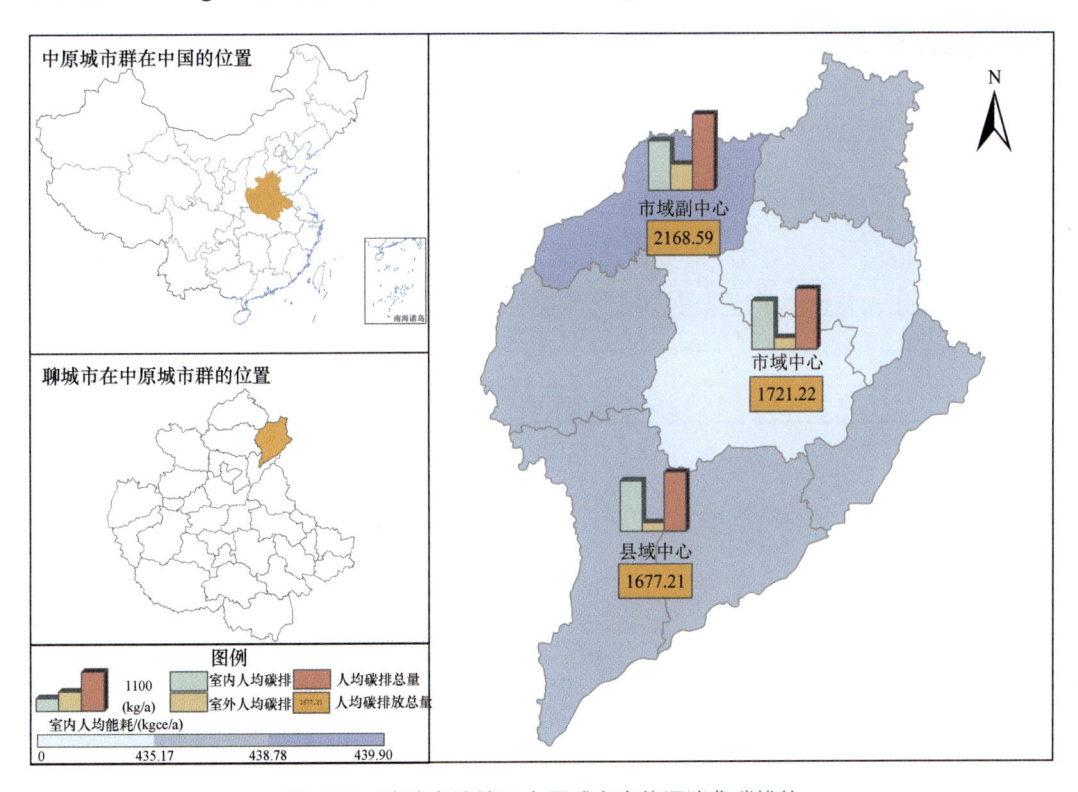

图 6-10 聊城市城镇三大区域家庭能源消费碳排放

6.4.2 室内家庭能源消费碳排放

根据实地调查及计算结果可得，聊城市城镇居民炊事设备的碳排放量有90.25%来自天然气的使用，人均为224.43kg/a；电力的人均碳排放为22.62kg/a，占炊事设备人均碳排放的9.10%；液化石油气和煤炭的碳排放分别为1.09kg/a和0.54kg/a，占0.44%、0.22%。热水器的碳排放量有96.27%来自电力的使用，为328.81kg/a；液化石油气的碳排放为12.75kg/a，占热水器碳排放的3.73%。整体来看，煤炭产生的碳排放量在聊城市城镇家庭室内能源消费中最多，为666.59kg/a，占人均碳排放总量的47.20%，其次电力、天然气以及液化石油气分别占35.92%、15.89%、0.98%，人均碳排放量分别为507.27kg/a、224.43kg/a、13.85kg/a（表6-5）。在家用设备使用方面，采暖设备产生的人均能源碳排放总量中占比最多，达47.17%，为666.05kg/a，其中调研发现，部分小区由于集中供暖温度不能满足居民需求，居民选择了自采暖的方式；其次为热水器产生的碳排放量为341.56kg/a，占24.19%；炊事设备产生的碳排放量为248.68kg/a，占17.61%；照明设备及家用电器，依旧占比较低，分别为5.56%、5.48%，人均碳排放量分为78.46kg/a、77.38kg/a，其中，冰箱、电视机及洗衣机的人均碳排放量分别占室内人均能源碳排放总量的3.44%、1.35%及0.69%（图6-11）。

表6-5 各类能源在聊城市城镇家庭中的碳排放情况

能源用途		人均用能/（kg/a）	年人均占比/%	电力/%	天然气/%	液化石油气/%	煤炭/%
炊事设备		248.68	17.61	9.10	90.25	0.44	0.22
家用电器	冰箱	48.65	3.44	100.00	—	—	—
	洗衣机	9.67	0.69	100.00	—	—	—
	电视机	19.06	1.35	100.00	—	—	—
采暖设备		666.05	47.17	—	—	—	100.00
照明设备		78.46	5.56	100.00	—	—	—
热水器		341.56	24.19	96.27	—	3.73	—
总计		1412.13	100.00	35.92	15.89	0.98	47.20

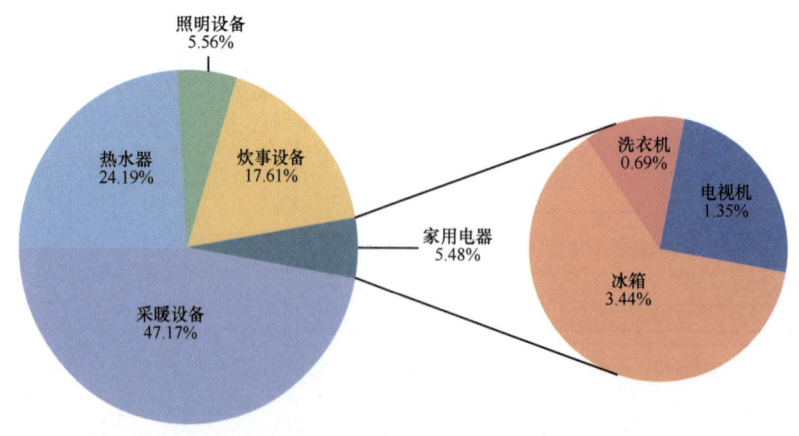

图6-11 聊城市城镇家庭室内各用途的能源碳排放占比情况

注：因数值修约图中个别数据略有误差

在各分区家用设备的使用方面，采暖设备在各中心的家庭室内年人均能源消费碳排放量中均排放最多，市域中心、市域副中心及县域中心分别为707.41kg/a、672.46kg/a、615.93kg/a；市域中心的照明设备排放最少，为70.58kg/a，市域副中心的家用电器在家庭室内年人均能源消费碳排放量中排放最少，为76.65kg/a。聊城市县域中心、市域副中心、市域中心的城镇家庭室内人均能源碳排放量存在一定差异。炊事设备在县域中心的碳排放量最多，为270.39kg/a，在市域中心最少，为228.95kg/a；家用电器在市域中心的碳排放量最多，为81.62kg/a，在县域中心最少，为72.61kg/a；采暖设备在市域中心的碳排放量最多，为707.41kg/a，在县域中心最少，为615.93kg/a；照明设备在市域副中心的碳排放量最多，为136.66kg/a，在市域中心最少，为70.58kg/a；热水器在县域中心的碳排放量最多，为400.72kg/a，在市域副中心最少，为276.34kg/a（表6-6）。

表6-6 聊城市各中心家庭室内设备能源消费碳排放情况　　单位：kg/a

中心	炊事设备	家用电器	采暖设备	照明设备	热水器	总计
聊城市	248.68	77.38	666.05	78.46	341.56	1412.13
市域中心	228.95	81.62	707.41	70.58	305.63	1394.18
市域副中心	254.04	76.65	672.46	136.66	276.34	1416.15
县域中心	270.39	72.61	615.93	72.45	400.72	1432.10

6.4.3　交通能源消费碳排放

市域副中心的家庭交通年人均能源消费碳排放量最多，为752.44kg/a，县域中心最少，为245.11kg/a。市域副中心的高值源于休闲娱乐及社交出行方式的选择，即私家小轿车被选的可能性分别达99.28%、96.14%，明显高于其余两中心；县域中心的低值主要体现在日常通勤，其出行方式的结构明显优于其他两中心，即选择步行、公共交通、电瓶车、共享单车作为出行方式的比例占日常通勤的72.54%（表6-7）。

表6-7 聊城市城镇家庭交通能源消费碳排放基本情况

出行目的	聊城市		市域中心		市域副中心		县域中心	
	年人均碳排放量/kg	占比/%	年人均碳排放量/kg	占比/%	年人均碳排放量/kg	占比/%	年人均碳排放量/kg	占比/%
日常通勤	114.56	32.41	160.44	49.06	154.67	20.56	71.15	29.03
日常购物	34.19	9.67	28.42	8.69	57.45	7.64	30.69	12.52
休闲娱乐	105.65	29.89	78.33	23.95	297.31	39.51	63.34	25.84
社交	99.13	28.04	59.86	18.30	243.00	32.30	79.93	32.61
总计	353.53	100.00	327.04	100.00	752.44	100.00	245.11	100.00

注：因数值修约表中个别数据略有误差。

聊城市城镇居民的日常购物的户均距离为2.12km，同其他类别相比，明显较短，加之出行方式的结构趋于清洁能源，所产生的碳排放量最少，仅占交通碳排的9.67%，为34.19kg/a；同理日常通勤在交通方面产生的碳排放量最多，占32.41%，为114.56kg/a。

但市域副中心及县域中心的休闲娱乐、社交所产生的交通碳排放量占比要明显高于市域中心,主要原因在于市域副中心及县域中心的居民会不定时地前往市域中心进行消费。在交通工具方面,聊城市城镇居民出行选择电瓶车的概率最大(49.30%),其中电瓶车在日常通勤、日常购物、休闲娱乐及社交中被选的概率分别占 47.78%、54.70%、46.84%及 49.30%;受经济条件的限制,网约车及出租车被选择的概率最小,分别为 1.30%、0.50%;公共交通及共享单车被选的概率也较低,分别为 4.74%、2.79%;私家小轿车、步行,被选择的概率则分别为 24.48%、16.89%。

6.4.4 家庭能源消费碳排放量空间自相关

1. 家庭能耗碳排放全局差异分析

对聊城市城镇家庭室内、室外年人均能源消费碳排放进行莫兰指数(Moran's I)的计算,并将结果带入标准化统计量 Z 中进行检验。结果表明聊城市城镇家庭交通年人均碳排放的莫兰指数大于 0,且 Z 值大于 95%置信区间的临界值(表 6-8),即聊城市城镇家庭交通年人均碳排放的量不是随机分布的,而是高值向高值聚集或低值向低值聚集。随后再通过 G 统计量的计算,得出全局 G 统计量的值大于其期望值,且在置信水平 95%的区间上显著,说明聊城市城镇家庭交通年人均碳排放存在着高观测值聚集的现象。

表 6-8 聊城市城镇家庭交通年人均碳排放的 Moran's I 和 General G

Moran's I	$Z(I)$	$P(I)$	$G(d)$	$E(d)$	$Z(d)$	$P(d)$
0.17	2.50	0.01	0.01	0.01	2.08	0.04

2. 家庭能耗碳排放局部差异分析

根据图 6-12 可得,从局部图来看聊城市城镇家庭交通年人均碳排放的低低(LL)聚集较为明显,市域中心和县域中心的冠县、莘县及东阿县都出现了此类聚集。其中市域中心是因为该片区的居民选择步行或共享单车作为出行方式的比例达 25.3%,在各中心中占比最多,出行方式结构也优于其他两中心。调研发现,东昌府区出行方式的选择是受节能意识的影响,而茌平区出行方式的选择是受本地高污染企业的影响,因为居民感受到了明显空气污染,为了改善生活环境或不进一步加剧空气污染,更侧重于绿色出行方式,"谁都想尽可能地生活在一个干净、健康的环境里嘛"①。县域中心低低聚集和人均可支配收入之间存在一定的关系,例如东阿县因城镇居民可支配收入在全市位于末位,私家车拥有率较低,导致该县居民出行选择电瓶车或步行出行的比例高达 95.31%,从而使得其年人均交通能源消费碳排放量较低。高高(HH)聚集仅出现在市域副中心,这同市域副中心的居民选择私家小轿车作为出行方式的比例大于其他地区以及该片区平均出行距离较远有着很大的关联。除此之外高低(HL)聚集出现在了县域中心的冠

---

①受访者原话

县，低高（LH）聚集则出现在了市域副中心和县域中心的高唐。

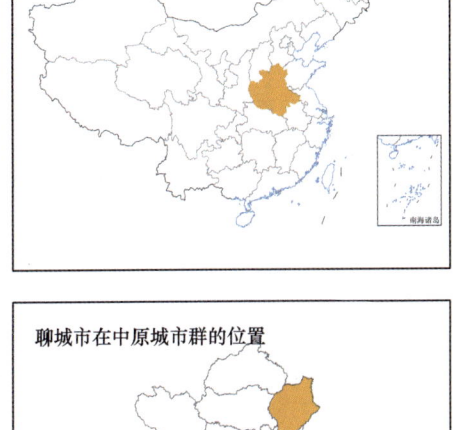

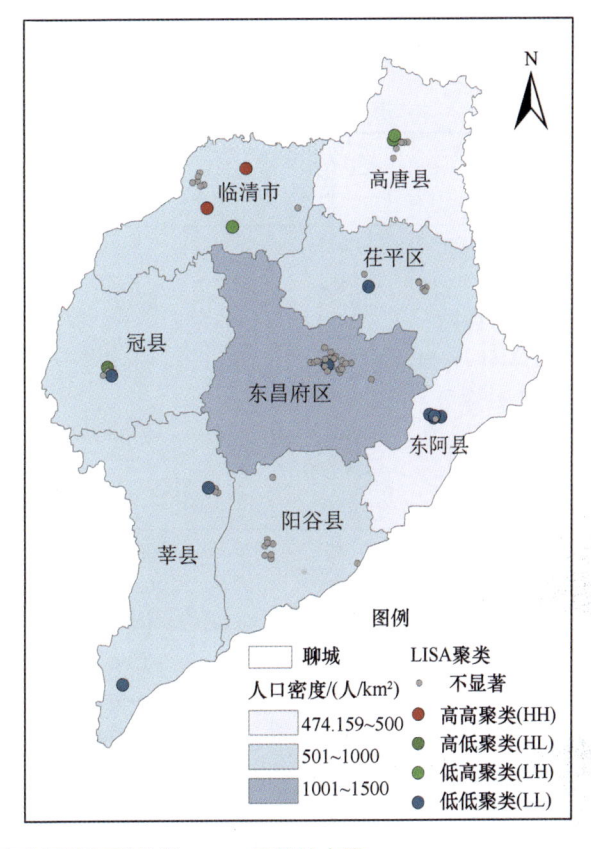

图 6-12　聊城市城镇家庭交通能源碳排放 LISA 显著性水平

6.5　家庭能源消费驱动机制分析

指标选取及理论基础参考第 4 章东部沿海城镇广州市的家庭能源消费驱动机制，基于构建 OLS 模型，判断各类因素对聊城市城镇家庭年人均能源消费量的影响程度。结果显示，受教育年限与家庭年人均能源消费量之间呈负相关，即被访者的受教育年限每增加 1 年，该家庭的人均能源消费量减少 12.36kgce/a。该现象在县域中心最为明显，但在市域副中心却呈现出相反的情况，这与中心的整体教育水平有着一定关系：市域中心、市域副中心及县域中心 15 岁及以上人口平均受教育年限分别为 9.97 年、8.95 年及 8.93 年，县域中心教育水平最低，因此受教育年限的增加会明显减少家庭能源的使用（表 6-9）。基于此，添加家庭劳动力人口、家庭常住人口及家庭劳动力占比，进行第 2 步回归模型的构建。受教育年限同家庭年人均能源消费量之间仍呈负相关，但影响程度减弱，在其他变量不变的前提条件下，被访者受教育年限每增加 1 年，其人均家庭能源消费量便减少 1.05kgce/a。此外，家庭年人均能源消费量随劳动力人口增加而减少；随常住人口的增加而增加，但在市域中心和市域副中心，常住人口同家庭年人均能源消费量呈负相关，一方面是因为家庭能源消费主体来自集中供暖，常住人口越多，人均用能就越少；另一方面是因为市域中心及市域副中心的教育水平较高，且日常家用设备以电力为主，日常居家人员对能源消费需求并不强烈。

表6-9 聊城市人均家庭能源消费量差异影响因素的描述统计分析

	变量定义	受教育年限/年	家庭劳动力人口/人	家庭常住人口/人	家庭劳动力占比/%	家庭年收入对数	住房面积/m²	楼龄/年	cons
模型1	聊城市*	−12.355	—	—	—	—	—	—	623.599
	(3.434, 0.066)	(−1.853)	—	—	—	—	—	—	(6.672)
	市域中心	−3.215	—	—	—	—	—	—	503.628
	(0.101, 0.752)	(−0.318)	—	—	—	—	—	—	(3.517)
	市域副中心	4.383	—	—	—	—	—	—	373.855
	(0.091, 0.766)	(0.302)	—	—	—	—	—	—	(2.222)
	县域中心	−38.753	—	—	—	—	—	—	1015.807
	(10.468, 0.002)	(−3.235)	—	—	—	—	—	—	(5.826)
模型2	聊城市**	−1.046	−215.788	24.702	760.668	—	—	—	350.514
	(24.121, 0.000)	(−0.195)	(−2.946)	(0.501)	(3.186)	—	—	—	(1.780)
	市域中心	2.581	−46.505	−100.560	141.917	—	—	—	747.540
	(8.923, 0.000)	(0.334)	(−0.448)	(−1.395)	(0.432)	—	—	—	(2.919)
	市域副中心	10.195	−150.767	−20.079	529.913	—	—	—	397.029
	(3.544, 0.036)	(0.877)	(−1.192)	(−0.231)	(1.113)	—	—	—	(1.053)
	县域中心	−1.659	−476.895	210.876	1664.245	—	—	—	−318.353
	(13.271, 0.000)	(−0.139)	(−2.850)	(1.893)	(3.027)	—	—	—	(−0.646)
模型3	聊城市**	−0.971	−219.223	25.866	765.927	9.502	—	—	241.316
	(19.222, 0.000)	(−0.181)	(−2.970)	(0.522)	(3.195)	(0.491)	—	—	(0.812)
	市域中心	2.581	−46.505	−100.567	141.913	0.019	—	—	747.352
	(6.960, 0.000)	(0.329)	(−0.443)	(−1.368)	(0.426)	(0.001)	—	—	(2.076)
	市域副中心	13.025	−168.932	−35.069	488.071	101.273	—	—	−676.316
	(3.875, 0.025)	(1.190)	(−1.429)	(−0.431)	(1.100)	(1.734)	—	—	(−0.951)
	县域中心	−2.011	−480.375	213.158	1662.537	13.734	—	—	−466.282
	(10.484, 0.000)	(−0.167)	(−2.845)	(1.897)	(3.001)	(0.383)	—	—	(−0.741)
模型4	聊城市**	−4.696	−197.055	16.347	723.783	−10.126	4.452	−0.532	119.363
	(16.246, 0.000)	(−0.875)	(−2.752)	(0.341)	(3.122)	(−0.512)	(3.254)	(−0.182)	(0.403)
	市域中心	−5.399	−68.819	−67.529	239.703	−24.155	6.504	2.376	376.106
	(8.542, 0.000)	(−0.746)	(−0.748)	(−1.041)	(0.821)	(−1.036)	(3.659)	(0.647)	(1.108)
	市域副中心	10.816	−134.107	−46.250	418.998	84.165	2.110	0.167	−644.474
	(2.383, 0.103)	(0.654)	(−0.896)	(−0.494)	(0.829)	(1.092)	(0.442)	(0.015)	(−0.725)
	县域中心	1.282	−552.176	253.710	1890.386	−10.425	3.827	−6.448	−659.587
	(8.380, 0.000)	(0.104)	(−3.192)	(2.219)	(3.342)	(−0.280)	(1.701)	(−1.292)	(−1.056)

注：在变量定义中，括号里左侧的数字代表F值，右侧代表P值；其余列中的括号值代表t值，特此说明。

将家庭年收入带入模型 3，此时受访者教育年限每增加 1 年，所对应的人均家庭能源消费量便减少 0.97kgce/a；劳动力人口、家庭常住人口、劳动力占比对家庭年人均能源消费的影响作用不变，且影响程度均加深。家庭年收入和家庭年人均能源消费之间则为正向关系，即在其他变量不变的前提条件下，家庭年收入每增长 1.00%，人均家庭能源消费量便增加 0.91kgce/a，且该现象在市域副中心最为明显。

最后，将住房面积及楼龄带入模型 4，同模型 3 相比，受教育年限、家庭劳动力人口、家庭常住人口以及家庭劳动力占比对受访者的家庭年人均能源消费的影响方向仍未发生改变，但受访者的受教育年限每增加 1 年，其人均家庭能源消费总量减少 4.70kgce/a，即影响程度加深，家庭劳动力人口、家庭常住人口以及家庭劳动力占比的影响程度则减弱；家庭年收入对受访者的家庭年人均能源消费的影响方向发生了改变，即受访者家庭年收入每增长 1.00%，其人均家庭能源消费量便减少 0.53kgce/a。

住房面积同家庭年人均能源消费量呈正相关，楼龄同家庭年人均能源消费量呈负相关，其中县域中心最为明显。实地访谈发现，不少居民在楼龄较长的房屋阳台后搭建小院并种植树木，随着植物生长，居民会砍下生长过于茂盛的树枝，用于烧水、烧烤等简单的炊事活动（图 6-13）；而市域中心和市域副中心之所以会呈现出相反的现象，一是由于创城需求，居委会对业主有着更多限制；二是因为房屋建造时间越长，节能效果越差。

图 6-13　聊城市县域中心一楼居民独立小院（实地调研图）

综上所述，家庭劳动力人口、家庭劳动力占比及住房面积对聊城市城镇人均家庭能源消费的影响较为明显，其中家庭劳动力占比同家庭能源消费呈正相关，根据实地访谈，聊城市城镇家庭中的非劳动力多为老人和孩子，老人常选择乘坐免费的公共交通前往公园等地，孩子则以学习任务为主，即非劳动力单独使用的家庭能源较少；住房面积同家庭能源消费呈正相关，家庭劳动力人口同家庭能源消费呈负相关，受教育年限及家庭年收入的正向影响在市域副中心较为突出；家庭常住人口的负向影响在市域中心及市域副中心明显，正向影响在县域中心明显。

6.6 本章小结

聊城市城镇家庭室内人均能源消费及碳排放分别为 437.16kgce/a 和 1412.13kgce/a。其中，市域中心的人均能源消费为 435.17kgce/a，人均碳排放为 1394.18kg/a，市域副中心的人均能源消费为 439.90kgce/a，人均碳排放为 1416.15kg/a，县域中心的人均能源消费为 438.78kgce/a，人均碳排放为 1432.10kg/a。在能源结构方面，聊城市城镇家庭炊事设备消耗最多的为天然气，为 85.40%，电力及液化石油气的消耗分别占 2.93%、2.28%；绝大多数的采暖设备采用煤炭。因此，集中供暖所采用的煤炭是室内家庭能源消费及碳排放主要来源，各自占 59.86%和 47.20%；其次室内使用电力、天然气、液化石油气及太阳能的比例分别为 12.52%、21.81%、1.80%和 4.01%，其产生的碳排放所占比例分别为 35.92%、15.89%和 0.98%。采暖设备产生的碳排放最高，其次为炊事设备和热水器。

聊城市城镇家庭交通人均能源消费碳排放为 353.53kg/a，其中市域中心为 327.04kg/a；市域副中心的居民在休闲娱乐及社交出行中选择私家小轿车的可能性分别达 36.11%和 44.44%，致使市域副中心的家庭交通人均能源消费碳排放最高；县域中心在日常通勤中选择步行、共享单车等的比例达 72.54%，致使县域中心的家庭交通人均能源消费碳排放最低。居民选择网约车或出租车作为出行方式的概率最低。日常通勤、休闲娱乐及社交所产生的碳排放分别占总量的 32.41%、29.89%及 28.04%。家庭交通年人均碳排放存在着高观测值聚集的现象，家庭交通人均碳排放的低聚集在市域中心和县域中心较为明显；高高聚集则出现在市域副中心。

劳动力占比、住房面积均同家庭室内人均能源消费呈显著的正向关系，家庭劳动力人口同家庭室内人均能源消费呈显著的负向关系。受教育年限及家庭年收入对市域副中心的影响最大。家庭常住人口的增多对市域中心及市域副中心的家庭能源消费带来抑制作用，给县域中心的家庭能源消费带来促进作用。

参 考 文 献

赖建波, 朱军, 郭煜坤, 等. 2023. 中原城市群人口流动空间格局与网络结构韧性分析. 地理与地理信息科学, 39(2): 55-63.

聊城市人民政府. 2023. 聊城市简介. http://www.liaocheng.gov.cn/channel_t_156_11746/doc_639486aff8ab1b32646a023c.html. [2024-04-03].

聊城市统计局, 国家统计局聊城调查队. 2022. 聊城统计年鉴 2022. 北京: 中国统计出版社.

聊城市统计局, 国家统计局聊城调查队. 2023. 聊城统计年鉴 2023. 北京: 中国统计出版社.

中共聊城市委党史研究院 (聊城市地方史志研究院). 2020. 聊城年鉴 2020. 北京: 新华出版社.

朱永明, 贾宗雅. 2022. 城市经济高质量发展的空间联系及其特征研究——以中原城市群为例. 生态经济, 38(12): 82-88.

Fischer-Kowalski M. 1998. Society's metabolism: the intellectual history of materials flow analysis, Part I, 1860-1970. Journal of industrial ecology, 2(1): 61-78.

Scheaffer R L, Mendenhall W, Ott R L. 2006. Elementary Survey Sampling. 6th ed. Boston: Duxbury Press: 126.

第 7 章 西部高原城市西宁市的家庭能源消费及碳排放

西宁市作为推动中国西部地区经济社会发展的重要枢纽，能源供需矛盾已成为制约西宁市人地关系协调发展的重要限制因素，体现在：一方面，西宁市是青海省人口密度最高的地区，2020年常住人口占全省总人口的41%，但总面积仅占全省总面积的1.0%，城镇的人口与自然资源矛盾突出；另一方面，西宁市全域平均海拔3130m，冬季寒冷且低温期较长，居民采暖期长（西宁市统计局，2021）。当前，随着国家兰西城市群建设的逐步深入，西宁市将成为带领周边城镇和都市圈发展的核心驱动力，承载着代表国家西部地区推动能源革命的使命。基于此，本章以西宁市为研究对象，通过大样本微观家庭能源消费调查，总结和分析西宁市社区家庭能源消费特征，揭示高海拔城镇社区家庭能源消费的空间分布规律。考虑到采暖设备能源消费量是北方家庭能源消费的重要组成环节，本节研究着重分析和核算西宁市城镇家庭采暖设备的能源消费量。同时，考虑到西宁市城镇居民生活水平的改善以及居住环境和社会交际空间的扩展，交通用能已经成为居民家庭能源消费的重要组成部分，本章节加入关于交通用能情况，核算了不同出行目的情境下，碳排放量的差异性。

7.1 西宁市区域概况

7.1.1 自然地理特征

青海省地处青藏高原东北部，西北高中间低，地形复杂多样，形成了独具特色的高海拔、高原大陆性气候，日照时间长，空气稀薄，全省平均海拔3000m以上（青海省统计局，2021）。西宁市位于青海省东部，介于$100°52′\sim101°54′E$，$36°13′\sim37°28′N$之间，总面积7660km^2，占全省总面积的1.0%略多，位居全省下辖市、自治州行政单位土地面积的第八位。市区面积476.50km^2，规划建成区面积118km^2。西宁市下辖大通回族土族自治县（简称大通县）、湟源县2个县和城东区、城中区、城西区、城北区、湟中区5个区。西宁市是西部大开发战略实施以来在西部地区城镇化水平提高较快的城镇之一。截至2009年，西宁市总面积7660km^2，市区面积350km^2，其中最多的是农用地，总面积277km^2，占土地总面积79.15%，建设用地169km^2，占土地总面积的4.84%，未利用地561km^2，占土地总面积的16.01%。

西宁市地势西南高、东北低，呈东西狭长带状，市区坐落在四条川、四面环山的西宁盆地。南川河、北川河在市区内汇入湟水，湟水河自西向东流经市区，四周群山环抱，湟水河穿城而过。西宁市市区周围四面环山，坐落于东北-西北、东南-西南的十字河川谷地，地势西南高、东北低，呈现"四山夹三河"的形式分布，即冷龙岭-大通河-达坂山-湟水-拉脊山-黄河谷地-黄河南诸山脉。西宁市市境东连平安、互助两县，西、南两面与湟中县接壤，北抵海晏县、门源县。西宁市地处湟水中游盆地，存在潜在土壤盐渍化现象，也属农牧交错带，生态环境脆弱。西宁市属于典型的大陆性高原半干旱气候，高原高山寒温性气候。西宁市市区平均海拔 2261m（图 7-1），全市年平均气温 5.50℃，最高气温 34.60℃，最低气温零下 18.90℃；西宁市太阳辐射强，光照时间长，光能资源丰富，全市太阳能辐射总量为 5180~6337MJ/m²，夏季总辐射量多达 1816~1889MJ/m²，春季次之为 1693~1746MJ/m²，秋冬季较少为 955.8~1176.6MJ/m²。西宁市年平均日照时数 2510.10h，平均日照率 60.00%左右。年平均降水量 500mm 左右，多集中于夏季，占到全年降水量的 70.00%。全市降水呈明显地带性分布规律，降水空间分布呈由北向南减少趋势，西北部降水较多（西宁市人民政府，2022）。

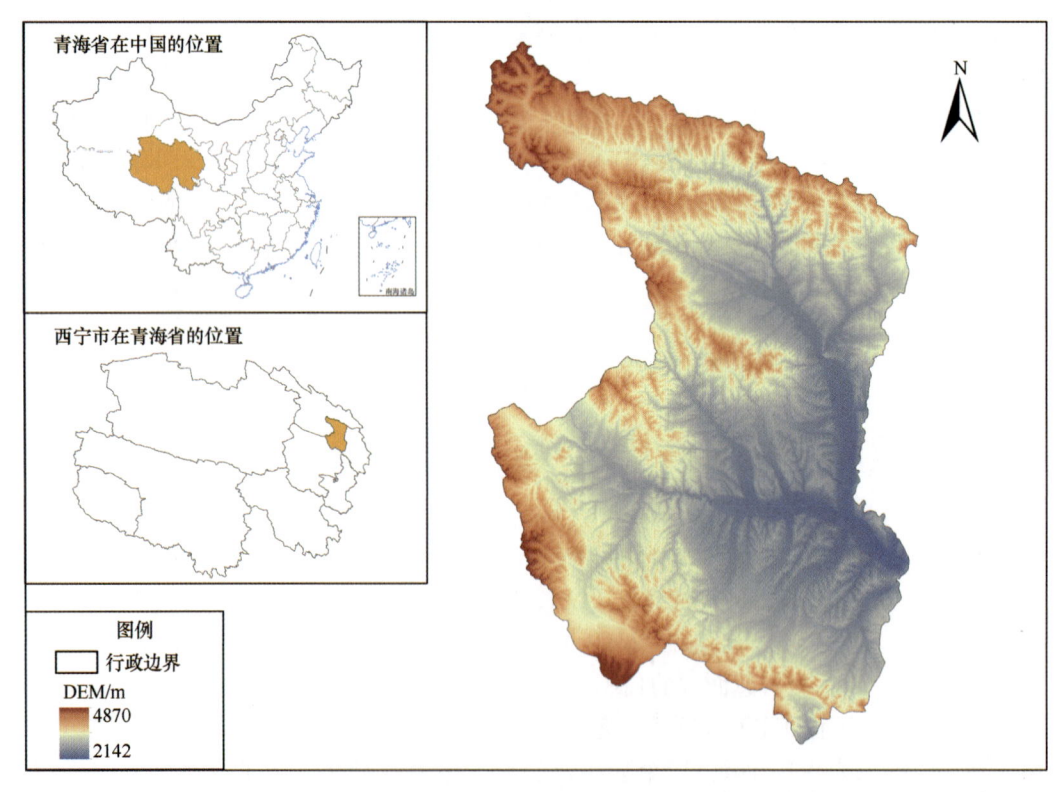

图 7-1 西宁市海拔高程图

西宁市地处湟水及其三条支流的交汇处，湟水及其支流南川河、北川河由西、南、北汇合于市区，向东流经全市。西宁市地表水资源总量 15.0 亿 m³，其中地表水资源量 14.0 亿 m³，地下水资源量 888 亿 m³。全市人均水资源量约 612m³，约占全国和全省人均水资源量的 1/3 和 1/25。全市水资源利用率已达 56%，是青海省水资源开发利用程度最高的地区之一。相对于青海省而言，西宁市的水资源相对充裕。但是，由于西宁市境内河流枯汛期明显、枯水期水量不足，地下水补给量有限，再加上水体污染导致的结构性水资源不足，西宁市的经济发展面临着水资源不足的矛盾。西宁市森林资源多分布在南北两山区域。全市森林面积 24.5 万 hm²，覆盖率为 36.50%。西宁市草地类型有山地草甸类草地、山地灌丛类草地，还有小片的森林草地和高寒沼泽类草地；草地是西宁市各类土地中面积最大的土地类型，集中分布在大通县及市区四邻边缘山区。湿地分布面积小。西宁地区湿地总面积 6214.94hm²，仅占全省湿地总面积的 0.08%。截至目前，西宁市已建国家级湿地公园 1 处，含湿地资源的自然保护区 1 处，省级森林公园 4 处等，2022 年西宁市森林覆盖率提高 0.50 个百分点，新增园林绿地约 66.67hm²。

7.1.2 社会经济特征

2020 年，西宁市地区生产总值为 1372.98 亿元，按可比价计算，同比增长 1.80%。2020 年西宁市城镇人均可支配收入为 36959 元，高于青海省城镇人均可支配收入，占青海全省生产总值的 46.28%。同年，西宁市综合能源消耗量为 982.94Mtce。西宁市总面积 7660km²，下辖 5 个区、2 个县。截至 2020 年年底，全省常住人口达到 592.79 万人，占青海全省人口的 41.68%。其中西宁市常住人口达到 246.96 万人，居住在城镇的人口为 194.06 万人，占总人口的 78.63%（西宁市统计局，2021）。同年，西宁市人口密度 324 人/km²，是全省人口密度最高的地区，其中城东区、城西区、城北区、城中区、湟中区、湟源县、大通县人口密度分别为 4318.51 人/km²、4529.53 人/km²、3222.38 人/km²、2361.44 人/km²、16.13 人/km²、72.96 人/km²、127.67 人/km²（图 7-2）。与第六次全国人口普查时相比，2010~2020 年西宁市人口从农村向城镇集聚，从省内其他市（自治州）向西宁市集聚，使西宁市人口发展呈现出城区人口普涨、县域人口略降的特点（图 7-2）。

2019 年度，全市非工业重点耗能单位能源消费 57.81Mtce，同比下降 2.47%。从能源消费品种来看，电力、柴油消费比上年增长 4.39%、6.72%；汽油、天然气、煤炭消费下降 28.64%、21.80%、19.14%。2020 年一次能源消费总量为 2075Mtce。在能源消费结构中煤炭消费占比 23.59%、非化石能源消费比例为 55.80%、电力占终端能源消费比例 55.80%、清洁能源占比 2.27%。利用光伏发电有 150MW、风电有 15MW、生物质发电有 6MW。总发电量 87.42TWH，全社会用电量 439TWH，单位 GDP 能耗下降 13.50%。2008~2017 年西宁市碳排放呈上升趋势，西宁市碳排放占全省约 50.00%（青海省统计局，2018）（图 7-3）。

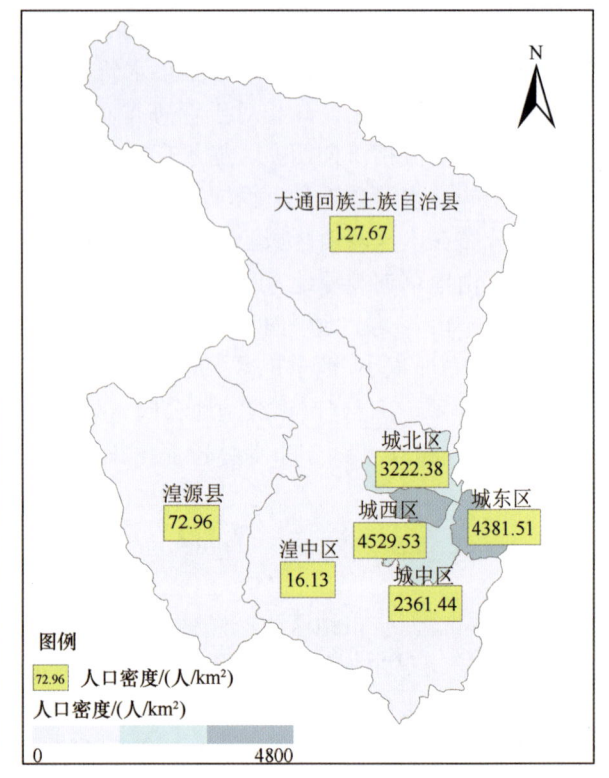

图 7-2　西宁市各县区人口密度图

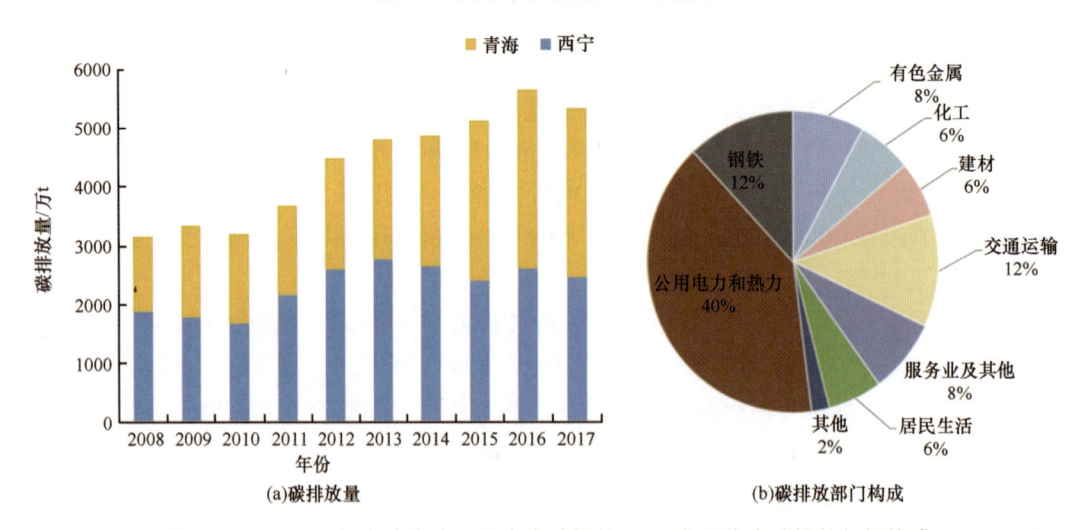

图 7-3　2008~2017 年青海省及西宁市碳排放 2018 年西宁市碳排放部门构成

交通运输方面。截至 2020 年底，西宁市客运量总计 2680.8 万人次，其中铁路 537.6 万人次，公路 1557.00 万人次。2020 年西宁市机动车拥有量（图 7-4），可以看出机动车的拥有量呈正趋向增长，汽车是增长的主要点。以公路作为最主要的交通运输方式，承担了青海省约 85.00%的客运量和 75.00%的货运量（西宁市统计局，2020）。

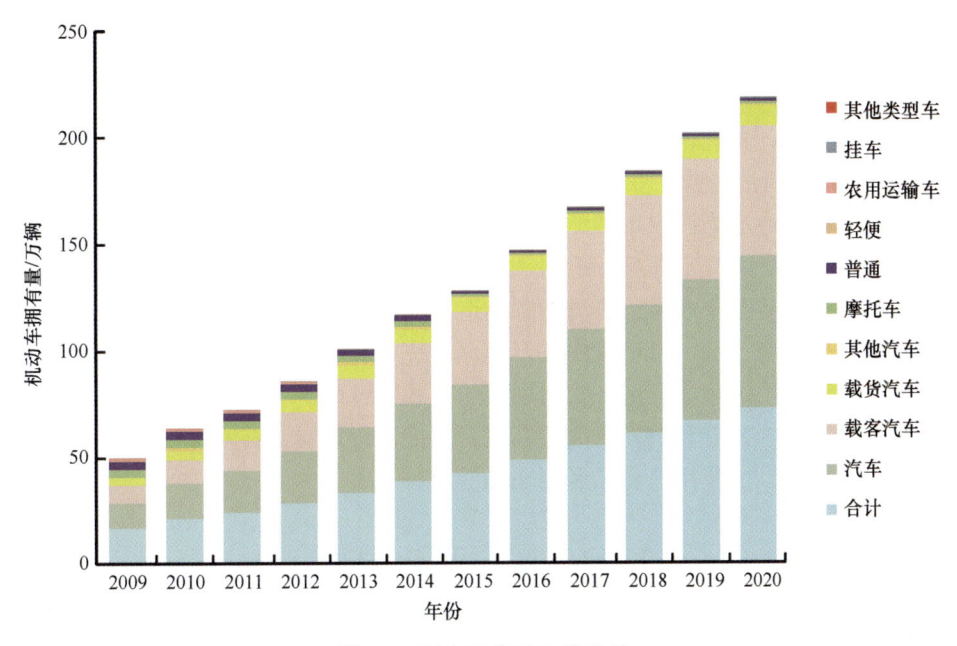

图 7-4　西宁市机动车拥有量

在住宅采暖方面，截至 2022 年，西宁市实现热电联产集中供热面积 926 万 m²，占全市总供热面积的 7.30%[①]；中心城区和县城实现天然气供热面积 8780 万 m²，占全市总供热面积的 68.40%，其中区域燃气锅炉房集中供热面积 357 万 m²，分户式燃气壁挂炉供热面积约为 3710 万 m²。西宁市分户式燃气壁挂炉采暖用户总数量为 404837 户，按每户采暖面积 91.70m² 计算，每户 2.62 人，人均建筑面积 35m²，分散燃气锅炉供热面积约为 4710 万 m²。目前西宁市主城区和县城均采用清洁采暖的方式采暖，主城区达到了 80.00%以上，两县和湟中区达到 60.00%以上。主城区由两家集中供热企业负责，其中，黄河西宁热电有限公司负责海湖新区及西钢片区、多巴新城片区集中供热，西宁城达供热公司负责虎台和周家泉片区集中供热，天然气集中锅炉供热面积为 165 万 m²。西宁市采暖收费标准不按照房屋建筑时间收取，黄河西宁热电有限公司执行热电联产集中供热价格标准为每月 5.17 元/m²，按照套内建筑面积收取，高层小高层加收每月 0.2 元/m² 二次加压费，非居民实行政府指导价管理，在价格基础上浮 30.00%（含）以内，下浮不限。具体价格由供热企业在政府指导价的范围内同用户协商，非居价格按照实际租赁或拥有产权面积计收[②]。西宁市城达供热公司居民天然气集中供暖价格每月 5.51 元/m²，按照套内面积收取，高层、小高层居民集中供暖价格加收每月 0.20 元/m² 的二次加压费[③]。

[①]西宁市人民政府.2022. 西宁市"十四五"能源发展规划的通知. https：//www.xining.gov.cn/zwgk/fdzdgknr/ghxx/202212/t20221213_178880.html

[②]西宁市发展和改革委员会.2021. 关于制定西宁市区热电联产集中供热价格的通知. https：//fgw.xining.gov.cn/zwgk/fdzdgknr/zcwj/xzgfxwj/202208/t20220811_173332.html

[③]西宁市发展和改革委员会.2019. 关于调整西宁地区天然气集中供暖价格的通知. https：//fgw.xining.gov.cn/zwgk/fdzdgknr/zcwj/xzgfxwj/201910/t20191015_101731.html

7.1.3　自然资源特征

西宁市的风能、光能、地热能等可再生资源非常丰富，依托富集的风、光、电等清洁能源资源，打造清洁能源产业发展基地、构建新能源技术创新服务体系，同时将锂电、光伏光热等产业打造成为西宁市战略性支柱产业和绿色制造示范产业。2021年12月7日发布的《西宁市贯彻落实青海打造国家清洁能源产业高地任务分工方案》明确西宁市将优化能源结构，全面建成国家清洁能源制造业高地，在全省建成国家清洁能源产业高地和率先实现碳达峰目标、打造碳中和示范区中先行先试。西宁市矿产资源种类齐全，现已发现各类矿产123种。但化石燃料用地的负载力过高，主要是由于西宁市目前的经济发展对自然资源的依赖和消耗过大，其消费的能源以煤炭、石油为主。西宁市土地类型可分为农业用地、工业用地和未利用土地等类型。

7.1.4　民族文化特征

西宁市地处青藏高原和黄土高原的接合部，是牧区和农区的交会处，是汉文化和藏文化的交汇处，也是一个多民族共居的移民城镇。聚居的民族主要有汉族、藏族、回族和土族。全市246.80万常住人口中，汉族人口为176.28万人，占71.43%；各少数民族人口为70.51万人，占28.57%。主要是回族16.95%、藏族6.49%、土族2.69%等其他少数民族（图7-5）（西宁市统计局，2020）。

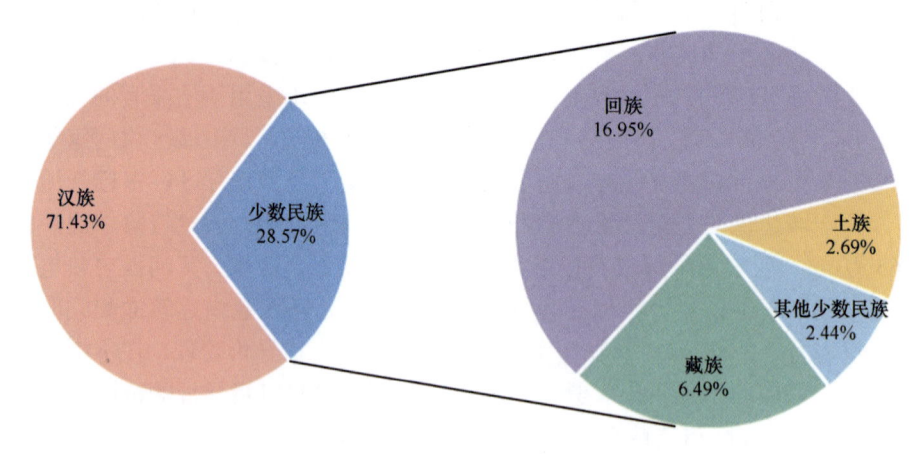

图7-5　西宁市民族人口数量特征

7.2　数据来源与样本特征

7.2.1　数据来源

实地调研于2021年7~8月以问卷调查和深度访谈的方式开展，调研范围覆盖西宁市 5 区 2 县，即城东区、城中区、城西区、城北区、湟中区、湟源县、大通回族土族自治县。按照人口密度采用区县分层+社区随机抽样（姜璐等，2019），首先在区县尺度上，根据各区县人口密度计算各区县抽样比例，之后在各个区县内进行城镇社区样本的随机抽样，总样本设置依据式（7-1）所得：

$$\theta = \pm Z_{\frac{\alpha}{2}} \sqrt{\frac{P \times (1-P)}{n}} \quad (7\text{-}1)$$

式中，Z = 1.96（95%的置信区间）；p = 0.5；θ 为样本误差；n 为所有测试样本数；α 为分位数。即在 95%的置信区间内，样本数据代表总体的最大误差是±2.83%，误差可接受范围±5%。最终，实际发放 509 份问卷，回收有效问卷 500 份，有效率为 99%。

本研究将获取的西宁市 500 份家庭问卷数据进行了可视化，其中，使用的地图矢量数据为西宁市行政区矢量图-WGS84 坐标系西宁市行政地图，运用 ArcMap 10.2 软件进行制作，问卷样本点如图 7-6 和图 7-7 所示（人口密度图用等差分级）。

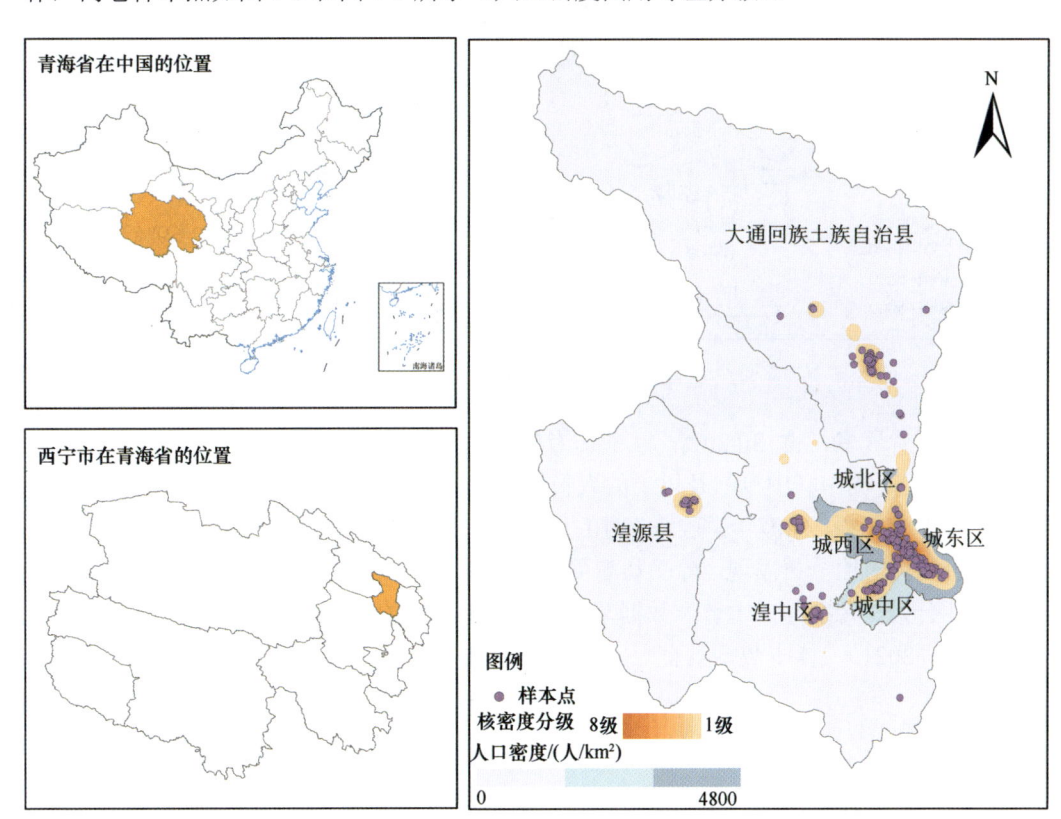

图 7-6 基于 POI 数据的西宁市家庭能耗调查样本空间分布图

7.2.2 样本特征

从个人特征来看，男女比例为 54∶46，受访者平均年龄为 42.70 岁，其中，46～60 岁

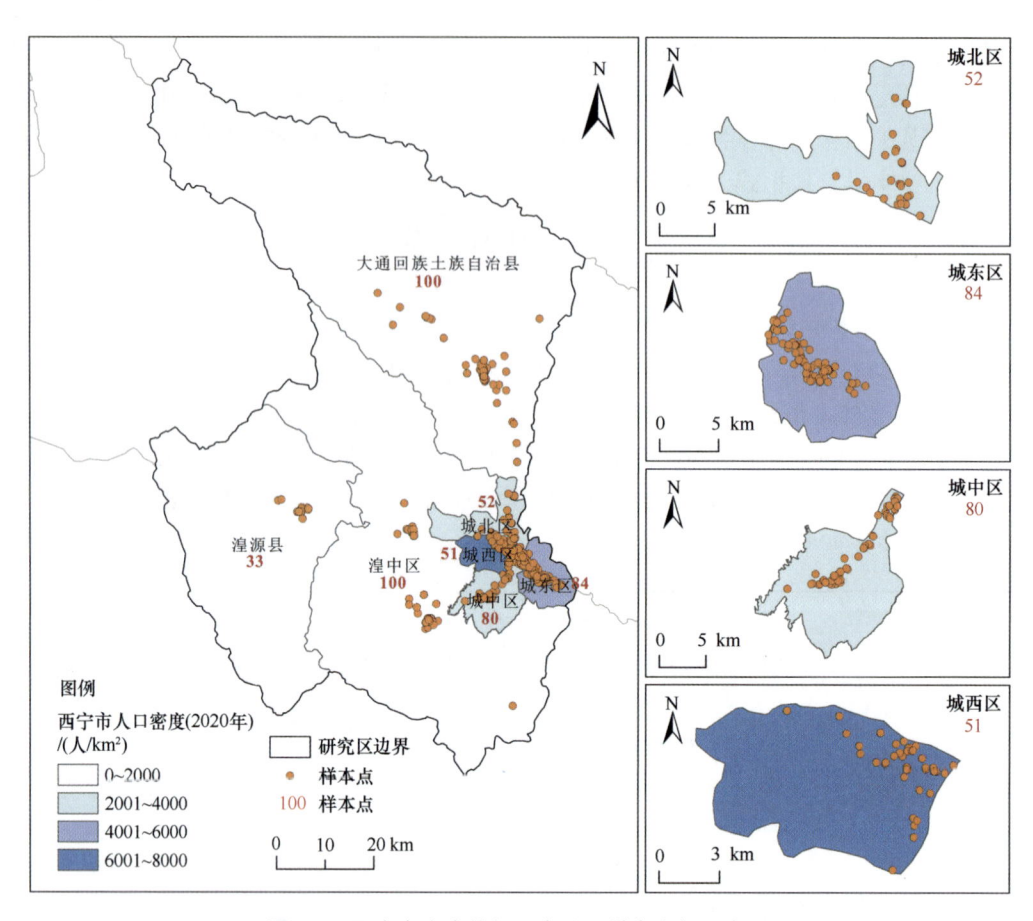

图 7-7　西宁市家庭能耗调查分区样本空间分布图

年龄段受访者居多，占 30.20%；从受访者的社会经济特征进行分析，在业人员占比较高（67.80%），高中（中专）及以上的人员比例达 62.00%，其中，大学本科（大专）及以上占比为 40.0%，家庭年总收入在 10 万元以下者居多，占 58.90%。与西宁市第七次人口普查数据对比分析发现，除受访者受教育程度以外，本研究样本的家庭收入、男女比例等社会人口特征与"七普"数据基本、POI 所形成的城市空间特征基本一致（西宁市统计局，2021），样本数据具有一定代表性（图 7-8）。

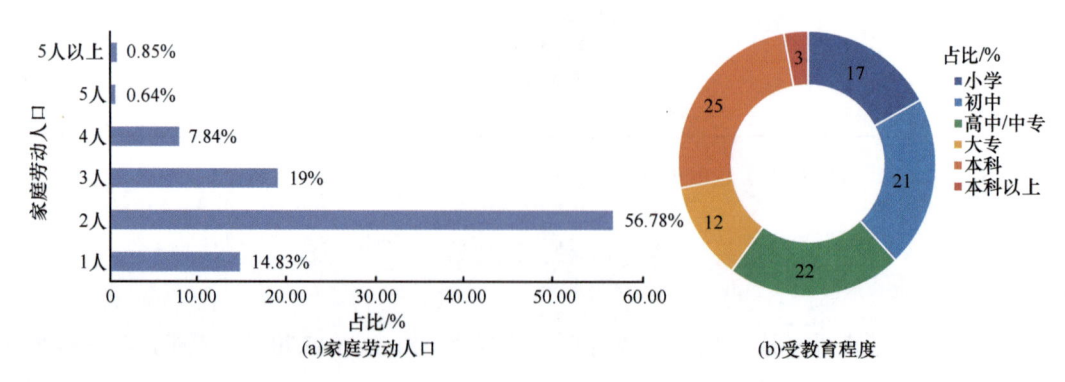

(a) 家庭劳动人口

(b) 受教育程度

122

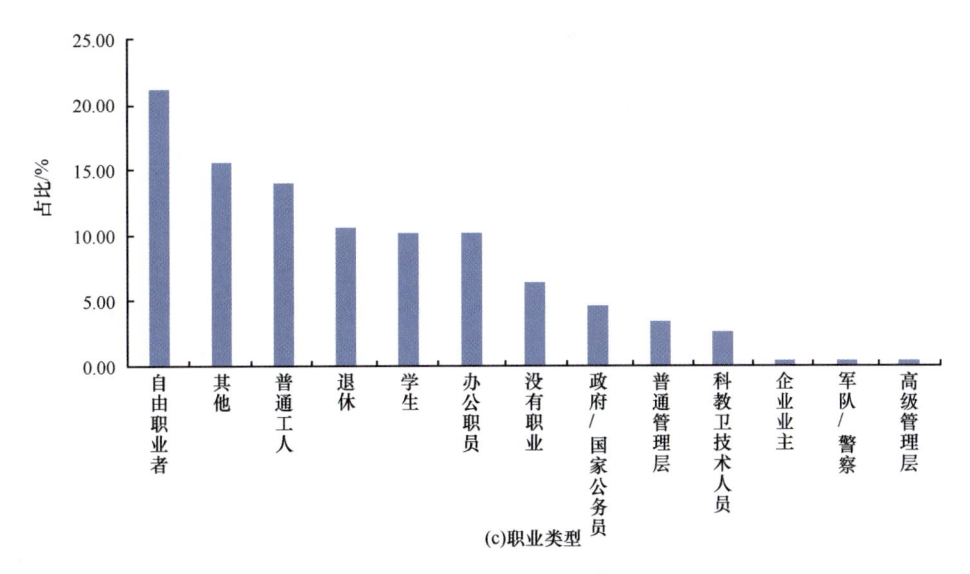

图 7-8 西宁市样本数据家庭基本情况

7.3 家庭能源消费数量与结构

7.3.1 家庭能源消费总体情况

西宁市城镇家庭年人均能源消费量为 461.57kgce/a。分区域来看，湟源县的年人均能源消费量最高，为 631.12kgce/a，其次是建成区 466.54kgce/a（城东区、城中区、城西区、城北区、湟中区）和大通回族土族自治县（398.27kgce/a）。西宁市城镇居民家庭能源消费量包括炊事设备能源消费、大型家用电器能源消费、采暖设备能源消费、热水设备能源消费以及照明设备能源消费等 5 类。其中炊事设备能源消费主要以炉灶为主，大型家用电器能源主要有冰箱、洗衣机和电视。

炊事设备及采暖能源消费是家庭能源消费的重要组成部分（图 7-9）。由表 7-1 可知，采暖人均能源消费量为 307.52kgce/a，占家庭总人均能源消费量的 66.62%。这是因为西宁市地处高原，入冬早，气温低，采暖期较长（西宁市统计局，2020）。采暖能源消费类型主要为天然气，消费比例为 100%。炊事设备的人均能源消费量为 74.56kgce/a，占人均能源消费量的 16.15%，所消费的能源类型占比依次为天然气 60.21%、电能 33.81%、煤炭 2.89%、液化气 1.44%。调研发现，为了减少开支，租住户家庭更倾向选择液化气用于炊事。热水器的人均能源消费为 60.36kgce/a，占家庭总人均能源消费量的 13.08%，能源消费类型占比从大到小依次为电能＞太阳能＞天然气。冰箱的年人均用能为 5.85kgce/a，洗衣机的年人均用能为 0.44kgce/a，电视的年人均用能为 2.17kgce/a，照明的年人均用能为 10.66kgce/a。洗衣机的能源消费量的比例最小，为 0.10%。我们调研发现多数家庭的洗衣频次为每周 1~3 次，只有极少部分家庭每天使用洗衣机，这部分家庭中均有幼儿。

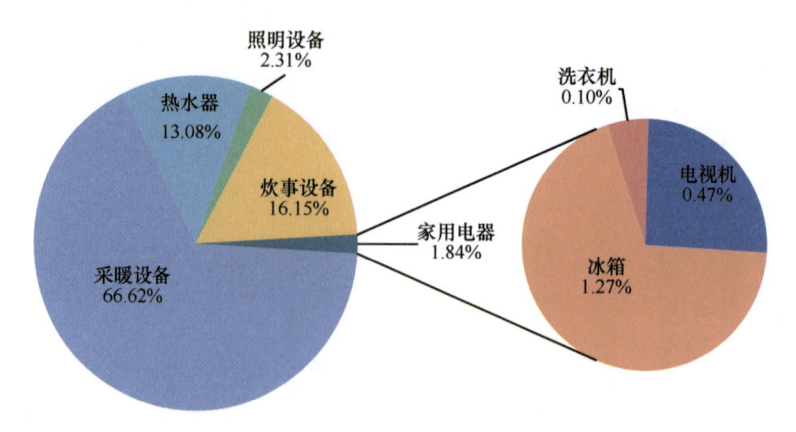

图 7-9　西宁市家庭能源消费结构与用途

表 7-1　西宁市城镇家庭生活用能的年人均用能量和用能户数比例

能源用途	人均用能/（kgce/a）	年人均占比/%	电能/%	天然气/%	煤炭/%	液化气/%	太阳能/%
炊事	74.56	16.15	33.81	60.21	2.89	1.44	—
采暖	307.52	66.62	—	100.00	—	—	—
热水器	60.36	13.08	57.73	9.69	—	—	20.21
冰箱	5.85	1.27	97.32	—	—	—	—
洗衣机	0.44	0.10	97.94	—	—	—	—
电视	2.17	0.47	75.46	—	—	—	—
照明	10.66	2.31	100.00	—	—	—	—

注：在调研中发现，冰箱、洗衣机、电视和照明的能源类型均为电能；采暖的能源类型均为天然气；热水器的能源类型无煤炭和液化气；炊事的能源类型无太阳能。

7.3.2　采暖用能

青海高原平均海拔 3000m 以上，人口稀少，年平均气温–5.90～8.70℃，是全球生态环境最脆弱的地区之一（姚檀栋等，2017；刘若阳等，2023）。青海高原民用建筑能源消费强度位居全国第二（中国建筑节能协会，2018），这是因为一方面青海省冬季寒冷，采暖期长达 6 个月，一些地区甚至更长；另一方面青海省地域广阔，差异较大，人口分布分散，所以在青海省推广清洁采暖工作困难较多。当前，青海省农牧区冬季供暖有以下三种方式：燃煤、火炕和薪柴畜粪供暖（杨铭等，2013），如农牧区户均煤炭消费为 990kgce/a，主要用于煤炉采暖，秸秆年消费为 52kgce/a、薪柴年消费为 193kgce/a 和畜粪年消费为 335kgce/a，主要用于烧炕采暖（姜璐等，2019；郑新业等，2017）。采暖过程中燃烧煤炭的形式会造成环境污染，污染源虽然是单个、规模小，但青海省地广人稀的特点导致人口分布不集中，污染源分布也不集中、覆盖面广，对青海省环境质量的影响极大（张瑞丹等，2020），因此该区域冬季供暖所造成的环境问题，成为政府和社会各界共同关注的重要议题。《青海打造国家清洁能源产业高地行动方案（2021—2030 年）》

已经明确指出要全力推进清洁采暖工程，争取国家北方地区清洁供暖政策支持。要全力实施"洁净三江源"和清洁采暖示范县工程，循序渐进扩大试点改造范围。构建以可再生能源供暖、地热供暖、电供暖为主导的清洁供暖体系。在这一现实需求背景下，如何在高寒地区漫长的冬季，营造温暖舒适室内环境，已经成为关系到社会发展和经济民生的大问题。

西宁市建成区家庭采暖年人均能源消费量为 315.42kgce/a，占家庭总人均能源消费量的 67.61%；大通县城镇家庭采暖的年人均能源消费量为 262.04kgce/a，占家庭总人均能源消费量的 65.79%；湟源县城镇家庭采暖年人均能源消费量为 401.72kgce/a，占家庭总人均能源消费量的 63.65%。湟源县家庭炊事的年人均消费量在 3 个区域中位居首位，为 141.17kgce/a，占比为 22.37%。调研发现西宁市的家庭采暖还存在以下问题：一是天然气管网未覆盖或覆盖少，无天然气供暖的条件或供暖条件不完善，居民自建房在采暖能源选煤炭，且不具备燃气采暖的条件下，如果改为电采暖方式，采暖成本就会升高，若无采暖价格补贴或优惠的电价补贴政策，用户接收程度较低；二是清洁采暖运行成本高，长期稳定的采暖模式以及价格水平也形成了城镇居民心理最能承受价格；三是建筑节能水平较低，部分老旧建筑，结构热功能较差，导致采暖过程中热量损耗较大，不利于节约能源和降低供暖成本。高层建筑间距设置不规范不合理，导致较低楼层家庭为弥补温度差而产生更多的能源消耗（姜璐等，2023）。

7.3.3　家庭能源消费物质流

根据 OLS 模型得出家庭年收入对家庭年人均能源消费量的影响明显，为了进一步分析家庭年收入在不同水平下对能源消费的影响，本研究依据《青海省统计年鉴》将研究样本的家庭年人均收入按照由低到高进行排序（青海省统计局，2021），分别为低收入、中低收入、中等收入、中高收入、高收入 5 种水平（表 7-2）。为了进一步探讨西宁市家庭能源活动情况，本研究根据分组家庭能源消费量的平均值，在低收入、中收入和高收入分组家庭中选取 1 个最接近分组能源消费平均值的家庭，构建典型室内家庭能源消费物质流模型（姜璐等，2019），使用 e!Sankey 软件绘制能源物质流图（图 7-10、图 7-11、图 7-12）。

表 7-2　西宁市家庭收入分组情况表

指标	收入分组				
	低收入	中低收入	中等收入	中高收入	高收入
家庭人均年收入/元	6001	12794	21992	33278	89967
家庭规模/人	4.5	4.1	4.1	3.1	2.8
劳动力人数/人	2.2	2.3	2.3	2	2.1
受访者年龄/岁	43.4	44.4	42.6	42.1	39.6

家庭 A 属于低收入组，常住人口 4 人，劳动力人数 2 人，受访者年龄为 38 岁，家庭人均年收入为 0.90 万元，家庭能源消费量为 2099.6kgce/a。建模结果发现，天然气占

家庭能源消费的 92.30%，其主要用于采暖；电能仅占家庭能源消费的 7.70%，其中热水器占据电能消费量的 66.90%，洗衣机仅占电能的 0.30%（图 7-10）。

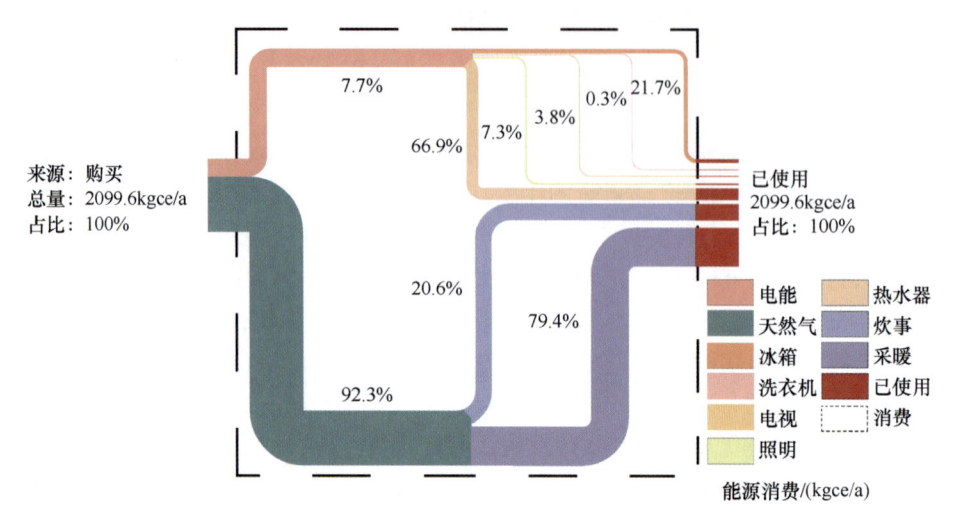

图 7-10　西宁市家庭 A 能源物质流模型

家庭 B 属于中收入组，常住人口 4 人，劳动力人数 2 人，受访者年龄为 53 岁，家庭人均年收入为 2.50 万元，家庭能源消费量为 2841.3kgce/a。该家庭所用能有 3 种，电能、太阳能和天然气；天然气的消费量占家庭能源消费的 63.50%，其中采暖消费了天然气的 85.30%；太阳能占家庭能源消费的 33.30%，其主要用于家中热水的供应；电能占家庭能源消费的 3.20%，其中冰箱占据电能消费量的 48.40%，电视仅占电能消费量的 2.00%（图 7-11）。

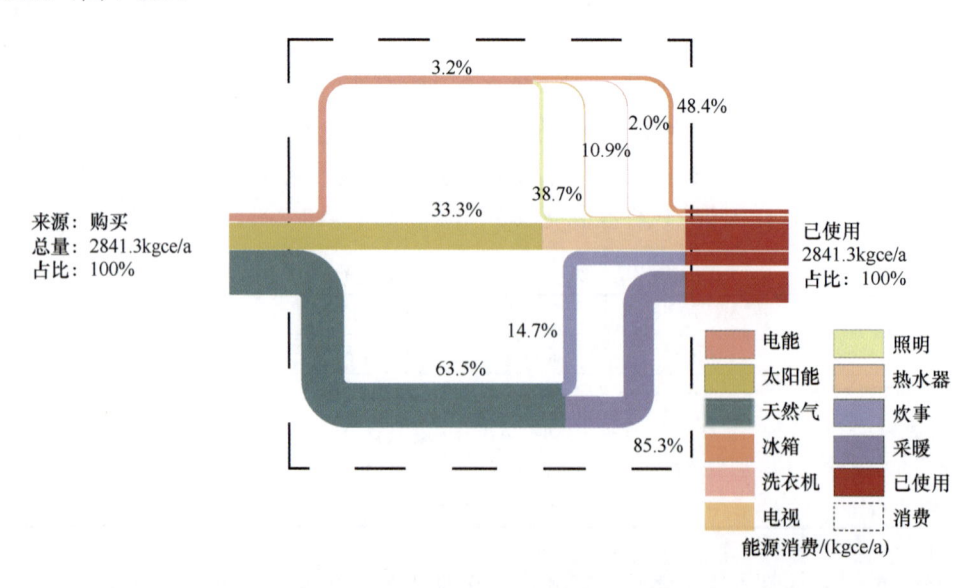

图 7-11　西宁市家庭 B 能源物质流模型

家庭 C 属于高收入组，常住人口 3 人，劳动力人数 2 人，受访者年龄为 33 岁，家庭人均年收入为 6.67 万元，家庭能源消费量为 3218kgce/a。分析发现该家庭所用能有 2 种，电能和天然气；天然气的消费量占家庭能源消费的 97.30%，炉灶，热水器和采暖均使用天然气，其中热水器占天然气消费量的 57.80%，采暖占天然气消费量的 29.50%；电能占家庭能源消费的 2.70%，其中电视仅占电能消费量的 0.30%，洗衣机仅占 1.10%（图 7-12）。

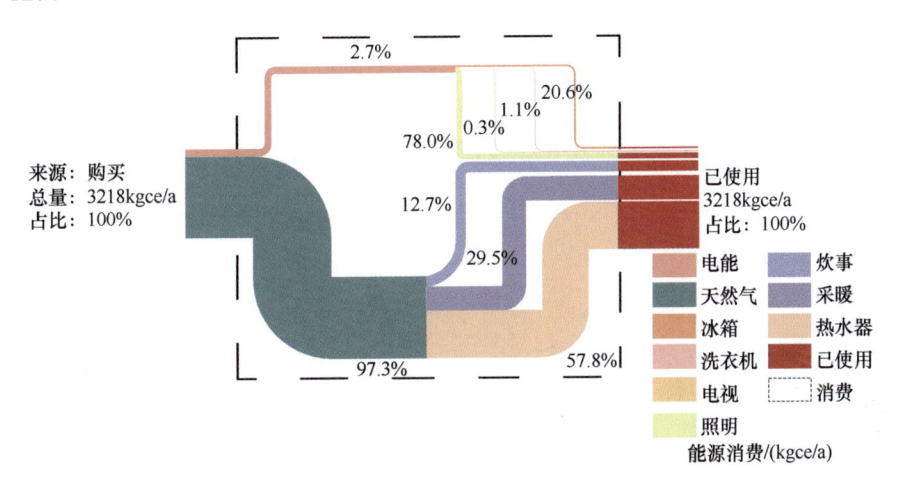

图 7-12　西宁市家庭 C 能源物质流模型

综上，不同收入家庭呈现两大特征：一是随着收入的增加大型家电数量的占比增加，导致电力消费增加；二是随着收入增加，采暖能源消费量减少，这是因为高收入者购房时会倾向选择以自采暖方式的房屋，通过自主调节室内温度，在一定程度上降低了采暖能源消费量。

7.4　家庭能源消费碳排放空间特征

7.4.1　家庭能源消费碳排放量

西宁市人均家庭能源消费量与人均能源消费碳排放分别为 10.56kgce/a 和 6.11kg/d，采暖、炊事设备及热水器设备是家庭能源消费及碳排放的主要来源。西宁市人均家庭能源消费碳排放存在较为明显的空间异质性。碳排放的高值聚集样本区主要表现为家庭常住人口少，住房面积较大的家庭。低值聚集样本区主要分布在大通县和湟中区，表现为家庭常住人口数较多，且均远离市中心区。同时，西宁市人均家庭能源消费碳排放总体呈现出高值区（HH）、低值区（LL）相对集聚现象，而局部地区也存在高低值区（HL）和低高值区（LH）集聚。

7.4.2 家庭人均能耗碳排放空间格局

通过将问卷收集到的具体地址转换成经纬度坐标，并导入 ArcMap 10.2 软件，与计算出来的家庭人均碳排放数据进行可视化处理，得到西宁市家庭人均生活用能碳排放分布图（人均碳排放图用等比分级），以探究家庭人均生活用能碳排放的空间分布特征（图 7-13）。西宁市人均碳排放的高值样本的聚集位置有比较明显的特征：高值样本主要聚集在西宁市中心城区内，包括城北区、城西区、城东区、城中区等，在湟中区、大通县和湟源县也有少量分布，这与西宁市各区县近几年的经济水平相吻合。人均碳排放低值点在每个行政区均有分布，除湟源县集中分布之外，其余县、区出现频率也较高，但比较分散。

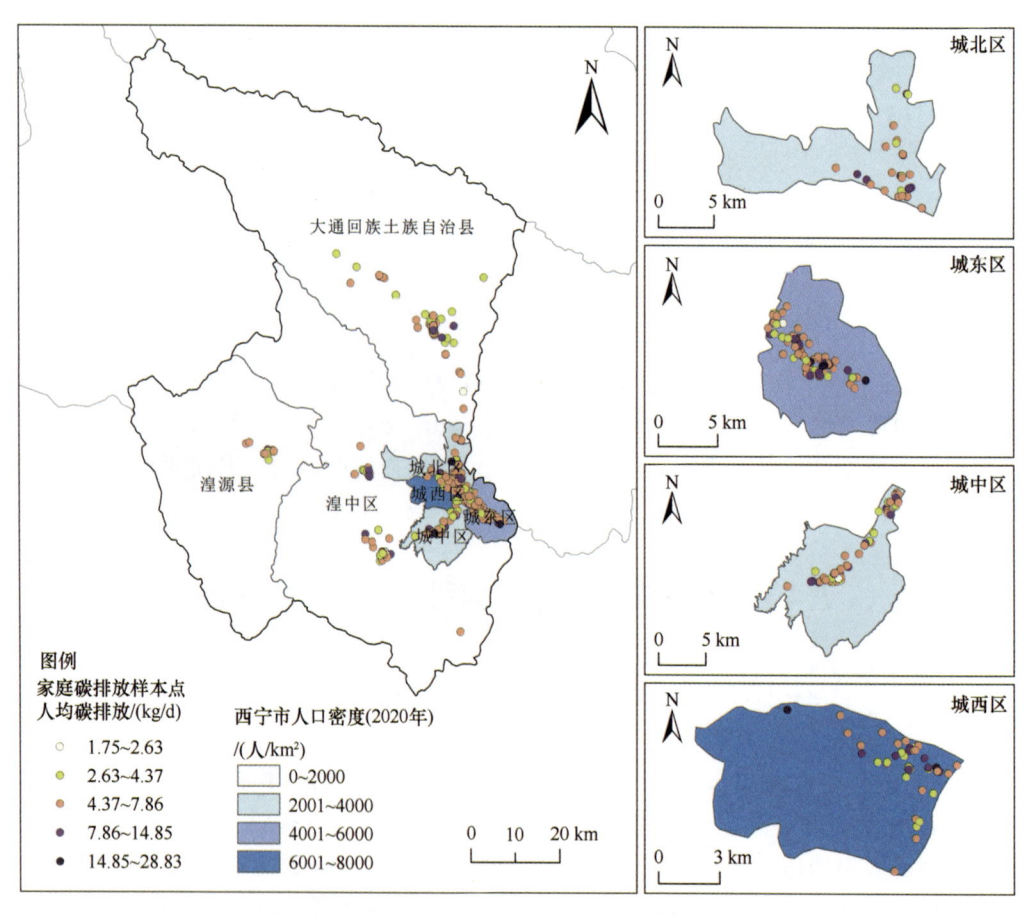

图 7-13 西宁市家庭人均碳排放空间分布图

7.4.3 家庭能耗碳排放全局差异分析

根据 Moran's I 公式计算了样本数据碳排放的全局自相关莫兰指数，并根据 Z 值进行了检验。如表 7-3 所示,全局和局部的 Moran's I 均大于 0,且全局自相关 Z 值大于 99%置信区间临界值 2.58,拒绝随机分布的原假设,通过显著性检验,可以说明样本数据的碳排放不是随机分布的,具有高值与高值邻近,低值与低值邻近的特征。再通过在 ArcMap 10.2 中计算样本数据的全局 Getis-Ord General I 值,结果显示观测值大于期望值,呈现高聚类的特征,且在 90%的置信水平上显著,说明西宁市碳排放存在空间上的集聚热点区。

表 7-3　西宁市家庭人均碳排放的 Moran's I 和 General G

指标	Moran's I	$Z(I)$	$P(I)$	$G(d)$	$E(d)$	$Z(d)$	$P(d)$
人均能耗碳排放	0.010568	4.491003	0.000007	0.423886	0.407295	1.829309	0.067353

7.4.4　家庭能耗碳排放局部差异分析

1. 人均碳排放局部差异

如图 7-14 所示,西宁市家庭人均碳排放高值点集聚特征明显,主要分布在西宁市

图 7-14　西宁市家庭能源人均碳排放 LISA 聚类图

中心城区以及大通县，这也是西宁市经济发展较好的区域，这一结论也与相关研究得出的人均碳排放的差异可能与区域经济发展水平相关相符合。从统计数据分析得出：家庭人均碳排放高高聚集样本（HH）特征表现为住房面积较大，常住人口少。住房面积大于 70m² 的占 81.70%，家庭人数为 1~2 人的家庭占 98.20%。高值被低值包围的高低集聚（HL）样本特征也十分明显，全部在大通县和湟中区，其住房面积大于 70m² 的占 88.10%，面积超过 100m² 的家庭占 76.40%。低值被高值包围的低高集聚（LH）样本分布在西宁市市区，家庭常住人口数超过 4 人的占 92.60%。低低集聚（LL）样本主要分布在大通县和湟中区，表现为家庭常住人口数较多，其常住人口数均超过 4 人，且均远离市中心区。我们发现，人均碳排放的聚集特征可能与家庭的住房面积以及常住人口数关系密切。

2. 采暖、厨房炊事设备能耗碳排放局部差异

西宁市家庭冬季采暖所产生的碳排放占总量的 93.99%，分析采暖所产生碳排放的分布特征，可进一步探究西宁市居民能耗碳排放的空间驱动因素。如图 7-15 所示，人均采暖碳排放的高值样本（＞7.56kg/d），除湟源县外，在西宁市每个行政区内均有分布，

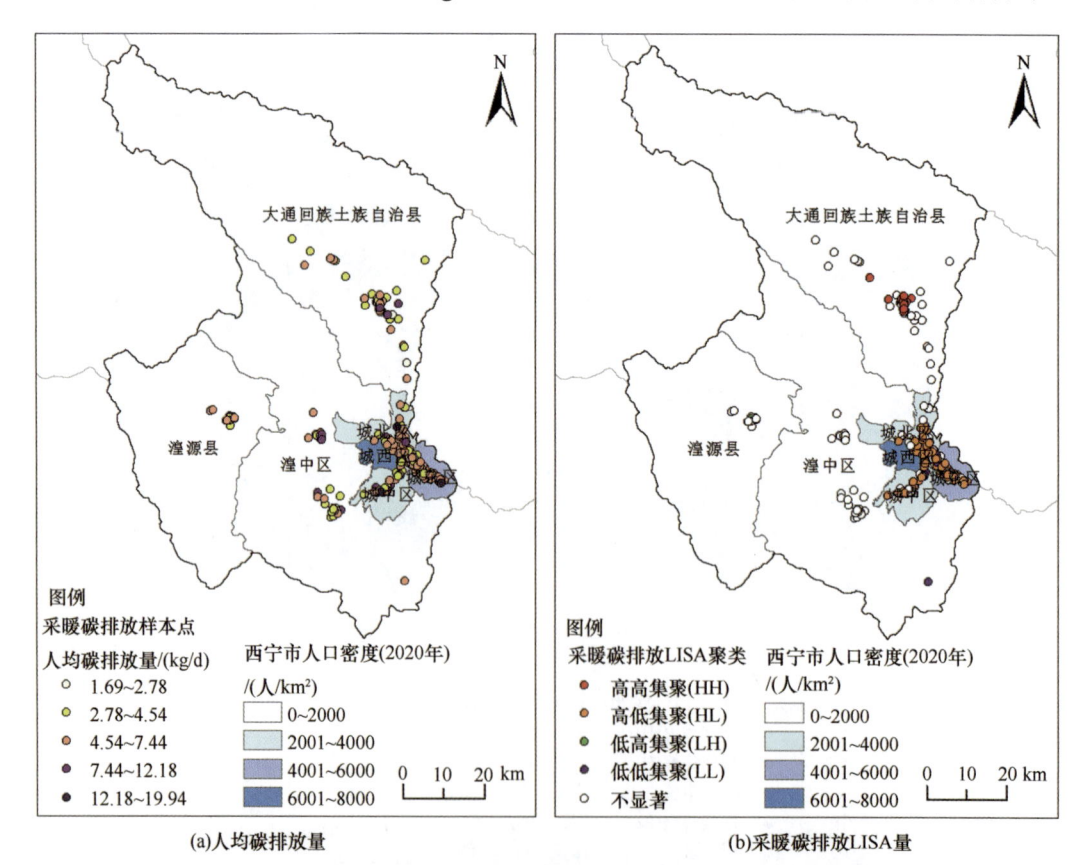

图 7-15 西宁市采暖日人均碳排放图和采暖碳排放 LISA 聚类图

但高高聚集样本（HH）主要分布在围绕西宁市城西区和城东区的市中心区，城北区和城中区及其湟源县也有少量分布；低值样本（<2.63kg/d）在西宁市每个行政区也都有分布，高值被低值包围的高低集聚（HL）样本与低低聚集样本（LL）空间分布情况相类似，主要分布在建成四区和湟中区。采暖及厨房炊事设备能耗碳排放 HH 区中，房屋面积大于 70m² 的占 83.50%，100m² 以上的占 36.30%；LL 区中房屋面积大于 70m² 的占 76.40%。在不同县区实地调研时，发现居民可采取的能源种类有一定差异，特别是由于气候和海拔原因，居民采暖时间较长，这一现象使得采暖采取的能源种类对于碳排放量和空间集聚特征具有较大影响。

7.4.5 交通用能碳排放情况

1. 家庭交通碳排放的计算方法

基于本次调查数据情况，本报告拟采用碳排放系数法，计算家庭交通碳排放量。计算家庭交通碳排放的方法主要有模型法和系数法两种。模型法计算家庭交通碳排放量，需要详细的家庭属性数据，如人口、年龄、文化程度、能源消耗等数据，但最终以碳排放系数来计算碳排放量。结合参考文献（Brand et al., 2017），关于家庭交通用能碳排放计算方法如表 7-4 所示。

表 7-4　青海省城镇家庭采暖能源消费量影响因素的回归分析

方法	所需数据	主要计算式
A	交通活动和碳排放系数	排放量 = 排放系数×交通活动（km，h）
B	交通活动和"官方"车辆排放系数	排放 =f（车辆制造，燃料，发动机大小，注册年份）
C	燃料消耗	（燃料消耗及其类型）

从表 7-4 可知，计算家庭交通碳排放，所需的基础数据可分为交通活动数据（出行距离）和交通燃料消耗数据（图 7-16）。

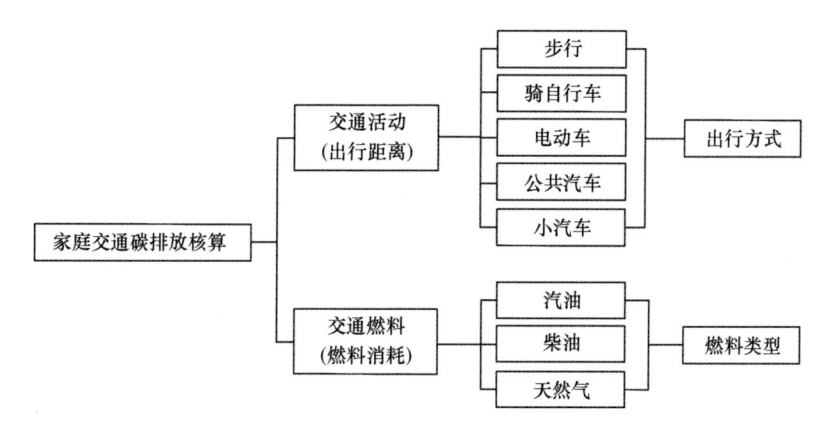

图 7-16　家庭交通碳排放计算的两种途径

2. 利用交通方式的碳排放系数

不同种类的出行目的和交通方式，导致的交通碳排放量产生差异，依据不同的碳排放系数计算家庭交通的碳排放量（王静，2011）。具体为

$$C_{\text{traffic}} = \sum_i L_i \times K_i \tag{7-2}$$

式中，C_{traffic} 为家庭交通碳排放量；K_i 为第 i 种交通方式的碳排放系数，kg CO_2/km；L_i 为采取第 i 种交通出行方式的出行距离，km。不同的交通出行方式的碳排放系数需根据实际情况进行换算。各种交通工具碳排放系数（肖林橙，2012；Druckman and Jackson，2008；Kenny and Gray，2009；杨选梅等，2010）如表 7-5 所示。

表 7-5　各种交通工具碳排放系数

交通方式	排放系数	单位
公交车	0.042	kg CO_2/（km·人）
小汽车	0.234	kg CO_2/km
	2.340	kg CO_2/L
电动车	0.010	kg CO_2/km
	0.190	kg CO_2/（kw·h）
出租车	57.060	kg CO_2/TJ
	0.500	kg CO_2/km
步行	0.000	kg CO_2/km
共享单车	0.000	kg CO_2/km

注：网约车的交通碳排放量与私家小轿车的碳排放量相同。

3. 家庭人均交通能耗碳排放空间格局

通过将问卷收集到的具体地址转换成经纬度坐标，并导入 ArcGIS 10.2 软件，与计算出来的家庭人均碳排放数据进行可视化处理，得到西宁市家庭人均交通用能碳排放分布图（人均碳排放图用等比分级），探究家庭人均交通用能碳排放空间分布特征（图 7-17）。

西宁市人均交通碳排放有明显空间特征。在日常通勤方面高值样本主要聚集在西宁市中心城区内，包括城北区、城西区、城东区、城中区等，大通县和湟中县也有少量分布。人均碳排放低值点在每个行政区均有分布，除湟源县集中分布之外，其余县、区出现频率也较高，但比较分散；在日常购物方面，样本人均碳排放低值点普遍，在每个行政区均有分布，除湟源县集中分布之外，其余县、区出现频率也较高，但比较分散；休闲娱乐方面高值样本聚集在西宁市中心城区，在大通县也有少量分布。人均碳排放低值点在每个行政区均有分布，除湟源县和湟中县集中分布之外，其余县、区出现频率也较高，但比较分散；社交方面高值样本也聚集在西宁市中心城区内。人均碳排放低值点在每个行政区均有分布，除湟源县集中分布之外，其余县、区出现频率也较高，但比较分散。

第 7 章　西部高原城市西宁市的家庭能源消费及碳排放

(a) 家庭日常通勤人均交通碳排放空间图　　(b) 家庭日常购物人均交通碳排放空间图

(c) 家庭休闲娱乐人均交通碳排放空间图　　(d) 家庭社交人均交通碳排放空间图

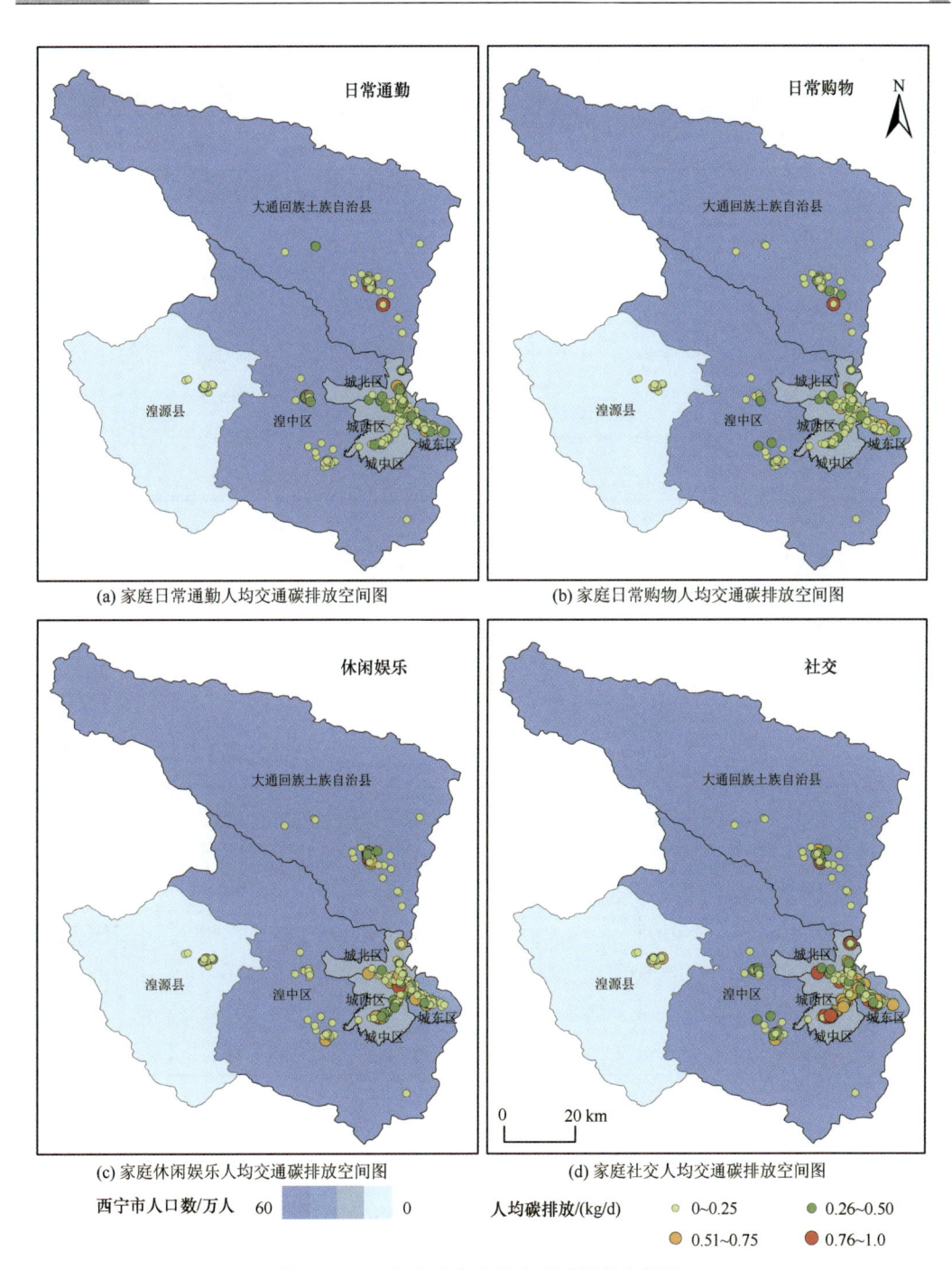

图 7-17　西宁市家庭人均交通碳排放空间图

4. 不同交通出行目的产生的碳排放量

居民以社交、通勤和休闲娱乐为目的时，网约车、出租车、私家小轿车等出行方式较为常用，年均碳排放总量分别为 4168.27kg、3443.253kg 和 3444.78kg，网约

133

车、出租车、私家小轿车位列四种出行类型的第一、第二、第三；以为日常购物目的的出行时以步行（63.78%）和公共交通（27.57%）为主，产生碳排放较少（表7-6）。

表7-6 西宁市家庭户均交通碳排放量总表

出行类型	出行方式	出行方式选择占比/%	日碳排放量/kg	日碳排放总量/kg	年碳排放量/kg	年碳排放总量/kg
日常通勤	步行	43.243	0		0	
	公共交通	35.676	0.388		141.781	
	网约车	1.351	2.164		789.923	
	出租车	3.784	4.624	9.432	1687.869	3443.253
	私家小轿车	28.108	2.164		789.923	
	电瓶车	2.973	0.092		33.757	
	共享单车	0.811	0		0	
日常购物	步行	63.784	0		0	
	公共交通	27.568	0.128		46.585	
	网约车	1.081	0.711		259.543	
	出租车	5.135	1.519	3.099	554.579	1131.342
	私家小轿车	16.216	0.711		259.543	
	电瓶车	1.622	0.030		11.092	
	共享单车	0.000	0		0	
休闲娱乐	步行	41.892	0		0	
	公共交通	30.270	0.389		141.844	
	网约车	2.703	2.165		790.273	
	出租车	11.351	4.626	9.437	1688.618	3444.78
	私家小轿车	29.459	2.165		790.273	
	电瓶车	1.081	0.092		33.772	
	共享单车	0.541	0		0	
社交	步行	34.595	0		0	
	公共交通	34.054	0.415		151.396	
	网约车	4.324	2.311		843.492	
	出租车	18.649	4.938	10.074	1802.334	3676.661
	私家小轿车	33.243	2.311		843.392	
	电瓶车	0.811	0.099		36.047	
	共享单车	0.541	0		0	

7.5 家庭能源消费与碳排放驱动机制分析

7.5.1 家庭能源总消费量驱动机制

1. 变量定义

指标选取及理论基础参考第四章东部南方城市广州市的家庭能源消费及碳排放，本研究选取西宁市城镇人均家庭能源消费量作为因变量，运用家庭能源消费核算法计算可得。选取受访者的家庭年收入、受教育程度及家庭劳动人口数作为自变量。其中，家庭年收入和家庭劳动人口数为连续变量。受访者的受教育程度为分类变量，分别对其赋值，具体为：从未上过学为1，小学水平为2，初中水平为3，高中/中专水平为4，大专水平为5，本科为6，本科及以上为7。同时，为保证本研究结果的客观性和合理性，本研究分别对人均家庭能源消费量和家庭年收入取对数来进行线性回归。表7-7列出了上述变量的定义及描述性统计。

表7-7 西宁市城镇人均家庭能源消费量影响因素变量描述性统计

变量	变量定义	平均数	标准差
家庭年收入/元	—	11.1560	0.8544
受教育程度	1 = 从未上过学	0.0639	0.2449
	2 = 小学	0.1010	0.3017
	3 = 初中	0.2144	0.4109
	4 = 高中/中专	0.2124	0.4094
	5 = 大专	0.1258	0.3319
	6 = 本科	0.2536	0.1676
	7 = 本科以上	0.0289	0.1676
家庭劳动人口/人	—	2.1381	1.0303

2. 模型构建

普通最小二乘法（OLS）是线性回归模型，可用于研究人均家庭能源消费与影响因素之间的线性关系。为了能够恰当地解释 OLS 模型的系数，数据必须满足正态性、独立性、线性相关以及同方差性。

首先，OLS 线性回归模型可表示为

$$\ln y = \alpha + \beta_1 \ln x_1 + \beta_2 x_2 + \beta_3 x_3 + \mu_t \tag{7-3}$$

式中，$\ln y$ 是第 y 户人均家庭能源消费量；x_1、x_2、x_3 为人均家庭能源消费量的影响因素，其中 x_1 为受访者的家庭年收入，x_2 为受访者的受教育水平，x_3 为受访者的家庭劳动人口数；α 为常数项；β_1 为受访者的家庭年收入的回归系数，β_2 为受访者的受教育水平的回归系数，β_3 为受访者的家庭劳动人口的回归系数；μ_t 为随机误差项。

3. 家庭能源消费驱动机制分析

基于本研究构建 OLS 模型，识别西宁市城镇人均家庭能源消费量的影响因素（表 7-9）。回归结果显示，当将家庭年收入放入模型 1 进行回归时发现，家庭年收入对家庭人均年能源消费量呈现负向影响，家庭年收入每增加 1%，家庭人均年能源消费量减少 39.81%，在此基础上，进行第 2 步回归（模型 2），添加受访者的受教育程度，此时家庭年收入仍对人均家庭能源消费量为负向影响，家庭年收入每增加 1.00%，家庭人均年能源消费量减少 24.65%。随后，我们将家庭劳动人口数加入模型 3，发现家庭年收入对人均家庭能源消费量的影响仍为负向，而随着家庭年收入每增加 1.00%，则人均家庭年能源消费量减少 22.10%。也就是说，家庭年收入是影响家庭人均能源消费量的关键因素。

1）地理位置

在家庭能耗结构中，用于采暖的能耗占总能耗的 93.99%。中国以"秦岭–淮河"线划分集中供热区域，西宁市位于青藏高原边缘地区，属于冬季供暖区，集中供暖时长为 6 个月（182 天），时长与东北三省一致，但比华北地区多 1~2 个月，使得用于采暖的能耗占比较高，所产生的碳排放也较高。进一步研究发现，住房地理位置也影响人均碳排放量，如居住地位置在大通县的样本人均碳排放水平最低；在人均碳排放高高聚集样本中，大通县样本数量仅为城东区样本数量的 1/16，说明西宁城区外县域人均碳排放水平低于城区内。

2）家庭收入

家庭年收入决定了家庭能耗量。研究表明，家庭人均年收入超过 3 万元的样本在人均碳排放高高聚集（HH）样本中数量占比较高，达到了 67.30%，而家庭人均年收入低于 1.50 万元的仅占 14.50%。此外，实地访谈发现，收入增长之后，居民会使用更多的耗能产品，如洗衣机，热水器等，用以满足更高的生活需求。综上可以认为，收入差距是产生家庭能耗碳排放空间格局差异的主因，这一结果与现有研究结论基本一致（张云辉和郝时雨，2022）。住房面积显著影响家庭能耗量。人均碳排放高高聚集的样本中，住房面积高于 70m² 的样本数量多于住房面积较小的样本，70m² 以上的样本占比达到 81.70%，50m² 以下样本仅占比 12.60%。已有研究也表明：住宅面积越大，供热的需求越高，耗电设备也相应增加，因而能耗量越高（Qin et al.，2013；Li et al.，2016；Wu et al.，2017）。在交通用能方面，在日常通勤、日常购物、休闲娱乐和社交四种出行目的的情况下，随着受访者家庭拥有小汽车数量的增加，产生的日均碳排放量也随之增加（表 7-8）。

表 7-8 西宁市城镇人均家庭能源消费量的影响因素

因素类别	定义	模型 1	模型 2	模型 3
家庭年收入/元	—	−0.3981***	−0.2465**	−0.2210**
		(−4.25)	(−2.45)	(−2.19)
受教育程度	小学 =1	—	0.3035	0.3523
			(0.76)	(0.88)
	初中 =2	—	0.4818	0.5291
			(1.35)	(1.49)
	高中/中专 =3	—	−0.1372	−0.0940
			(−0.38)	(−0.26)
	大专 =4	—	0.0060	0.0702
			(−0.02)	(0.18)
	本科 =5	—	−0.4290	−0.3708
			(−1.20)	(−1.03)
	本科以上 =6	—	−0.8584	−0.8285
			(−1.50)	(−1.45)
劳动力人数/人	—	—	—	−0.1545**
				(−1.99)
常数项	—			9.3351***
				(8.36)

注：***、**和*分别表示在 1%、5%和 10%的水平上显著；圆括号中为 t 值。

3）建筑特征

建筑特征也对家庭能耗量及碳排放产生影响，在人均碳排放高值聚集（HH 区）的样本中，与房屋建造时间（即楼龄）关联的特征十分明显。从统计数据上来看，人均碳排放高高聚集样本中，建造 10 年以上样本占比 60.00%，其中 20 年及以上样本和 5 年以下样本数量相同，占比均为 12.70%。不同年代建造房屋的建设标准不同，可能影响建筑的能耗水平，在新标准下的房屋建筑会比旧建造标准下的房屋更加节能。同时，不同的户型和房屋类型也对家庭能耗产生影响。事实上，2000 年西宁市的住宅面积已达 24.20 万 m^2，但由于受当时认识、体制、经济发展水平等诸多方面的影响，这些住宅建筑较少采用节能措施，大多属于高能耗建筑，使得其总体能耗偏高。此外，部分机关单位家属院因建成时间较长，而未集中供暖。除了采暖用能外，热水器能耗占 2.59%和 2.08%，这是因为西宁市的年平均气温仅为 5.50℃，日夜温差较大，使得家庭对于热水的需求较高，部分家庭夏季早晚也需要用热水洗漱。

4）其他因素

西宁市城镇家庭自采暖占比较高，60.00%位于西宁市城区的周边区县并未实现集中供暖全覆盖，不少家庭仍然使用煤炭采暖。根据实地调研，我们认为可能存在两方面原因，一是部分受访者认为集中供暖温度不能满足其热舒适度需求；二是受访者认为集中供暖费用高，尽管部分居民家里已通了天然气可用于采暖，但由于天然气采暖的费用是烧煤采暖的两倍，成本较高，居民仍然依赖烧煤。

7.5.2 采暖能源消费驱动机制

1. 数据变量特征

在采暖能源消费计算过程中家庭住房面积是一个重要相关变量，在其余因素都不变的情况下住房面积对采暖能源消费量起决定作用。本研究主要选取家庭采暖能源消费量作为被解释变量，家庭年收入（元）、家庭常住人口数（人）、住房面积（m²）、房屋朝向、房屋类型、房屋年龄（年）作为解释变量。

2. 解释变量

研究选择家庭年收入（元）、家庭常住人口数（人）、住房面积（m²）、房屋朝向、房屋类型、房屋年龄（年）等变量。其中，由于房屋朝向和房屋类型变量是分类变量，所以分别对其进行赋值，房屋朝向中赋值：朝东为 1、朝南为 2、朝西为 3、朝北为 4、南北对流为 5；房屋类型赋值九层住宅（无电梯）为 1、九层住宅（有电梯）为 2、九层以上住宅（有电梯）为 3、商住公寓为 4、别墅为 5、近郊区自建房为 6。西宁市采暖量年人均最高值为 307.52kgce/a，家庭年收入标准差为 7.4004，最大值 60.00 万元，最小值 0.40 万元，房屋年龄标准差为 5.1592（表 7-9）。

表 7-9 变量描述统计分析

变量名称	变量定义	样本数	标准差	最大值/万元	最小值/万元
采暖能源消费量	取对数	428	1.8797	16.0983	6.6452
住房面积	取对数	428	0.1836	4.6052	3.9120
家庭常住人口数	家庭常住人口数/人	428	1.5316	10	1
房屋朝向	1 = 朝东、2 = 朝南、3 = 朝西、4 = 朝北、5 = 南北对流	428	1.0448	5	1
房屋类型	1 = 九层住宅（无电梯）、2 = 九层住宅（有电梯）、3 = 九层以上住宅（有电梯）、4 = 商住公寓、5 = 别墅、6 = 近郊区自建房	428	1.8079	6	1
房屋年龄/年	—	428	5.1592	20	5
家庭年收入/万元	—	428	7.4004	60	0.4

3. 模型构建

为检验不同影响因素对家庭采暖消费量的影响本研究在进行数据分析时已剔除异常值，由此建立线性模型，并采用普通最小二乘法对模型进行估计，模型设定如下：

$$\ln Y_{ij} = \beta_0 + \beta_{1ij} \ln X_{1ij} + \beta_{2ij} X_{2ij} + \beta_{3ij} X_{3ij} + \beta_{4ij} X_{4ij} + \beta_{5ij} X_{5ij} + \beta_{6ij} X_{6ij} + \varepsilon_{ij} \quad (7-4)$$

式中，$\ln Y_{ij}$ 为本研究的因变量，即 i 地区 j 户家庭采暖能源消费量的对数；而 X_{ij} 为自变量,主要包括 X_{1ij} 为住房面积、X_{2ij} 家庭常住人口、X_{3ij} 为房屋朝向、X_{4ij} 为房屋类型、X_{5ij} 为房屋年龄、X_{6ij} 为家庭年末总收入;β_0 为常数项;β_{ij} 为各影响因素的回归系数;ε_{ij} 为随机误差项。

4. 采暖能源消费驱动机制

运用多元回归方法分析,识别西宁市的家庭采暖能源消费量与住房面积、家庭常住人口、房屋朝向、房屋类型、房屋年龄、家庭年收入等影响因素之间的关系,具体分析结果如表 7-10 所示。

表 7-10 西宁市城镇家庭采暖能源消费量影响因素的回归分析

变量名称	变量定义	(1) $\ln Y_1$	(2) $\ln Y_2$	(3) $\ln Y_3$	(4) $\ln Y_4$
住房面积/m²	—	0.364	1.216**	1.042*	0.099
		(0.55)	(2.69)	(2.25)	(0.10)
家庭常住人口/人	—	0.139*	−0.0006	0.006	0.130
		(2.02)	(−0.01)	(0.10)	(0.87)
房屋朝向	朝南	0.918	0.364	−0.235	0.274
		(1.69)	(0.71)	(−0.50)	(0.18)
	朝西	1.607*	0.593	0.147	0.229
		(2.34)	(1.58)	(0.52)	(0.15)
	朝北	0.452	0.324	0.240	0.683
		(0.77)	(0.82)	(0.76)	(0.43)
	南北对流	0.584	0.563	−0.220	−0.267
		(1.05)	(1.49)	(−0.65)	(−0.18)
房屋类型	九层住宅(有电梯)	0.797*	3.522***	−0.041	2.287**
		(2.38)	(5.35)	(−0.11)	(3.06)
	九层以上住宅(有电梯)	−0.037	0.321	0.019	0.144
		(−0.17)	(1.14)	(0.09)	(0.22)
	商住公寓	−0.989	−0.061	−0.110	−0.118
		(−0.65)	(−0.10)	(−0.15)	(−0.08)
	别墅	−0.272	—	—	—
		(−0.19)	—	—	—
	近郊区自建房	5.747***	—	2.284***	1.667
		(10.48)	—	(9.43)	(1.86)
房屋年龄/年	—	−0.004	−0.025	0.006	0.013
		(−0.21)	(−1.01)	(0.35)	(0.27)
家庭年收入/万元	—	0.009	−0.011	−0.008	−0.015
		(0.72)	(−0.79)	(−0.68)	(−0.52)
_cons	—	4.506	1.936	2.495	6.400
		(1.53)	(1.10)	(1.21)	(1.42)
N	274	274	91	428	92

注:***、**和*分别表示在1%、5%和10%的水平上显著;圆括号中为 t 值。

结果显示，住房面积与采暖消费量呈现正相关关系，在 10.00%的水平上显著，平均每增加一个单位家庭住房面积，西宁市家庭采暖消费量上升 104.20 个百分点，西宁市家庭采暖方式大多为集中采暖，集中供暖采暖费按家庭住房面积计算，也意味着家庭住房面积越大消费采暖能源越多。在房屋类型方面，近郊区自建房房屋类型与家庭采暖消费量呈现正相关关系，在 1.00%的水平上显著，每增加一个房屋类型，近郊区自建房的房屋采暖消费量上升 284.40 个百分点，不过近郊区自建房房屋类型的家庭大多选择煤炭作为采暖能源消费类型，致使这一房屋类型的家庭消费的采暖能源更多（图 7-18）。

(a)用于采暖的煤炭　　(b)电力型炊事设备

图 7-18　西宁市近郊区自建房中用煤炭采暖和炊事（调研图）

7.5.3　交通能源日均碳排放驱动机制

1. 基于 Tobit 模型的回归分析

根据调研数据可知，在家庭出行中存在交通碳排放量为 0 的情况。如果使用 OLS 进行回归分析，存在一定的误差和不一致性，不能准确反映各家庭因素对交通出行碳排放量的影响。Tobit 模型可以有效地估计应变量存在 0 值，且取正值时为连续变量的情况，故使用 Stata 软件进行模型分析高原城镇家庭交通出行的碳排放量影响因素进行分析。Tobit 模型表达式如下（曾静静等，2012）：

$$Y^* = \alpha + \sum_{j=1}^{n} \beta_j x_j + \varepsilon \tag{7-5}$$

$$Y = \begin{cases} Y^*, & Y^* > 0 \\ 0, & Y^* \leq 0 \end{cases} \text{且} Y^* \sim N(0, \alpha^2) \tag{7-6}$$

式中，α 为常数项；β_j（$j = 1, 2, 3, 4, \cdots$）为待估参数；Y^* 为潜在变量；Y 为归并后的被解释变量；ε 为误差项，服从标准正态分布。

2. 交通能源日均碳排放驱动机制分析

在日常通勤单个出行目的中,男性与日均碳排放量为正向相关关系,且在 10.00% 水平下显著。也就是说,相较于女性,家庭每增加一位男性,日常通勤日均碳排放量将会增加 1.88kg/d。而在日常购物、休闲娱乐及社交情况下产生的日均碳排放量与性别无显著关系。但是,在以休闲娱乐和社交为出行目的的情况下,若每个受访者家里多增加一位男性,就会减少日均碳排放量。实地调研发现,这是因为西宁市地形为狭长的十字走向,日常工作的距离较远,男性相对于女性取得驾照的普遍程度更高,从而导致日常通行碳排放量增加。

在日常购物单个出行目的中,受访者的受教育程度为高中/中专、大专及本科的比未上过学的受访者的日均碳排放量增加,分别在 10.00%、10.00%和 5.00%的显著水平下呈现正向相关关系。在休闲娱乐单个出行目的中,受访者的受教育程度为高中/中专、大专及本科的比未上过学的受访者的日均碳排放量增加,分别在 1.00%、5.00%和 5.00%的显著性水平下呈现正相关关系。调研发现,这是因为随着学历的提升,人们的生活需求更趋向于多元化。在休闲娱乐单个出行目的中,受访者拥有 1 辆和 2 辆小汽车比没有私家车的受访者产生更多的日均碳排放量,分别在 10.00%和 5.00%的水平上显著。

最后,以社交为出行目的的情况下,随着受访者拥有小汽车的数量逐渐增加,产生的日均碳排放量也有所增加。特殊的是,受访者拥有 1 辆小汽车的数量比没有小汽车的受访者产生的日均碳排放量更多,在 1.00%的水平上呈现显著性关系。随着人们的经济水平的提高,家庭中出现了一家有 2 辆及 2 辆以上的情况,增加了日常通勤和日常购物的日均碳排放量。在休闲娱乐方面,当地人在夏季喜爱"浪山"这类休闲娱乐(家庭朋友野外聚餐,图 7-19),出行距离一般在 10km 以上,增加了交通日均碳排放量。

图 7-19 西宁市家庭喜爱的"浪山"活动,图为正在野外炊事(调研图)

在日常通勤和日常购物两种出行目的中，随着受访者的年龄增加，日均碳排放量随之减少。特别地，在日常购物为出行目的的情况下，年龄与日均碳排放量呈在1.00%的显著性水平下呈现负向相关关系，受访者的年龄每增加一岁，日均碳排放量就会减少0.05kg/d。而以休闲娱乐为出行目的的情况下，虽然，年龄与日均碳排放量无显著关系，但是，随着受访者的年龄增加，产生的日均碳排放量随之增加。随着受访者的受教育程度提高，日常通勤日均碳排放量、日常购物日均碳排放量、休闲娱乐日均碳排放量与社交日均碳排放量呈现上升趋势。特别地，在日常通勤的情况下，受访者的受教育水平为大专水平相较于未上过学的受访者日均碳排放量更多，并且在10.00%显著水平上呈现正向相关关系。

在日常通勤、日常购物为出行目的的情况下，随着受访者家庭拥有自行车数量的不断增加，日均碳排放量也随之增加。尤其是，受访者家庭拥有三台及以上自行车数量的情况下，与日均碳排放量在1.00%的显著性水平上呈现正向相关关系。调研发现虽然人们倾向于骑自行车出行，但是西宁市寒冷时间较长，且基础设施不完善，使得居民使用自行车出行不便。通勤和购物地点与受访者居住地有一定距离，只能使用私家车等其他交通工具，一定程度上导致碳排放量增加。在这两种出行目的中，无职业者相较于国家公务员与日均碳排放量呈现正向相关关系，分别在10.00%和1.00%的水平下显著。

在日常通勤、日常购物及休闲娱乐的三种出行目的中，随着家庭年末收入水平的不断增加，日均碳排放量随之减少，尤其在日常购物的情况下，家庭年末收入水平与日均碳排放量在10.00%的显著性呈现负向相关关系，家庭年末收入水平每增加1万元，碳排放量将减少0.02kg/d。而在社交情况下，家庭年末收入水平与日均碳排放量在1.00%的显著性呈现正向相关关系。

在日常通勤、日常购物、休闲娱乐和社交四种出行目的中，随着家庭常住人口数的增加，日均碳排放量呈上升趋势。同时，随着受访者拥有小汽车数量的增加，日均碳排放量也随之增加。但在日常通勤和日常购物的两种出行目的的情况下，随着家庭劳动人口数增加，日均碳排放量反呈下降趋势，且都在10.00%的显著性水平上呈负向相关关系。调研发现，这是因为家庭劳动人口数的增加，工作上趋向于公共交通、步行等方式出行，导致碳排放量减少；而在日常购物上，居民使用网购和外卖也导致购物碳排放量下降（表7-11）。

表7-11　西宁市不同出行类型的日均碳排放量影响因素

变量名称	变量定义	日常通勤	日常购物	休闲娱乐	社交
性别	—	1.879*	0.506	−0.638	−0.331
		(2.23)	(1.81)	(−0.86)	(−0.83)
年龄/岁	—	−0.0363	−0.0548***	0.0292	−0.0383
		(−0.85)	(−3.60)	(0.77)	(−1.89)
家庭常住人口数/人	—	0.296	0.0772	0.178	0.0415
		(0.88)	(0.68)	(0.60)	(0.26)
家庭劳动人口数/人	—	−1.296*	−0.423*	0.425	−0.180
		(−2.50)	(−2.22)	(0.94)	(−0.73)
受教育程度	小学	0.991	0.0929	4.638	1.061
		(0.38)	(0.09)	(1.73)	(0.86)

续表

变量名称	变量定义	日常通勤	日常购物	休闲娱乐	社交
受教育程度	初中	2.652 (1.12)	1.486 (1.63)	4.834 (1.92)	1.165 (1.04)
	高中/中专	4.517 (1.84)	1.859* (1.97)	9.078*** (3.56)	1.490 (1.30)
	大专	5.258* (2.00)	2.500* (2.53)	8.579** (3.18)	2.195 (1.78)
	本科	4.695 (1.74)	2.917** (2.89)	9.069** (3.30)	0.775 (0.61)
	本科及以上	4.984 (1.27)	2.063 (1.44)	6.911 (1.87)	−0.848 (−0.46)
职业	办公室职员	0.00172 (0.00)	0.633 (0.95)	−0.141 (−0.08)	0.382 (0.39)
	高级管理层	4.702 (0.68)	−7.045 (−0.02)	−0.452 (−0.07)	−0.386 (−0.11)
	科教卫技术人员	3.185 (1.12)	0.345 (0.37)	−3.229 (−1.25)	−0.840 (−0.61)
	普通工人	1.963 (0.99)	0.202 (0.30)	−0.619 (−0.36)	1.120 (1.19)
	普通管理	1.972 (0.81)	1.132 (1.41)	−1.206 (−0.54)	−0.0475 (−0.04)
	企业业主	−30.59 (−0.03)	−8.948 (−0.03)	−27.93 (−0.04)	−14.62 (−0.03)
	军队/警察	9.260 (1.32)	2.445 (1.16)	3.443 (0.55)	1.464 (0.42)
	学生	−3.476 (−1.46)	−1.465 (−1.86)	2.411 (1.18)	−0.218 (−0.20)
	退休	−0.794 (−0.30)	0.974 (1.07)	−3.297 (−1.37)	−0.383 (−0.30)
	自由职业者	1.267 (0.64)	0.472 (0.71)	−0.515 (−0.31)	0.481 (0.52)
	无职业者	5.888* (2.13)	3.836*** (4.17)	1.702 (0.70)	0.931 (0.72)
	其他	1.664 (0.82)	0.418 (0.62)	−1.528 (−0.87)	0.750 (0.79)
家庭年收入	万元	−0.0172 (−1.40)	−0.0275* (−2.21)	−0.00515 (−0.47)	0.111*** (18.36)
拥有自行车数量	1台	0.382 (0.38)	0.274 (0.84)	1.691 (1.93)	0.199 (0.42)
	2台	4.126** (2.83)	0.177 (0.35)	0.0660 (0.05)	−0.460 (−0.64)
	3台及以上	18.95*** (7.17)	3.884*** (4.61)	1.633 (0.65)	0.771 (0.59)

续表

变量名称	变量定义	日常通勤	日常购物	休闲娱乐	社交
拥有私家车数量	1 台	1.328 (1.47)	−0.0175 (−0.06)	2.069* (2.57)	1.683*** (3.94)
	2 台	5.564*** (3.83)	0.801 (1.70)	4.303** (3.25)	2.220** (3.15)
	3 台及以上	6.066** (2.65)	3.354*** (4.75)	2.691 (1.28)	2.221* (1.99)
cons	—	−5.411 (−1.36)	−0.767 (−0.52)	−11.12** (−2.89)	−0.780 (−0.41)
N	—	361	361	361	361

注：***、**和*分别表示在 1%、5%和 10%的水平上显著；圆括号中为 t 值。

7.6 本章小结

西宁市城镇人均家庭能源消费量为 461.57kgce/a。家庭能源消费量为 10.56kgce/d，人均碳排放为 6.11kg/d。西宁市城镇居民家庭能源消费量主要来源于室内和室外用能。在室内用能方面，家庭部门的采暖设备的能源消费量最高，采暖设备产生的碳排放量最高，所产生的碳排放占总量的 93.99%。收入为 1.00 万元以下的家庭，是西宁市家庭采暖户均消费量的主要贡献者。住房面积大小使得采暖设备户均消费量差异较大。从区域角度来说，相较于湟中区、大通回族土族自治县以及湟源县，西宁市中心主城区人均碳排放量更高。

西宁市采暖设备能源消费总量为 576.1kgce/d，仅次于海东市，位居青海省第二位（史晓楠等，2023）。而西宁市户均采暖消费量为 3.91kgce/d，仅次于海南藏族自治州，近郊区自建房房屋类型的家庭大多选择煤炭作为采暖能源消费类型，使得这一房屋类型的家庭消费的采暖能源更多。其次是炊事设备，人均能源消费量为 74.56kgce/a，能源类型主要包括天然气、电能、煤炭及液化气。热水器和照明设备的人均能源消费分别为 60.36kgce/a 和 10.66kgce/a，能源类型主要包括电能、太阳能及天然气。在家用电器方面，冰箱、洗衣机、电视机的人均用能分别为 5.85kgce/a、0.44kgce/a、2.17kgce/a，其中，洗衣机的能源消费量的比例最小。随着家庭年收入的不断增加，人均家庭能源消费量在逐渐减少，家庭劳动人口数与人均能源消费量呈负相关。

家庭交通碳排放方面，在日常通勤为出行目的的情况下，男性与日均碳排放量为正向相关关系；在日常购物为出行目的的情况下，年龄与日均碳排放量呈负向相关关系。无职业者相较于国家公务员，拥有自行车数量更多；家庭年末收入水平在日常通勤、日常购物及休闲娱乐的三种出行目的的情况下，日均碳排放量呈现负向相关关系。此外，受访者的教育程度，家庭常住人口和私家车拥有量都会对日常购物、休闲娱乐的日均碳排放量产生显著的正向影响。综合调研情况与数据分析发现，西宁市与周边地区存在具有特色的跨地区通勤、休闲行为，这种"周末在西宁休闲，周一在地州工作"的跨地区通勤模式，一方面由于西宁市作为青藏高原海拔相对较低的地区，拥有更宜居的自然环境与物质条件；另一方面政府机构与事业单位对地州县工作人员的住房支持（在西宁市提供低价单位社区住宅)以及工资补贴,也是促使工作人员以周为单位周期性通勤的原因之一。另外,调查中发现,由于周边高海拔地区冬半年气候恶劣,在西宁市存在以季节为单位的通勤行为,即春、夏、秋在地州县工作,冬季在西宁市居住(放假)的高原特色工作模式。可见,跨地区通勤现象与作为西部城市的西宁市特殊的城市发展背景相关。

参 考 文 献

姜璐, 刘艳娟, 史晓楠, 等. 2023. 基于物质流的青海高原城镇社区家庭能源消费研究——以西宁市为例. 干旱区地理, 46(2): 294-304.
姜璐, 余露, 薛冰, 等. 2019. 青海省家庭能源消费结构地域特征. 经济地理, 39(8): 146-152, 176.
刘若杨, 史培军, 唐海萍, 等. 2023. 青藏高原植被产氧量及其对近地表大气氧含量的贡献率. 地理学报, 78(05): 1136-1152.
青海省统计局. 2018. 青海省统计年鉴2018年统计公报. http://tjj.qinghai.gov.cn/nj/2018/indexch.htm.
青海省统计局. 2021. 青海省统计年鉴2020. 北京: 中国统计出版社.
史晓楠, 李瑾柔, 赵晶文, 等. 青海高原城镇家庭能源消费碳排放空间特征研究. 辽宁大学学报(自然科学版). 录用待刊.
王静. 2011. 居民家庭交通碳排放模型研究. 西安: 长安大学.
西宁市人民政府. 2022. 气候. https://www.xining.gov.cn/zjxn/xngk/ly/qh/202102/t20210201_72939.html. [2022-07-01].
西宁市统计局. 2020. 西宁市统计年鉴 2020. https://tjj.xining.gov.cn/zwgk/fdzdgknr/tjxx/gjnj/202010/P020210609640828249980.pdf.[2021-06-25].
西宁市统计局. 2021. 西宁市统计年鉴 2021. https://tjj.xining.gov.cn/zwgk/fdzdgknr/tjxx/gjnj/202111/t20211126_159614.html.[2021-12-24].
肖林橙. 2012. 城市社区家庭日常出行的碳排放影响机制研究. 南京: 南京大学.
杨铭, 王志峰, 王鹏苏, 等. 2013. 推进我国北方地区太阳能供暖途径与措施探讨. 建设科学, (10): 22-26.
杨选梅, 葛幼松, 曾红鹰. 2010. 基于个体消费行为的家庭碳排放研究. 中国人口·资源与环境, 20(5): 35-40.
姚檀栋, 陈发虎, 崔鹏, 等. 2017. 从青藏高原到第三极和泛第三极. 中国科学院刊, 32(9): 924-931.
曾静静, 张志强, 曲建升, 等. 2012. 家庭碳排放计算方法分析评价. 地理科学进展, 31(10): 1341-1352.
张瑞丹, 李银轮, 周家城. 2020. 青海地区光伏供暖技术选型及效益分析. 河南科技, 39(34): 139-141.
张云辉, 郝时雨. 2022. 收入差距与经济集聚对碳排放影响的时空分析. 软科学, 2022: 1-11.
郑新业, 魏楚, 虞义华, 等. 2017. 中国家庭能源消费研究报告(2016). 北京: 科学出版社.
中国建筑节能协会. 2018. 中国建筑能源消费研究报告(2018年). 上海: 中国建筑节能协会.
Brand C, Boardman B. 2017. Taming of the few-The unequal distribution of greenhouse gas consumption data in rural China. Nature Energy, 2(10): 795-803.
Druckman A, Jackson T. 2008. Household energy consumption in the UK: A highly geographically and socio-economically disaggregated model. Energy Policy, 36(8): 3177-3192.
Kenny T, Gray N F. 2009. A preliminary survey of household and personal carbon dioxide emissions in Ireland. Environment international, 35(2): 259-272.
Li J, Huang X, Yang H, et al. 2016. Situation and determinants of household carbon emissions in Northwest China. Habitat International, 51: 178-187.
Qin B, Han S S. 2013. Planning parameters and household carbon emission: Evidence from high-and low-carbon neighborhoods in Beijing. Habitat International, 37: 52-60.
Wu S, Zheng X, Wei C. 2017. Measurement of inequality using household energy consumption data in rural China. Nature Energy, 2(10): 795-803.

第 8 章　城镇家庭能源消费与碳排放对比

8.1　城镇家庭能源消费及碳排放对比分析

区域差异揭示了地表自然地理环境和人文与经济地理环境分布的基本特征，"因地制宜"是地理学在应用服务领域发挥其自身价值的根本理念。长期以来，探究区域差异规律、探究因地制宜的法则，是人文与经济地理学科发展的重要任务（樊杰，2016）。城镇化将对城镇地区的家庭能源消费结构产生持续性的影响（郑新业等，2017），由于我国东、中、西部的自然特征、社会经济条件以及区域政策的不同，区域城镇化现状及发展趋势存在着显著差异。本章将深入对比分析 4 个案例地区家庭能源消费碳排放情况，探究我国不同地区城镇家庭的能源消费及碳排放的联系和异同，试图变抽象为直观，加深对区域家庭能源消费碳排放与碳排放风险的理解。

8.1.1　能源消费及碳排放结构对比

根据地域差异特点，将 4 个城镇分为两组进行家庭能源消费特征的比较。第一组为东部城镇聊城市和西部城镇西宁市，第二组为北方城镇北京市和南方城镇广州市。首先，在能源消费量方面（表 8-1），4 个城镇的城镇家庭室内年人均能源消费量由高到低分别为北京市（613.80kgce/a）、西宁市（461.57kgce/a）、聊城市（437.16kgce/a）、广州市（189.57kgce/a）；年人均碳排放量由高到低分别为北京市（2344.33kg/a）、西宁市（2230.15kg/a）、广州市（1519.24kg/a）、聊城市（1412.13kg/a）。整体来看，北京市的城镇居民能源消费量和碳排放量明显高于其余三个城镇。具体从两个城市组别对比分析：在东部平原和西部高原中，西宁市年人均能源消费量和碳排放量略高于聊城市，分别是聊城市的 1.06 倍和 1.58 倍；在东部城镇的南北地区，北京市和广州市的年人均能源消费量和碳排放量差异相较东西部组别的城市更加明显，北京市分别为广州市的 3.24 倍和 1.54 倍。上述差异除了与这些城镇所在的区域气候有关之外，能源消费结构也起到了重要作用（图 8-1）。

表 8-1　案例城镇户均家庭能源消费碳排放对比表

类别	北京市	西宁市	聊城市	广州市
人均能源消费量/（kgce/a）	613.80	461.57	437.16	189.57
人均能源碳排放/（kg/a）	2344.33	2230.15	1412.13	1519.24

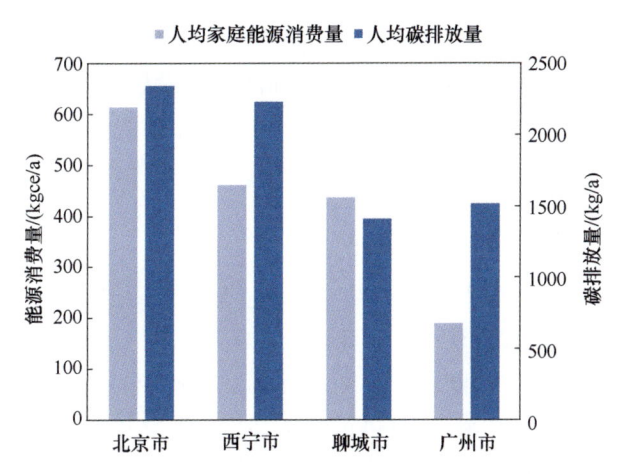

图 8-1 案例城镇家庭室内人均能源消费和碳排放对比

在能源类型方面，聊城市和西宁市家庭能源消费的主要使用能源存在差异，聊城市主要使用煤炭，西宁市则主要使用天然气（图 8-2）。这主要是由于上述两地的家庭能源消费受到了区域资源禀赋和产业结构的影响。其中，西宁市的丰富天然气资源和政策支持促进了天然气在城镇居民家庭能源消费的稳步发展（青海省统计局，2022；西宁市人民政府，2018），而聊城市以传统工业为主，煤炭供给结构及配套设施相对完善，因此，煤炭成为居民家庭能源消费系统的重要组成部分。

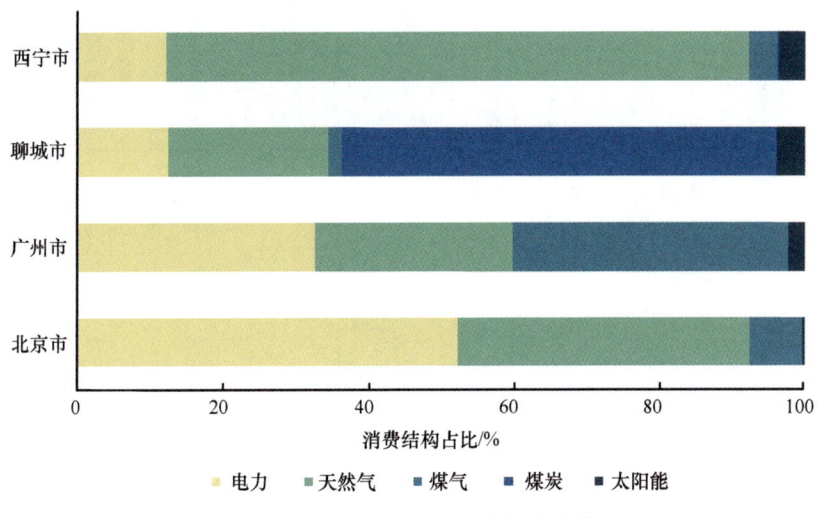

图 8-2 案例城镇家庭能源消费结构情况

广州市的家庭能源消费类型以煤气为主，占比 38.02%，其次是电力和天然气，分别占家庭能源消费总量的 29.11% 和 27.11%。北京市家庭主要的能源消费类型则是天然气，占比达到 40.31%。这是因为北京市的天然气基础设施覆盖面广，相比其他能源更易于传输。此外，北京市高新产业的发展和相应的政策文件也促进了天然气配套设施的完善，如《北京市关于支持新型储能产业发展的若干政策措施》。广州市的天然气使用与北京市相比较少,主要原因是广东省的天然气能源生产量较少,同时居民因受湿热气候因素和粤式生活习惯的影响,"煲汤"和"冲凉"的次数更多,用于炊事和热水的液化石油气使用量也随之增多。总体而言,广州市和北京市的能源消费结构存在明显差异,前者以煤气为主,后者以天然气为主,这种差异主要是由当地的政府政策、基础设施和居民消费意愿等多种因素所决定的。

分析广州市、北京市、聊城市、西宁市的家庭年收入,可以看出家庭收入与家庭能源消费量之间存在一定的相关性(图 8-3)。在聊城市,人均能源消费量为 0~1000kgce/a 的家庭主要分布在年总收入为 0~40 万元内。而在年总收入为 40 万元以上的家庭中,人均能源消费量水平均低于 600kgce/a。在西宁市,家庭年总收入在 0~20 万元内,家庭人均消费量主要集中在 0~1500kgce/a,但也有少量家庭的人均消费量超过 1500kgce/a。当年总收入超过 20 万元时,家庭的人均能源消费量水平低于 1000kgce/a。在聊城市和西宁市这两个城镇中,随着家庭年总收入的增加,家庭年人均能源消费量呈现逐渐降低的趋势。

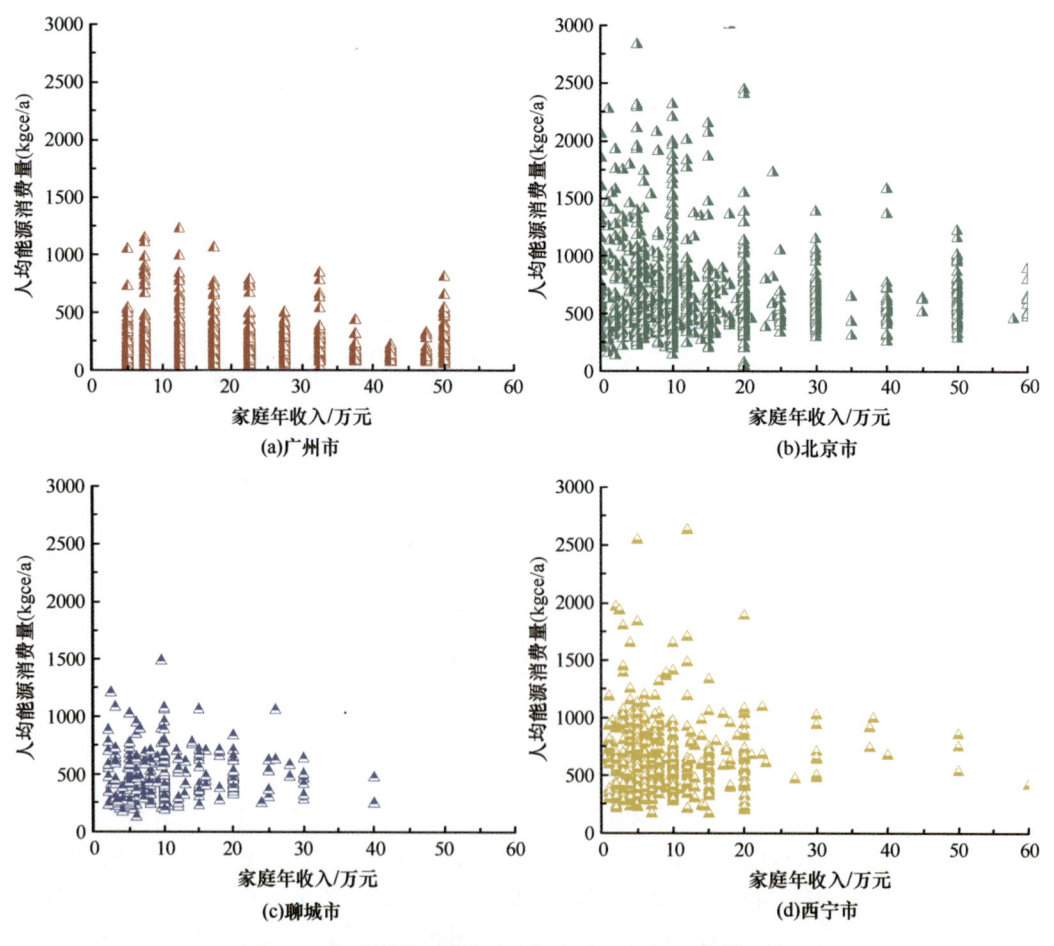

图 8-3 案例城镇家庭年收入与年人均能源消费量的情况

在广州市，家庭年总收入在 0～50 万元内，家庭能源消费量均匀分布，其人均家庭能源消费量主要在 0～1000kgce/a 区间内，但也有少量家庭年人均能源消费量超出了 1000kgce/a。在年总收入为 40 万元左右的家庭中，家庭人均消费量在 800kgce/a 以下，保持较低水平。在北京市，大多数人均能源消费量低于 2500kgce/a 的家庭分布在年总收入在 0～50 万元的区间内，但在此收入区间内，也有少数家庭的人均能源消费量超过了 3000kgce/a，个别家庭甚至超过了 4000kgce/a。然而，在年总收入超过 50 万元的家庭中，其人均能源消费量低于 1000kgce/a。总之，广州市大多数人均家庭能源消费量在 0～1000kgce/a 之间，但也有一些家庭的人均能源消费量超过了 1000kgce/a，而北京市大多数人均家庭能源消费量低于 2500kgce/a，在年总收入超过 50.00 万元的家庭中，能源消费量低于 1000kgce/a。

此外，探究家庭年总收入与人均能源消费量之间的关系，发现 4 个案例城镇的家庭收入水平存在较大差距（图 8-3）。聊城市的家庭收入最大值为 100.0 万元，最小值为 2.0 万元；西宁市的家庭收入最大值和最小值的差距尤为明显，最大值达到了 600.0 万元，最小值为 0.4 万元。广州市的最大值为 50.0 万元，最小值为 5.0 万元；北京市的最大值为 500.0 万，最小值为 1.0 万元。在能源消费方面，北京市的人均能源消费量最大值远高于其他 3 个城镇，达到了 4665.50kgce/a，而最小值为 37.18kgce/a。这可能与该市的产业结构、经济发展水平、人口密度等因素有关。相比之下，广州市、聊城市和西宁市的人均家庭能源消费量的最大值分别为 1225.08kgce/a、1488.58kgce/a 和 2636.34kgce/a，最小值分别为 3.51kgce/a、129.04kgce/a 和 168.74kgce/a。

8.1.2 能源用途及碳排放对比

在能源用途方面，广州市、北京市、西宁市和聊城市差异较大（图 8-4），依据 4 个案例城镇的年人均能源消费数据制作各城镇的能源物质流图（图 8-5 至图 8-8）。西宁市城镇家庭能源消费及碳排放的主要来源是采暖设备，采暖作为消耗能源最多的用能活动，占比约为 66.62%，其次是炊事设备。聊城市家庭能源消费用途与西宁市类似，能耗同样是用于满足居民热舒适度需求。但是，聊城市在其余用能活动中则是用于厨房和热水器设备的能源消耗较多。北京市与广州市相比，除了夏季制冷外，冬季还需要大量能源采暖。

在西部高原城市西宁市，炊事设备、家用电器、照明设备和热水器所消耗的能源占比分别为 16.15%、1.84%、2.31% 和 13.08%。在东部平原聊城市，这些设备的能源消耗占比分别为 17.61%、5.48%、5.56% 及 24.19%。对比上述两个城市，虽然聊城市的炊事设备消耗的家庭能源占比更高，但其碳排放量却较少，主要是因为聊城市城镇家庭使用煤炭进行炊事活动产生的能耗占比仅为 0.22%，而西宁市城镇居民使用煤炭作为炊事能源的占比达 2.89%，是聊城市的 10 余倍。

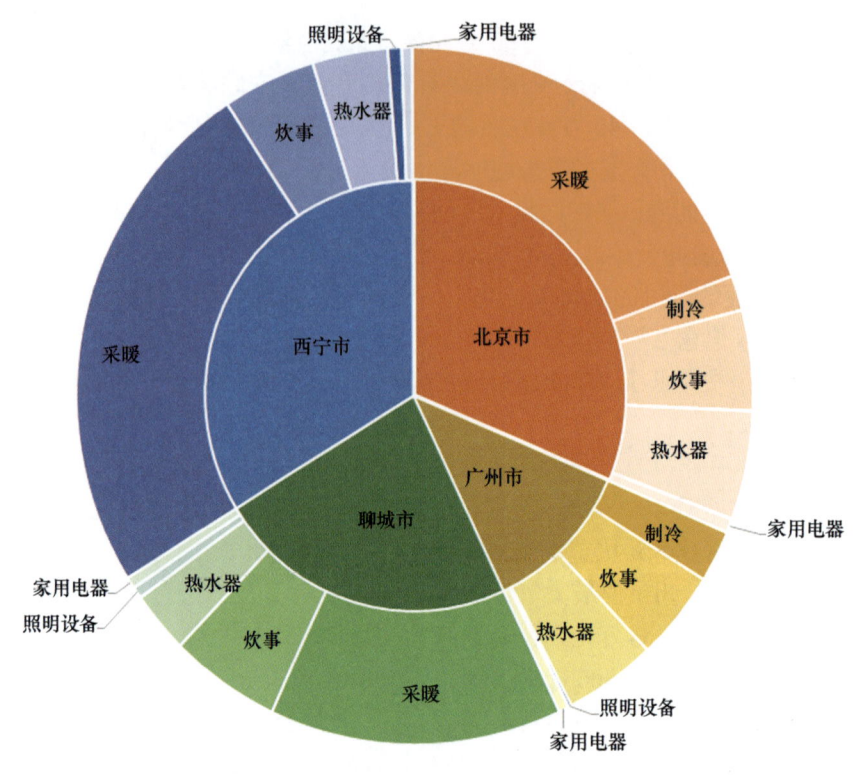

图 8-4　案例城镇家庭室内能源消费碳排放用途
注：图中面积越大说明该部分年人均能耗越高

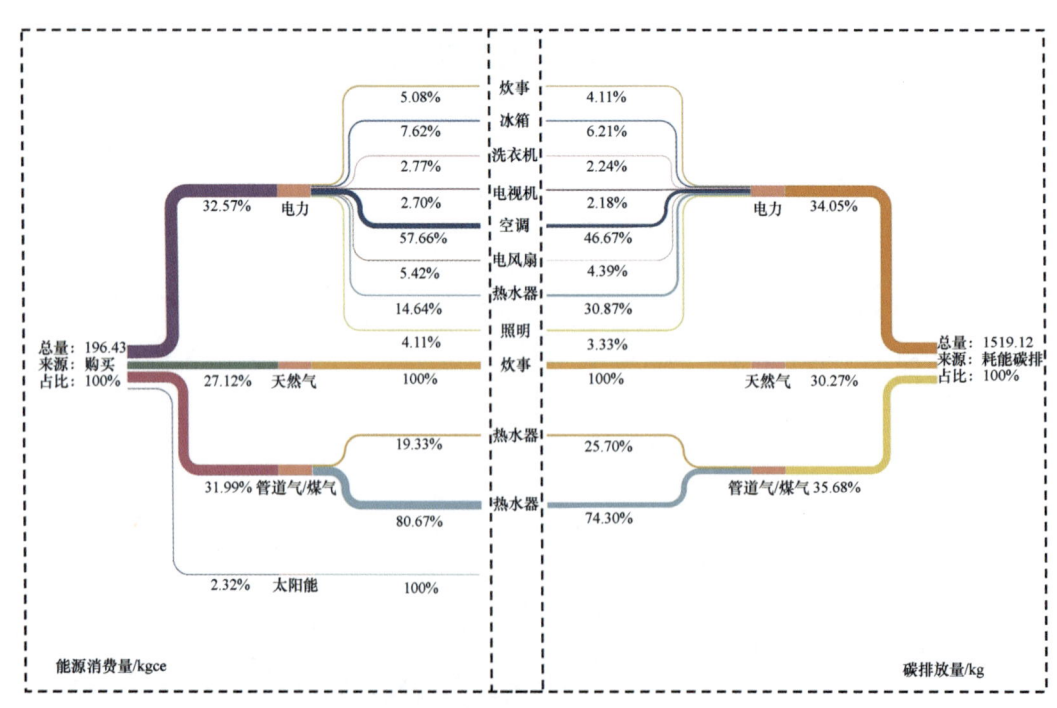

图 8-5　广州市家庭年人均能源消费物质流

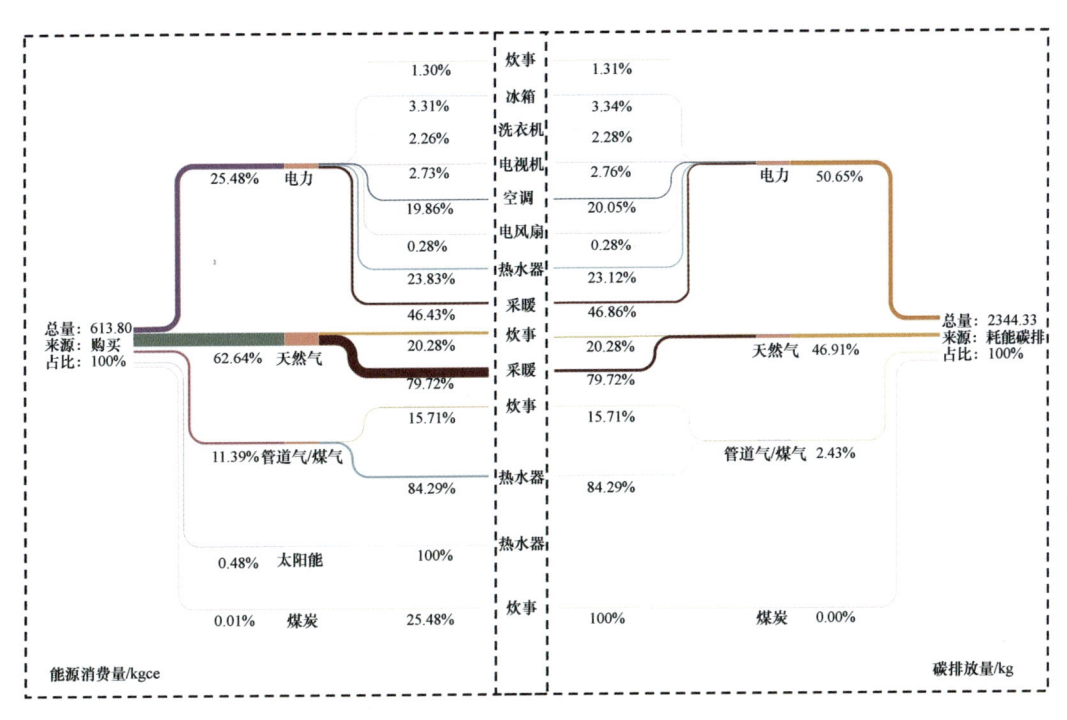

图 8-6　北京市家庭年人均能源消费物质流

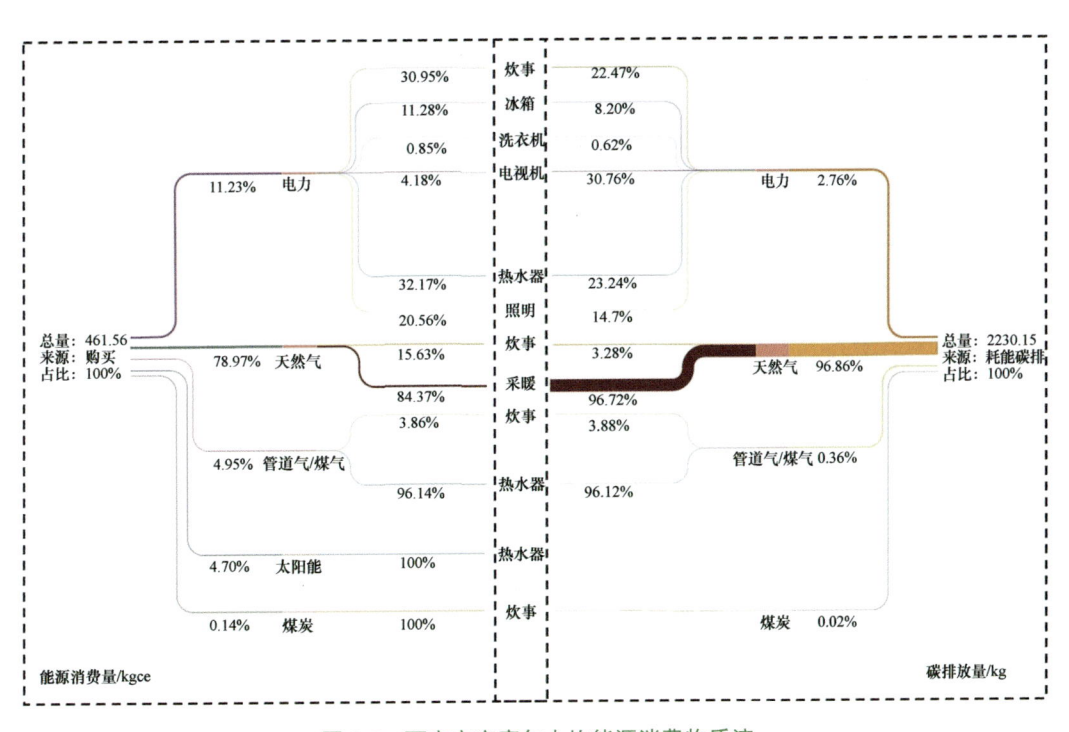

图 8-7　西宁市家庭年人均能源消费物质流

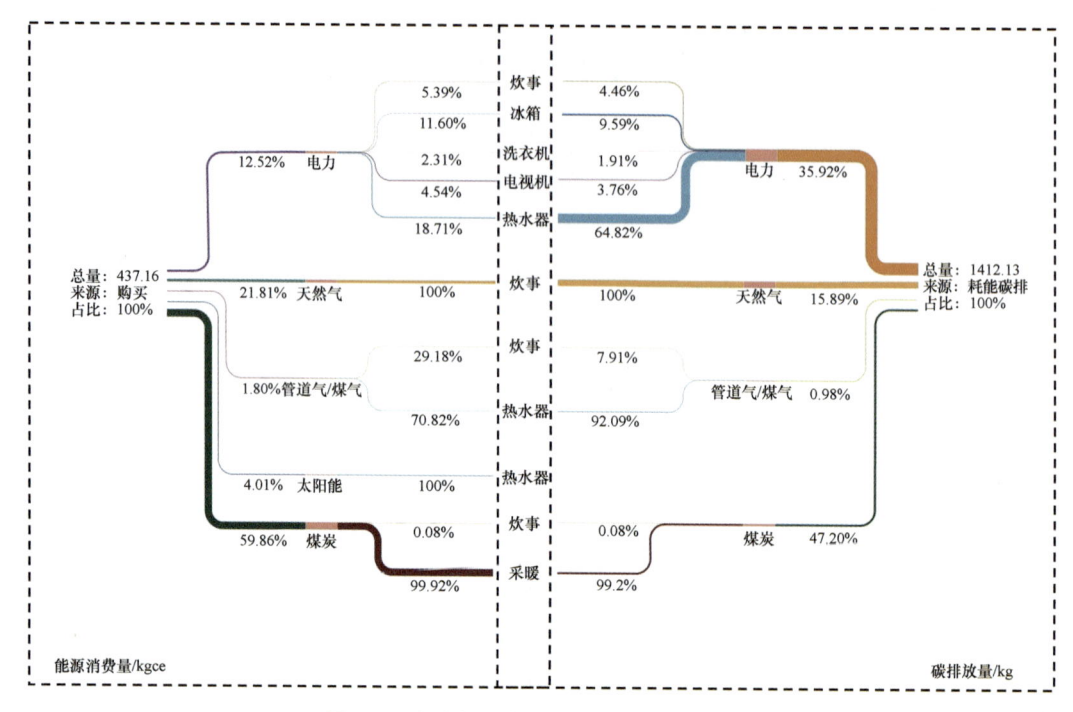

图 8-8 聊城市家庭年人均能源消费物质流

北京市的炊事设备、家用电器和热水器产生的能耗量分别占城镇家庭室内总能耗量的 14.83%、2.12% 和 16.15%；广州市的炊事设备、家用电器和热水器的能耗量则分别占室内家庭总能耗量的 36.80%、4.34% 和 38.41%。由于南方湿热气候和广州居民"煲汤"这一特殊的饮食习惯影响，广州市城镇居民的热水器和炊事设备的能源消费量占比均约为北京市的 2.0 倍。此外，广州市家用电器能耗量也是北京市的 2.0 倍，是因为北京市居民住宅建筑面积普遍小于广州市，使得其家用电器配备率更低（图 8-5）。

采暖和制冷能源消费反映了居民用于满足热舒适度的能源消费。聊城市集中供暖以煤炭为主，人均能耗量为 261.49kgce/a，产生的碳排放为 666.05kg/a；西宁市城镇家庭采暖人均能源消费量为 412.07kgce/a，产生的碳排放量为 1178.64kg/a，这主要因为相较于聊城市集中供暖使用煤炭，西宁市仍有居民是依赖煤炭自采暖，而自采暖使用煤炭产生的碳排放量会更高。对比东部南-北城市广州市和北京市发现：北京市用于热舒适度产生的人均碳排放量高达 1675.35kg/a，约为广州市的 6.34 倍。广州市居民满足自身热舒适度所需能源最少，在夏季采用空调或电风扇作为制冷设备，人均能耗量为 40.36kgce/a，对应的碳排放最低为 264.10kg/a，而北京市同时需要采暖和制冷设备，导致居民在满足热需求时产生的能耗量和碳排放都较高，人均采暖能耗为 379.12kgce/a，人均制冷所需能耗为 31.49kgce/a（表 8-2）。

表 8-2　案例城镇家庭人均采暖和制冷能源消费及碳排放量

类别	采暖 能耗/(kgce/a)	采暖 碳排/(kg/a)	制冷 能耗/(kgce/a)	制冷 碳排/(kg/a)	采暖和制冷人均碳排放量/(kg/a)
广州市	0.00	0.00	40.36	264.10	264.10
北京市	379.12	1434.45	31.49	240.90	1675.35
聊城市	261.49	666.05	0.00	0.00	677.52
西宁市	412.07	1178.64	0.00	0.00	1178.64

8.1.3　交通用能碳排放

西宁市城市家庭的交通能源户均碳排放量为 11695.35kg/a，是聊城市的 9.61 倍。如图 8-10 所示，在出行方式方面，西宁市居民主要选择步行（38.65%）、公共交通（26.86%）和私家轿车（22.54%），其次为出租车（8.20%）。碳排放主要来源于出租车（49.02%）、私家轿车（22.94%）和网约车（22.94%）。相较之下，聊城市居民主要选择电瓶车（49.30%）、私家轿车（24.48%）和步行（16.89%），公共交通（4.74%）和共享单车（2.79%）次之。碳排放主要来自私家轿车（91.34%），其次为电瓶车（3.36%）、出租车（2.97%）和公共交通（1.88%）。

从两市城镇居民日常通勤、购物、休闲娱乐及社交的交通能源碳排放占比来看（表 8-3），它们在总碳排放中所占的比例相似。但西宁市居民选择步行、公共交通、网约车和出租车的比例明显高于聊城市。从碳排放量的角度看，聊城市选择私家轿车作为出行方式的家庭仅占 24.48%，但其产生的碳排放达到总量的 90.00% 以上，户均碳排放量为 1111.95kg/a；而西宁市居民交通出行碳排放的 90.00% 以上来自出租车、私家轿车和网约车，它的户均碳排放量为 11099.30kg/a，这三类出行方式的占比为 32.73%。因此，西宁市城镇家庭交通能源碳排放显著高于聊城市。

表 8-3　聊城市和西宁市城镇家庭交通出行方式选择和能源消费碳排放具体情况

类型	出行方式	聊城市 出行方式选择占比/%	聊城市 户均碳排放量/(kg/a)	聊城市 年户均碳排放量占比/%	西宁市 出行方式选择占比/%	西宁市 户均碳排放量/kg	西宁市 年户均碳排放量占比/%
日常通勤	步行	2.87	0.00	0.00	9.11	0.00	0.00
	公共交通	1.56	7.46	0.61	7.51	141.62	1.21
	网约车	0.00	0.00	0.00	0.28	789.86	6.75
	出租车	0.03	5.89	0.48	0.80	1687.76	14.43
	私家小轿车	8.11	367.01	30.15	5.92	789.86	6.75
	电瓶车	11.95	14.15	1.16	0.63	33.58	0.29
	共享单车	0.47	0.00	0.00	0.17	0.00	0.00

续表

类型	出行方式	聊城市 出行方式选择占比/%	聊城市 户均碳排放量/(kg/a)	聊城市 年户均碳排放量占比/%	西宁市 出行方式选择占比/%	西宁市 年户均碳排放量/kg	西宁市 年户均碳排放量占比/%
日常购物	步行	4.48	0.00	0.00	13.43	0.00	0.00
	公共交通	0.97	1.60	0.13	5.81	46.72	0.40
	网约车	0.20	4.13	0.34	0.23	259.52	2.22
	出租车	0.18	2.65	0.22	1.08	554.44	4.74
	私家小轿车	4.57	101.17	8.31	3.41	259.52	2.22
	电瓶车	13.68	8.17	0.67	0.34	10.95	0.09
	共享单车	0.92	0.00	0.00	0.00	0.00	0.00
休闲娱乐	步行	5.73	0.00	0.00	8.82	0.00	0.00
	公共交通	0.84	7.97	0.65	6.37	141.99	1.21
	网约车	0.20	0.00	0.00	0.57	790.23	6.76
	出租车	0.15	5.15	0.42	2.39	1688.49	14.44
	私家小轿车	6.07	341.98	28.09	6.20	790.23	6.76
	电瓶车	11.71	8.72	0.72	0.23	33.58	0.29
	共享单车	0.30	0.00	0.00	0.11	0.00	0.00
社交	步行	3.80	0.00	0.00	7.29	0.00	0.00
	公共交通	1.37	5.83	0.48	7.17	151.48	1.30
	网约车	0.10	1.38	0.11	0.91	843.52	7.21
	出租车	0.93	22.52	1.85	3.93	1802.37	15.41
	私家小轿车	5.74	301.78	24.79	7.00	843.52	7.21
	电瓶车	11.97	9.85	0.81	0.17	36.14	0.31
	共享单车	1.09	0.00	0.00	0.11	0.00	0.00
总计	步行	16.89	0.00	0.00	38.65	0.00	0.00
	公共交通	4.74	22.85	1.88	26.86	481.80	4.12
	网约车	0.50	5.51	0.45	1.99	2683.12	22.94
	出租车	1.30	36.21	2.97	8.20	5733.06	49.02
	私家小轿车	24.48	1111.95	91.34	22.54	2683.12	22.94
	电瓶车	49.30	40.89	3.36	1.37	114.25	0.98
	共享单车	2.79	0.00	0.00	0.40	0.00	0.00

相较于西宁市，聊城市居民更倾向于选择电瓶车和共享单车（表8-3）。聊城市居民出行选择电瓶车占比49.30%，碳排放主要来源于私家轿车（占比91.34%，户均碳排放1111.95kg/a）。而西宁市居民以步行为主要出行方式，碳排放主要来自出租车（占比

49.02%，户均碳排放 5733.06kg/a）。因此，聊城市户均碳排放较低。西宁市家庭在社交、通勤和娱乐出行时，更多选择网约车、出租车和私家轿车，导致较高的碳排放。这与西宁市城区非机动车道较少、居民活动范围较广和地势起伏较大等因素有关。从出行事件类型来看（表 8-3），聊城市碳排放主要来自私家轿车的日常通勤（占比 30.15%，户均碳排放 367.01kg/a），其次是休闲娱乐、社交和日常购物。西宁市碳排放主要源于社交活动（占比 15.41%，户均碳排放 1802.37kg/a），其次是休闲娱乐、日常通勤和购物。

尽管两市居民日常通勤、购物、休闲娱乐和社交的交通碳排放占比相似，但西宁市城镇家庭交通能源碳排放比聊城市高出近十倍，主要原因有两个：一是西宁市居民选择网约车和出租车的比例较高（图 8-9），产生的能耗碳排放更多；二是聊城市居民活动主要集中在东昌府区。而相比于聊城市，西宁市与周边地区间存在具有高原地区特色的跨城市通勤和休闲行为（柴彦威和谭一洺，2017），青海省其他地州县（如德令哈市、化隆等地区）的部分工作人员，会在周末居住在海拔相对较低、设施更加完备的西宁市内，并进行休闲、购物活动，周一早上出发前往地州市工作并居住在当地（图 8-10）。

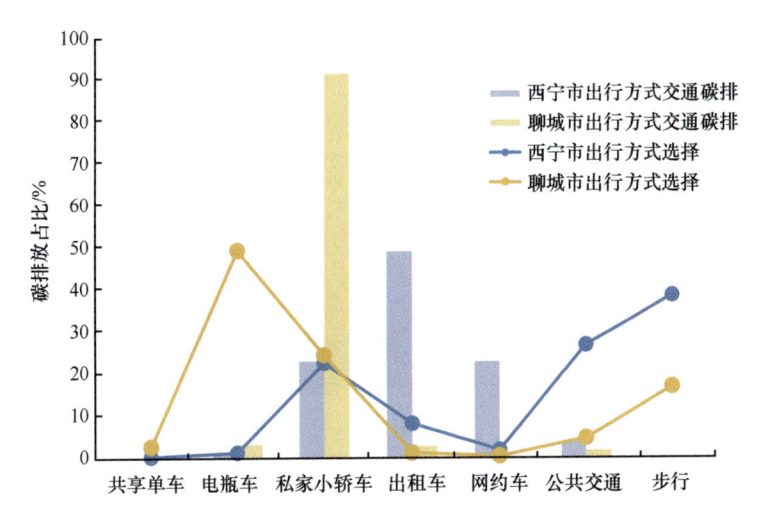

图 8-9 基于出行方式的西宁市与聊城市城镇家庭交通能源碳排放对比

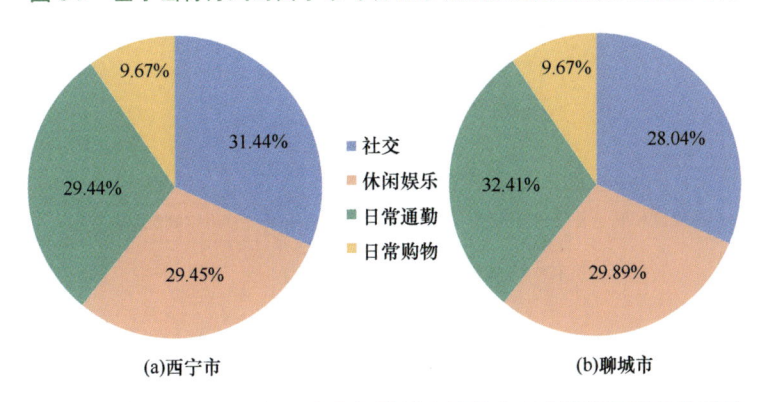

图 8-10 基于出行目的的西宁市与聊城市城镇家庭交通能源碳排放对比

注：因数值修约图中个别数据略有误差

8.1.4　家庭能源消费碳排放空间结构

广州市及西宁市城镇家庭能源消费碳排放均存在着空间异质性，但聊城市和北京市的城镇家庭能源消费碳排放未能呈现出空间异质性。其中，西宁市的高值在常住人口少，住房面积大的家庭聚集，除常住人口、住房面积外，广州市的聚集还同家庭收入、受访者的户籍有关。此外，广州市及西宁市家庭能源消费碳排放的高值聚集往往出现在房屋建造年份较久远的地区，因为受建筑结构和材料的影响，此类家庭能源消费较多，但该现象在聊城市却不明显。关于交通家庭能源消费碳排放的空间聚集，西宁市城镇地区的高值聚集出现在建成区，低值聚集出现在建成区以外的区/县，而聊城市的市域中心却出现了低值聚集，高值聚集则出现在市域副中心，这同两地的交通基础设施建设、地区职能等因素密切相关。北京市家庭能耗碳排放存在空间相关性特征，但不存在高/低聚类现象。

8.2　教育对区域家庭能源消费的影响分析

8.2.1　教育与家庭能源消费

教育对家庭能源消费起到重要的双向影响，一方面教育水平的提高使得收入增加，家庭用能增加，另一方面，教育水平提高在一定程度上也能提高节能环保意识，从而减少家庭用能。当前，教育发展的不均衡现象较突出，只有经济发达国家具有最高教育水平，其国内受教育年限往往是欠发达地区的两倍。尽管2021年中国人均受教育年限为14.20年，高于世界平均水平的12.80年（UNDP，2022），但我国不同地区的受教育水平仍存在明显差异，使得不同区域教育水平对家庭能源消费的作用机制不明晰。为此，本章基于地域差异，深入研究不同教育水平对家庭能源消费的影响。框架如图8-11所示。

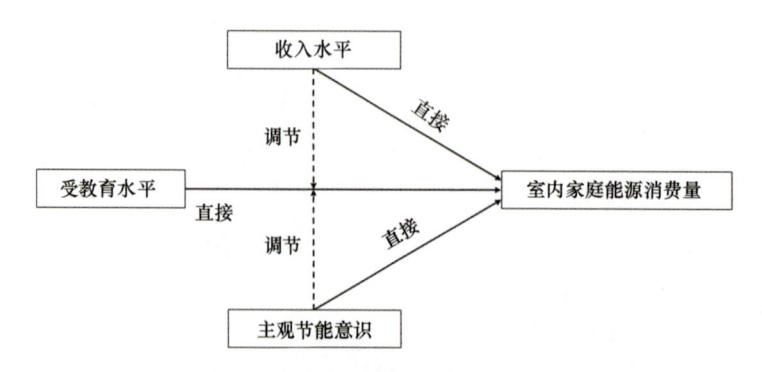

图8-11　"受教育水平–收入水平和主观节能意识–室内家庭能源消费量"研究框架

8.2.2 变量选择与模型构建

1. 受教育程度对比

由于受教育水平对家庭能源消费的显著影响，本研究将对不同典型城镇案例区的受教育水平进行深入分析。结果显示，广州市、北京市、西宁市和聊城市4个城市的受访者在高等教育水平上存在显著的差异。在广州市，受访者以大专学历为主要群体，占比为24.98%。而在北京市、聊城市和西宁市，则是大学本科学历的受访者居多，占比分别为34.21%、31.88%和25.41%，具体如图8-12所示。

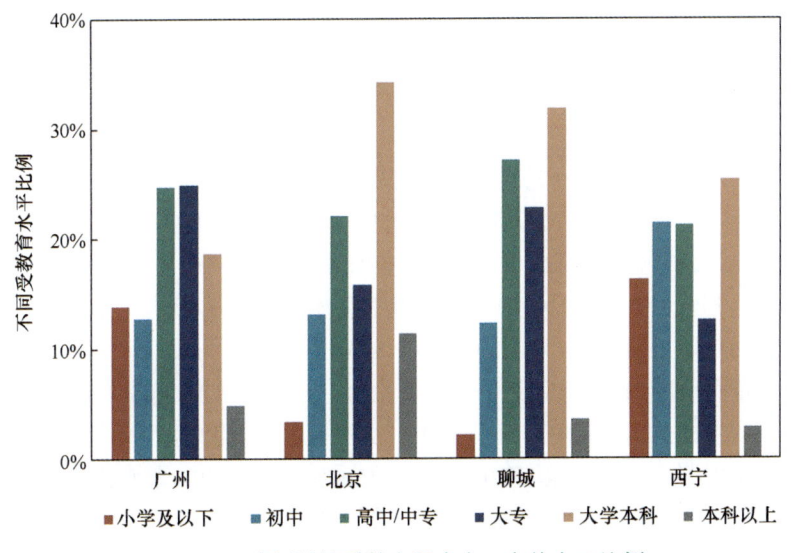

图 8-12 案例城镇受教育程度人口占总人口比例

2. 模型设定

为深入探索受访者的教育水平对室内家庭能源消费的影响，本研究基于实地调研数据构建了以下基准回归模型：

$$\mathrm{EC}_i = \alpha + \alpha_1 \mathrm{Ed}_i + \beta X_i + \varepsilon_i \tag{8-1}$$

式中，被解释变量 EC_i 为室内户均家庭能源消费量；核心解释变量 Ed_i 为"受教育程度等级"；X_i 为一系列控制变量；α 为常数项；α_1 为核心解释变量"受教育程度等级"的系数；β 为控制变量的系数；ε_i 为误差项。其中，家庭层面个人特征变量包括家庭常住人口、性别、年龄以及年龄的平方项；家庭层面经济变量包括家庭人均年收入的对数、住房面积。气候特征变量包括2022年最高温度和最低温度。主观特征包括是否具有主观节能意识。采用 SPSS 软件对每个区域涉及的主观节能意识变量进行因子分析。其中，广州市、聊城市和西宁市的主观节能意识变量的因子信效度检验的克朗巴哈系数分别为 0.801、0.803 和 0.866。而北京市的主观节能变量为家中是否具有调温设备。由此得到全样本主观节能意识变量。同时，该指标具有较高的信度。

为深入探讨收入水平和主观节能意识在受教育水平与室内家庭能源消费量关系中的作用机制，本研究引入收入水平与受教育水平的交互项以及主观节能意识与受教育水平的交互项，构建如下调节效应模型：

$$\mathrm{EC}_i = \alpha + \alpha_1 \mathrm{Ed}_i + \alpha_2 \mathrm{Inc}_i + \alpha_3 \mathrm{Ed}_i \times \mathrm{Inc}_i + \beta X_i + \varepsilon_i \tag{8-2}$$

$$\mathrm{EC}_i = \alpha + \alpha_1 \mathrm{Ed}_i + \alpha_4 \mathrm{Awa}_i + \alpha_5 \mathrm{Ed}_i \times \mathrm{Awa}_i + \beta X_i + \varepsilon_i \tag{8-3}$$

式中，Inc_i 为家庭年收入，以取对数形式表示；Awa_i 为主观节能意识。$\mathrm{Ed}_i \times \mathrm{Inc}_i$ 是不同受教育水平与收入水平的交互项；$\mathrm{Ed}_i \times \mathrm{Awa}_i$ 是不同受教育水平与主观节能意识的交互项。若系数 α_3 和 α_5 显著，则表明存在调节效应。

8.2.3 实证结果

1. 基准回归结果

表 8-4 显示了全区域中不同受教育水平的受访者对室内家庭能源消费量的基准估计结果。由列（1）可知，相较于大专学历，接受过更高教育水平的受访者使得室内家庭能源消费量有所增加，该结果在1%的水平上显著。在列（2）和列（3）中，本章引入收入这一控制变量后发现，相较于大专学历，在受过更高教育水平的受访者中，受教育水平与室内家庭能源消费量仍呈现正向关系。由列（3）可知，随着受访者的收入水平不断增加，其室内家庭能源消费量有所减少，这一结果与以往研究保持一致（Campagnolo and de Cian, 2022）。受访者具有主观节能意识，能在一定程度上减少室内家庭能源消费量。这是因为随着人们的节能环保意识增强，更愿意采取节能措施。如减少不必要的电力消耗、选择能效更高的家电产品等，这些节能行为都能够减少家庭能源消费（Ferreira et al., 2023）。在此基础上，本研究进一步探索了不同地区中受教育水平差异对家庭能源消费的作用机制。

表 8-4 基准回归

基准：大专	（1）	（2）	（3）
小学及以下	7.122	121.919	107.595
	（0.05）	（1.67）	（1.35）
初中	236.220*	27.707	17.613
	（1.79）	（0.44）	（0.38）
高中/中专	89.633	−17.063	−22.028
	（1.26）	（−0.48）	（−0.68）
大学本科	323.455***	23.255	29.304
	（7.04）	（0.73）	（1.20）
本科以上	432.406***	40.019	53.470
	（4.59）	（0.61）	（0.89）
ln 年收入	—	—	−5.697
			（−0.19）

续表

基准：大专	(1)	(2)	(3)
主观节能意识	—	—	−78.786
			(−0.55)
控制变量	否	是	是
常数项	1254.084***	510.729	587.455
	(9.88)	(0.80)	(1.21)
观测值	2886	—	—
R^2	0.03	0.54	0.54

注：*** $p<0.01$，* $p<0.1$；括号内为 t 值。

2. 区域异质性检验

通过受教育水平差异对室内家庭能源消费量影响的区域异质回归分析发现，对于 4 个案例城镇中的受访者，相较于大专学历，接受过更高教育水平的家庭能源消费量也更多。这与受访者的生活习惯有关，部分居民为追求高品质生活而增加各类能源设备，使得家庭能源消费量增加（表 8-5）。在收入水平方面，广州市和聊城市随受访者收入的增加，室内家庭能源消费量有所增加。主要是因为随着家庭年收入水平的提高，人们有更多机会改善生活水平，对家庭能源需求也有所提升。但在北京市和西宁市，随着人们的收入水平的增加，室内家庭能源消费量反而减少。实地调研发现，在北京市，受访者的收入水平上升通常伴随着对生活品质的追求增强，会购买更高质量的家用设备，从而提升了能源使用效率，间接减少了家庭能源的消耗。与此同时，由于具有更高能源转换效率的清洁能源使用成本更高，不同收入水平的受访者呈现出不同的清洁能源使用偏好，访谈发现收入水平较高的居民节能是为了节约资源以服务于可持续发展，而收入较低的居民则是为了个人节省开支，以实现家庭支出的节约化。西宁市作为一个位于青藏高原、生态脆弱区的城市，对环保和节能的需求更为迫切，导致在收入水平增加的情况下家庭能源消费量出现了减少。

表 8-5 区域异质性检验

基准：大专	广州市	北京市	聊城市	西宁市
小学及以下	138.811***	−301.423*	−152.702	100.050
	(2.63)	(−1.96)	(−0.81)	(1.14)
初中	−33.054	35.214	−89.283	68.068
	(−0.64)	(0.36)	(−0.95)	(0.90)
高中/中专	−44.985	22.557	−45.613	10.768
	(−1.10)	(0.27)	(−0.61)	(0.15)
大学本科	−14.179	106.855	−115.757	111.586
	(−0.32)	(1.41)	(−1.56)	(1.62)
本科以上	28.509	150.258	71.094	159.080
	(0.40)	(1.52)	(0.47)	(1.23)
ln 年收入	56.120**	−8.164	21.436	−12.087
	(2.17)	(−0.25)	(0.53)	(−0.46)

续表

基准：大专	广州市	北京市	聊城市	西宁市
是否关注冰箱能效标识	149.646***	—	2.970	−12.068
	(2.84)	—	(0.03)	(−0.19)
是否关注洗衣机能效标识	−143.440**	—	44.682	23.416
	(−2.58)	—	(0.45)	(0.37)
是否关注电视机能效标识	−13.261	—	−99.398	—
	(−0.29)	—	(−1.21)	—
是否关注主卧空调能效标识	−138.869***	—	—	—
	(−3.02)	—	—	—
是否关注次卧空调能效标识	170.449***	—	—	—
	(4.24)	—	—	—
是否关注热水器能效标识	—	—	14.079	—
	—	—	(0.21)	—
绿色消费 我购买电器时更愿意选择高能效	−10.687	—	—	—
	(−0.23)	—	—	—
绿色消费 我愿意花钱提高电器能效	75.405*	—	—	—
	(1.81)	—	—	—
是否具有室内调温设备	—	−269.838***	135.565**	—
	—	(−4.56)	(2.17)	—
控制变量	是	是	是	是
常数项	−516.381*	917.961**	−656.586	328.282
	(−1.67)	(1.96)	(−1.13)	(0.97)
观测值	1097	1029	276	484
R^2	0.11	0.37	0.23	0.38

注：*** $p<0.01$，** $p<0.05$，* $p<0.1$；括号内为 t 值。

在主观节能意识方面，在广州市，关注洗衣机节能标识和主卧空调能效标识的受访者的家庭能源消费量更少，分别在 5%和 1%的水平上显著。也就是说具有良好的节能意识，能够在一定程度上减少室内家庭能源消费量。在北京市，能够在家中自我调控室内温度的受访者会减少家庭能源消费量，且在 1%的水平上显著。而在聊城市和西宁市两地，虽然受访者关注电视机能效标识和洗衣机能效标识能够在一定程度上减少室内家庭能源消费量，但是两者均不显著。在 4 个案例区，具有主观节能意识的家庭均能有效减少家庭能源消费量，这也与以往研究结果一致（Wong-Parodi and Rubin, 2022；Ferreira et al., 2023）。以上结果表明，接受过更高教育水平的受访者、收入水平及节能意识对室内家庭能源消费产生重要影响，并在区域间具有显著差异性。基于表 8-4 和表 8-5 结果，本研究进一步深入探讨在接受过更高教育水平的受访者中，收入水平与主观节能意识是如何影响其家庭能源消费量的。

3. 机制分析

收入水平、主观节能意识对不同受教育的受访者与室内家庭能源消费量的调节效应回归结果如表 8-6 所示。由列（1）可知，相较于大专学历的受访者而言，接受过更高教育的受访者，室内家庭能源消费量有所增加。同时，收入水平的回归系数为正，受教育水平与收入水平的交互项的回归系数为负，二者均在 1%的水平上显著。综上，在减少室内家庭能源消费量的过程中，受访者的收入水平和受教育水平之间存在一种替代关系。相较于收入水平较低的受访者，收入水平较高且接受过更高教育的受访者更倾向于购买高效节能设备，以期减少家庭能源消费。同时，基于对生活质量的高要求，更倾向于选基础设施配备完善且清洁能源供应充足的高端社区居住，进一步促使家庭的能源消费量有效减少。相对而言，对于接受过更高教育水平但收入水平较低的人群，尽管他们对高能效产品的优点有所认识，但由于经济条件的约束，往往无法承担这些产品的费用。在这种情况下，他们不得不选择能源效率较低的家用电器，从而无意间导致家庭能源消耗量的增加。并且，他们所居住的社区在清洁能源供应的基础设施方面相对缺乏，使其被迫转向使用传统能源，这也进一步增加家庭部门的能源消费量。

表 8-6　机制分析回归结果

基准：大专	（1）	（2）
小学及以下	−1900.00***	85.894
	(−4.30)	(0.94)
初中	−1300.00***	0.673
	(−5.08)	(0.01)
高中/中专	−707.472***	−31.377
	(−5.34)	(−0.78)
大学本科	727.337***	39.802
	(4.99)	(1.04)
本科以上	1519.579***	77.252
	(4.80)	(1.04)
ln 年收入	198.749***	−5.643
	(4.45)	(−0.19)
受教育程度×ln 年收入	−58.928***	—
	(−4.68)	—
主观节能意识	—	−26.890
	—	(−0.12)
受教育程度×主观节能意识	—	−14.608
	—	(−0.48)
控制变量	是	是
常数项	898.443**	601.720
	(2.12)	(1.23)
观测数	2886	—
R^2	0.54	0.54

注：*** $p<0.01$，括号内为 t 值。

同时，主观节能意识与受教育水平的交互项呈现一定的负向关系。该结果表明主观节能意识在一定程度上能够抑制受过更高教育对室内家庭能源消费量的影响。受过更高教育水平且具有主观节能意识的受访者更能有效降低家庭能源消费量，他们的主观节能意识促使他们在日常生活中采取更多节能措施，如使用高效能家电以最大限度减少电力浪费，以及合理调控家庭设备的使用时间等。

从区域异质性的视角，探索收入水平如何影响受过更高教育水平的受访者与室内家庭能源消费量的关系，回归结果如表 8-7 所示。通过对 4 个案例城镇分析，发现受教育水平与收入水平的交互项为负数，并且收入水平的回归系数为正，说明收入水平是影响受过更高教育的受访者家庭能源消费的关键影响因素。相对于收入水平较低的受访者而言，收入水平越高且接受过更高教育水平的受访者有助于减少家庭能源消费量。究其原因，广州市是中国的重要经济中心之一，为亚热带湿润气候，一年四季比较温暖。在广州市，接受过更高教育水平人群通常有更高的收入水平，更倾向于选择使用更环保、效率更高的能源，如天然气、电力等。另外，他们更倾向于选择低碳生活方式，如购买节能电器、装修绿色家居等，这些都有助于减少室内家庭能源的消费量。实地调研发现，对于具有相同教育水平（即本科）的受访者，收入水平的差异明显影响了其能源使用习惯。在日常生活中，低收入人群为了减少开支，往往更倾向于自我烹饪，由此，天然气在其日常能源消耗中占据了较大比例。相比之下，高收入人群烹饪的频率显著下降，特别在夏季，受到环境温度升高的影响，天然气的使用率减少，他们更多地通过购买外卖来满足日常饮食需求。在聊城市，相较于广州市和北京市，其经济发展水平和教育资源稍显不足。然而，随着教育水平的提升和收入的增加，聊城市的居民会改变其家庭能源消费模式进而影响室内家庭能源消费量。在西宁市，其特殊的地理和气候条件使其能源消费模式与其他城市有所不同。由于西宁市的冬季寒冷且漫长，因此家庭能源消费主要用于供暖（Jiang et al., 2020）随着教育水平的提升和收入的增加，西宁市的居民会选择更为节能、环保的供暖方式，能够有效降低家庭能源消费。

表 8-7　区域异质性回归（收入水平）

基准：大专	广州市	北京市	聊城市	西宁市
小学及以下	−99.331	−1100.00	−1700.00	−564.390
	(−0.15)	(−1.37)	(−1.61)	(−0.92)
初中	−219.642	−499.373	−1.2e+03	−379.641
	(−0.49)	(−0.91)	(−1.60)	(−0.91)
高中/中专	−141.112	−233.421	−593.788	−220.178
	(−0.63)	(−0.81)	(−1.62)	(−0.99)
大学本科	88.605	384.355	456.362	350.175
	(0.39)	(1.27)	(1.21)	(1.53)
本科以上	221.892	708.046	1195.856	651.941
	(0.47)	(1.15)	(1.54)	(1.38)

续表

基准：大专	广州市	北京市	聊城市	西宁市
ln 年收入	80.786	64.929	186.006	49.891
	(1.14)	(0.63)	(1.55)	(0.80)
受教育程度×ln 年收入	−8.002	−23.882	−46.814	−20.041
	(−0.43)	(−0.98)	(−1.49)	(−1.09)
控制变量	是	是	是	是
观测值	1097	1029	276	484
常数项	−470.594	825.909*	−355.047	516.001
	(−1.52)	(1.75)	(−0.59)	(1.38)
R^2	0.08	0.36	0.21	0.39

注：* $p<0.1$；括号内为 t 值。

回归结果如表 8-8 所示。在聊城市，受教育程度与是否关注冰箱能效标识和洗衣机能效标识的交互项为负数，说明主观节能意识一定程度上替代受教育水平对家庭能源消费的影响。换言之，接受过更高教育水平且主观节能意识强的受访者能够在一定程度上减少家庭能源消费量。而实地访谈的结果进一步验证了以上研究发现。在访谈中，从小生活在条件艰苦环境下的受访者，对各类资源有着强烈的节约意识。同时，他们受过良好的教育，因此对能源消费和节能措施有更深入的理解。在这两种因素的共同影响下，这部分受访者的家庭能源消费量显著低于其他家庭。

表 8-8 区域异质性分析（主观节能意识）

基准：大专	广州市	北京市	聊城市	西宁市
小学及以下	259.780**	−277.049	−235.054	135.669
	(2.13)	(−1.53)	(−0.82)	(1.49)
初中	35.550	50.756	−110.771	101.776
	(0.41)	(0.44)	(−0.76)	(1.28)
高中/中专	−12.408	30.113	−71.162	36.163
	(−0.24)	(0.34)	(−0.75)	(0.49)
大学本科	−46.988	97.754	−103.105	77.620
	(−0.84)	(1.16)	(−1.05)	(1.06)
本科以上	−60.204	129.222	103.861	74.346
	(−0.60)	(1.00)	(0.56)	(0.52)
ln 年收入	61.013**	−8.046	28.835	−11.515
	(2.35)	(−0.24)	(0.71)	(−0.44)
是否关注冰箱能效标识	287.298*	—	468.966	−80.893
	(1.86)	—	(1.36)	(−0.48)
是否关注洗衣机能效标识	−431.956***		−304.989	−69.692
	(−2.65)		(−0.82)	(−0.41)

续表

基准：大专	广州市	北京市	聊城市	西宁市
是否关注电视机能效标识	−133.465 (−1.13)	— —	39.354 (0.14)	— —
是否关注主卧空调能效标识	69.738 (0.55)	— —	— —	— —
是否关注次卧空调能效标识	17.302 (0.17)	— —	— —	— —
是否关注热水器能效标识	— —	— —	−19.468 (−0.08)	— —
绿色消费- 我购买电器时更愿意选择高能效	−131.094 (−0.98)	— —	— —	— —
绿色消费- 我愿意花钱提高电器能效	209.580 (1.57)	— —	— —	— —
是否能够自我调控室内温度	— —	−312.186* (−1.77)	−23.484 (−0.11)	— —
受教育程度×是否关注冰箱能效标识	−37.876 (−0.93)	— —	−125.978 (−1.41)	20.295 (0.44)
受教育程度×是否关注洗衣机能效标识	83.771* (1.92)	— —	91.927 (1.01)	26.764 (0.57)
受教育程度×是否关注电视机能效标识	33.485 (1.07)	— —	−34.232 (−0.48)	— —
受教育程度×是否关注主卧空调能效标识	−63.511* (−1.83)	— —	— —	— —
受教育程度×是否关注次卧空调能效标识	46.620 (1.65)	— —	— —	— —
受教育程度×是否关注热水器能效标识	— —	— —	8.859 (0.16)	— —
受教育程度×绿色消费1	35.312 (0.94)	— —	— —	— —
受教育程度×绿色消费2	−37.793 (−1.05)	— —	— —	— —
受教育程度×是否能够自我调控室内温度	— —	11.354 (0.25)	43.223 (0.81)	— —
常数项	−587.344* (−1.87)	916.460* (1.96)	−673.863 (−1.14)	290.409 (0.86)
控制变量	是	是	是	是
观测值	1097	1029	267	484
R^2	0.12	0.37	0.24	0.39

注：*** $p<0.01$，** $p<0.05$，* $p<0.1$；括号内为 t 值。

而在西宁市和广州市两地，受教育水平与主观节能意识交互项的值为正或负，这展示了主观节能意识在某种程度上可以替代受教育水平对家庭能源消费的影响。结果表明，在能源消费行为的调整上，主观节能意识在一定程度上能够补偿受教育水平的影响。但是，接受过更高教育水平且主观节能意识强的受访者，反而增加家庭能源消费量。究其原因，接受过更高教育水平的受访者往往使用更多的科技设备，而这些设备会增加能源的消耗；所以，尽管具有强烈的节能意识，但如果没有正确的节能行为和合理的能源使用方式，仍会导致能源消费量的增加。

总体而言，受过更高教育水平的受访者导致室内家庭能源消费量的增加。从影响机制来看，受教育水平和收入水平的交互项对室内家庭能源消费量表现为显著的负向作用。具体而言，受过更高教育水平且收入水平较高的家庭，其家庭能源消费量有所降低。受过更高教育水平且主观节能意识较强的家庭，其家庭能源消费量有所降低。从区域异质性来看，无论是广州市、北京市、聊城市还是西宁市，受过更高教育水平的受访者，其家庭能源消费量有所增加。而从影响机制来看，在聊城市，受过更高教育水平并且主观节能意识强的家庭有助于减少家庭能源消费量。而在广州市和西宁市的结果却相反。总的来说，这些研究结果明确了收入水平和节能意识对接受过更高教育水平的受访者对家庭能源消费影响的核心作用。这一发现在全区域及各分区域均得到体现，为理解教育水平对家庭能源消费复杂影响模式提供了新的视角，尤其是在阐明收入水平和节能意识的重要性方面，表现得更为明显。

8.3 本 章 小 结

本章对东部平原城市聊城市、西部高原城市西宁市、东部南方城市广州市和北方城市北京市的家庭能源消费和碳排放进行了比较分析，旨在探究不同区域城市家庭用能结构的相似性和差异性。4 个城市的人均能源消费量呈现北京市＞西宁市＞聊城市＞广州市，其家庭能源消费主要来源分别是电力、天然气、煤炭、液化石油气。除去采暖和制冷后，东部城镇聊城市居民主要使用煤炭，而西部城镇西宁市居民主要使用电力和天然气；东部地区南北方城市广州市和北京市居民主要使用液化石油气和天然气。这些差异归因于不同地区的气候条件和能源结构。从教育对家庭能源消费的影响角度来看，受访者受教育程度与其家庭能源消费呈正相关关系，且随着教育程度的提高而增强。

4 个案例城镇家庭能源消费用途和碳排放差异较大。广州市城镇家庭能源消费主要用于热水器和炊事设备，而北京市主要用于家用电器；聊城市用于炊事设备的能源消耗占比较多，而西宁市的用于家用电器和电视机的能耗占比相对较多。不同家庭使用设备和能源类型的差异，导致 4 个城市家庭能源消费和碳排放量呈现不同特征。从东西部差异来看，聊城市炊事设备占家庭能耗比例较高，但产生碳排放量较少；西宁市炊事设备消耗的能源和产生的碳排放在家庭能源消费中均占较大比例。从南北方差异来看，广州市城镇居民的热水器能源消耗量比北京市更高，但家用电器和照明设备占比较少，而北京市家用电器产生的碳排放量占比远高于其在能源消费中的占比。在热舒适度方面，西宁市用于采暖的碳排放量是聊城市的两倍；北京市人均碳排放量约为广州市 6.34 倍。

从空间异质性的角度来看，广州市及西宁市城镇家庭能源消费碳排放均存在着空间异质性，但聊城市和北京市未能呈现出空间异质性。广州市和西宁市的高值在常住人口少，住房面积大的家庭聚集，其高值聚集往往出现在房屋建造年份较久远的地区。另外，广州市集聚还同家庭收入、受访者的户籍有关。在交通方面，西宁市城镇地区的高值聚集出现在建成区，低值聚集出现在建成区以外的区/县，而聊城市的市域中心却出现了低值聚集，高值聚集则出现在市域副中心。在出行目的上，聊城市碳排放主要来自日常通勤，而西宁市碳排放主要源于社交活动。在出行方式上，聊城市城镇居民更倾向于选择电瓶车和共享单车出行，碳排放主要来源于私家轿车；西宁市居民以步行为主，碳排放主要来自出租车。因此，西宁市年户均交通能源碳排放量约为聊城市的 10 倍。

研究证实，更高教育水平的受访者，其家庭能源消费量也更高。从影响机制来看，受教育水平和收入水平的交互项对家庭能源消费量呈显著负向作用，随着受教育水平和收入水平的提升，其家庭能源消费量呈下降趋势。受更高教育水平且主观节能意识较强的家庭，家庭能源消费量更低。从区域异质性来看，4 个案例城镇受过更高教育水平的受访者，家庭能源消费量有所增加。在聊城市，受过更高教育水平并且主观节能意识强的家庭，家庭能源消费量更少，但这一情况在广州市和西宁市是相反的。本章研究结果明确了收入水平和节能意识对接受过更高教育受访者的能源消费量所起到的核心作用。

参 考 文 献

北京市经济和信息化局. 2023. 北京市关于支持新型储能产业发展的若干政策措施. https://www.ncsti.gov.cn/zcfg/zcwj/202311/t20231127_142347.html.[2023-11-27].
柴彦威, 谭一洺. 2017. 中国西部城市居民时空间行为特征研究——以西宁市为例. 人文地理, 32(4): 37-44.
樊杰. 2016. 中国人文与经济地理学者的学术探究和社会贡献. 北京: 商务出版社.
青海省统计局. 2022. 青海省统计年鉴 2022. http://tjj.qinghai.gov.cn/nj/2022/indexch.htm.[2022-12-25].
西宁市人民政府. 2018. 西宁市"十三五"天然气建设发展规划. https://www.xining.gov.cn/zwgk/fdzdgknr/zcwj/szfbgswj/202012/t20201217_142515.html.[2018-11-30].
郑新业, 魏楚, 虞义华, 等. 2017. 中国家庭能源消费研究报告(2016). 北京: 科学出版社.
Campagnolo L, de Cian E. 2022. Distributional consequences of climate change impacts on residential energy demand across Italian households. Energy Economics, 110: 106020.
Ferreira L, Oliveira T, Neves C. 2023. Consumer's intention to use and recommend smart home technologies: The role of environmental awareness. Energy, 263: 125814.
Jiang L, Yu L, Xue B, et al. 2020. Who is energy poor? Evidence from the least developed regions in China. Energy Policy, 137: 111122.
UNDP (United Nations Development Programme). 2022. Human Development Report 2021-22: Uncertain Times, Unsettled Lives: Shaping our Future in a Transforming World. New York. https://hdr.undp.org/content/human-development-report-2021-22.
Wong-Parodi G, Rubin N B. 2022. Exploring how climate change subjective attribution, personal experience with extremes, concern, and subjective knowledge relate to pro-environmental attitudes and behavioral intentions in the United States. Journal of Environmental Psychology, 79: 101728.

第 9 章 城镇家庭能源消费及碳排放优化策略

9.1 优化策略

推动家庭能源绿色低碳的消费，应发挥地理学的统筹能力，以综合性思维去看待家庭减碳技术创新，形塑社区空间形态。从能效平衡和系统统筹的视角出发，基于家庭能源消费及其碳排放的关键要素，平衡家庭绿色能源消费的综合效能，打造与减碳技术相匹配的区域社会空间形成，形成包括绿色低碳的建筑建造、绿色出行的低碳交通、节能科普宣传在内的城市家庭低碳能源消费系统方案，从而制定更为系统科学、更具有推广意义的家庭能源消费优化路径与实施措施。

9.1.1 基于地域差异的低碳政策

（1）广州市需要特别关注城中村和城市边界地区家庭用能不足的问题。广州市的外来人口在经济发展中发挥着重要作用，而他们往往也是能源消费能力不足的群体，在全球增温的预期下，需要重点关注这类群体制冷与热水的需求，以满足其基本能耗，实现城市用能公平。同时，要致力于降低终端用气价格至合理水平，以居民用气公平合理为宗旨，加强配气成本监审及行为监管。具体如下：第一，实施能源支持政策。针对能源消费能力不足的外来人口，提供补贴或优惠，确保其获得基本能源服务。第二，引入智能能源系统技术，优化城中村和城镇边界地区的能源供应和管理。通过智能计量、能源监测和管理系统，提高能源利用效率，减少浪费，降低成本，满足居民的基本能耗需求，实现能源公平。第三，推广可再生能源利用。鼓励采用可再生能源技术，如太阳能和风能等，减少对传统能源的依赖，降低能源消耗和环境影响。政府提供补贴或税收优惠，推动居民安装和使用可再生能源设备。第四，加强终端用气价格监管，确保居民用气价格公平合理。通过监审和行为监管，防止价格垄断和不合理涨价，保护居民的用气权益。第五，加强城中村和城镇边界地区居民的能源节约和环保意识宣传教育。第六，加强植被建设，通过国土空间规划，突出生态系统碳汇功能，发展生态系统高吸收碳经济，把减排与增汇高度协同，实现双赢。

（2）北京市应提升老旧小区专业管线改造水平。具体如下：第一，加强老旧小区专业管线统筹实施，开展需改造的城镇老旧小区电力、天然气、供热管线更新改造。推动专业公司管理服务入楼入户,实现专业化管理服务到"最后一公里",建立老旧小区市政专业管线长效管护机制。第二,鼓励居民住宅光伏应用,推动光伏发电在城镇农村新建居住建筑、城镇老旧小区综合整治工程中的应用。第三,近郊区是采暖人均用能和碳排放最高的区域,具有较大的减排潜力。应在该区域扩大"煤改气""煤改电"政策的辐射范围,鼓励居民行为绿色低碳化,在提升居民生活水平基础上,优化采暖能源消费结构。

(3)聊城市需面向家庭开展绿色生活宣传,使绿色生活理念深入人心。树立绿色生活典范,提升居民践行绿色生活的积极性。具体来说,第一,通过宣传教育、社区活动等形式,向居民传递绿色生活的重要性和益处,增强他们的环保意识和责任感。第二,鼓励采用公共交通、骑行、步行等绿色出行方式。加强公共交通系统建设,提供便利的公共交通服务。同时,建设自行车道和步行街,提供安全、便捷的骑行和步行环境。第三,倡导居民家庭优先采购1级能效标识的家用电器、1级能效燃气灶具、新能源汽车等绿色低碳产品。政府可以提供税收减免、补贴或购买优惠等政策,激励居民购买和使用绿色产品。引导智能家居应用,实现家居设备自动控制、远程控制、预约定时等精细化管理控制,促进居民生活能源节约。例如,智能温控系统、智能照明系统和智能电源管理系统等,通过科技手段提高能源利用效率。

(4)青海省太阳能资源丰富,风能可开发量可观。西宁市可通过技术引领、机制创新,把资源禀赋转化为当地的发展优势,借助青海国家清洁能源产业高地建设的契机,优化城镇基础能源设施建设,如架设屋顶光伏,扩大天然气管道的铺设范围和构建完整的供暖系统等,保障城镇居民清洁能源供应。具体而言,第一,加大对清洁采暖的支持力度,完善清洁采暖补贴机制,完善以天然气、热电联产、电、太阳能、地热供暖为主导的清洁供暖体系。以解决散煤燃烧问题为导向,充分发挥西宁市绿色电力优势,以"煤改电"作为公共建筑和居住建筑热源侧清洁采暖改造的主要途径,推广能效比高、运行费用节省的清洁采暖设备。第二,开展城镇老旧小区绿色化改造,实施既有建筑深度节能改造,新建建筑推广超低能耗绿色建筑。第三,加强植被建设,发挥高原微生物高吸收碳的功能,发展高原高吸收碳经济,把减排与增汇同步推进,实现双赢。

9.1.2 绿色低碳的建筑改造

建筑是城市能源消费的主要空间载体,需要利用绿色建筑技术,建造高品质、低碳的建筑群。在宏观层面,强制性效率要求是影响建筑行业的最重要政策,其次是建筑认证和最终用户反馈的信息(Zangheri et al.,2019)。建筑部门在节能和能效方面的监管政策应优先列入国家议程。目前全球多数国家具有完整的绿色建筑认证体系,而我国正处在发展阶段,这一举措对于我国实现碳达峰碳中和目标具有重要意义。同时,除了建立建筑行业的认证体系外,政府还应提高认证体系的可靠性和声誉,向公众提供准确和客观的认证体系信息,以期提升信息的权威度(Zhang et al.,2016)。从微观层面来看,首先,考虑到低收入家庭对绿色建筑效果更为敏感,政策制定者向低收入群体提供经济激励（如信贷奖金或补贴），这将有助于鼓励低收入用户购买绿色住房（Rana et al.，2021）。其次，由于投资于零能耗经济适用房的风险较低（Yeganeh et al.，2021），政策制定者可以考虑提高国家公共租赁住房中节能建筑的比例，进而鼓励低收入群体通过购买或租赁方式搬入绿色建筑来减少其能源消耗。此外，为缓解城镇居民冬季采暖需求增加的压力，政府部门逐渐推行"绿色建筑"改造计划。具体来说，第一，规范化管理建筑楼间距，使得低楼层家庭也能有较长的日照时间，保证低层家庭日间室内温度也能保持在一个较高的水平，降低这一部分家庭的采暖能源消费量。第二，合理策划老旧建筑改造方案，尽快完成老旧建筑改造提高整体建筑节能水平。同时，优化集中供暖住户收费标准及方案，制定科学有效的收费方案。

　　研究发现，家庭制冷设备是广州市室内能源消耗的主要因素。相比传统建筑结构和材料，低碳节能的建筑设计和高性能建筑材料有助于减少室内空调需求。因此，政府应出台适应当地气候条件的建筑标准，优化民用建筑实施方案。同时，政府及相关部门应通过调控节能建筑材料的价格、提供财政补贴等措施，刺激建筑市场对节能建筑材料的需求。这将有助于推广高效节能建筑材料在民用建筑中的广泛应用，从而降低家庭制冷设备的能源消耗。鼓励屋顶绿化和立体绿化：广州市阳光充足、降水量丰富，政府可鼓励民用建筑和商业建筑采用屋顶绿化和立体绿化，以改善城市热岛效应，降低室内制冷需求。具体而言，第一，推广自然通风和遮阳设计：鉴于广州市高温多湿的气候特点，关注自然通风和遮阳设计在建筑设计中的应用，降低空调使用时长，减少能源消耗；第二，优化建筑外墙保温性能：针对广州市的气候，政府可出台有关建筑外墙保温性能的规定，提高建筑材料的保温性能，减少室内制冷需求；第三，制定绿色建筑材料推广政策：针对本地建筑材料市场和生产能力，制定绿色建筑材料推广政策，鼓励生产和使用具有高保温、防潮、耐候等特性的建筑材料；第四，鼓励太阳能光伏的应用：广州市阳光资源丰富，可鼓励民用建筑和商业建筑采用太阳能光伏系统，降低对传统能源的依赖；第五，开展绿色建筑示范项目：政府可选择典型的住宅小区、商业区等场所，开展绿色建筑示范项目，展示绿色建筑技术和材料的应用效果，以推广绿色建筑理念。

9.1.3　绿色出行的低碳交通

　　城镇交通系统碳排放主要来源于家庭出行产生的能源消费，通过构建与城镇功能布局相耦合的公共交通体系和低碳交通基础设施，可以在满足刚性出行需求的前提下降低交通出行的碳排放。持续提升道路设施网、轨道交通网、地面公交网、慢行系统一体化发展水平，增强公众绿色出行获得感。完善道路停车差别化收费政策，降低小客车出行需求和使用强度。发展以公共交通为导向的发展模式（Transit-oriented development，TOD），建立火车站、机场、地铁、轻轨等轨道交通，以公共交通站点为中心开发、以400～800m（5～10min步行路程）为半径建立集工作、商业、文化、教育、居住等为一体的综合区域。公共交通站点500m覆盖率不宜低于90%。配置低碳交通基础设施，保障家庭最后一公里的绿色出行。通过步行网络串联社区间的热点地区，步行交通网络密度不宜低于 12km/km²，自行车交通网络密度不宜低于 9km/km²。倡导公众购买电动汽车，配置电动车充电桩、共享停车设施和智慧交通系统平台等绿色安全的低碳交通设施。

在家庭室外交通能源优化方面。聊城市作为中原中等发达城市，应充分发展公共交通，加强公共交通系统的建设，增加公交车辆数量，优化线路布局，缩短乘车间隔时间，引入清洁能源车辆，如电动巴士和混合动力巴士。规划和建设自行车道网络，鼓励居民选择自行车作为短途出行的首选方式。同时，在城区设置步行街和人行道，提供安全、便捷的步行环境，促使更多人选择步行出行。西宁市，作为欠发达西部高原城市，考虑到居民出行距离通常较长，需要经历较长的行程才能到达目的地，居民主要选择私家车作为出行工具。同时，由于公共交通基础设施的相对落后，选择公共交通出行的居民也较少。提出以下几点建议：第一，鼓励居民拼车和共乘，建立网络拼车平台和共享交通平台。第二，加强公共交通服务。提升公共交通的便捷性、舒适度和覆盖范围，引导私家车主转向使用公共交通。增加公交线路和班次，优化线路布局，缩短乘车间隔时间。引入清洁能源公交车辆，减少尾气排放。第三，提供便捷的非机动交通设施。鼓励步行和骑行作为短途出行的首选方式，完善人行道、自行车道等基础设施建设。

9.1.4　绿色低碳的消费模式

碳中和要求从根本上转变生活方式和消费模式。在经历了高速发展阶段之后，我们需要重新思考"美好生活"的概念，对价值观、消费模式和生活方式进行深刻转变。就正如从农业社会向工业社会的转变，是以大众价值观和生活方式的深刻改变为前提一样（Rostow，1990），从不可持续的传统工业社会向可持续发展模式转变，也需要价值观和生活方式的大规模转变。首先针对不同区域人群的能源需求进行差异化的低碳引导，如对于中心城区居民，考虑到生活水平上升导致对热水器和制冷能源需求的增长，以及全球气候变化导致气温的升高，建议在满足该区域家庭生活需求的同时，推广热水器、制冷以及炊事等领域的节能设备，引导家庭向清洁能源转型。其次，对不同收入水平的居民进行差异性环保节能政策的宣传，尤其要对中等和高收入水平的家庭进行高效节能的政策宣传，如引导中高收入家庭通过购买低耗能家用电器来节能；而对低收入家庭则应重点增强其随手关灯等节能意识，可以通过"社会比较"鼓励低碳能源消费习惯（Bergquist et al.，2023），当人们看到其他人采取了特定的行动时，他们很可能会模仿，虽然简单地知道某种产品更节能并没有多大作用，但如果人们看到别人买的是节能电器，他们更有可能选择同类电器。已有研究证实，鼓励绿色低碳能源消费时，基于社会比较或经济激励的干预措施是比较有效的，可导致人们的行为平均发生 14%的变化。

9.2　研究不足与展望

中国式现代化具有普适性和区域化的地理学特征。从全球来看，现代化作为一种政治经济过程，既存在全球普适性的现代化模式，也存在具有中国特色的现代化模式（樊杰等，2023）。从全国看，推进中国式现代化需要考量"双碳"战略目标实施过程中在全国尺度上的统一性和地方尺度上的差异性。如何利用地理学在区域性和地域分异性上的研究，实现居民低碳消费从全国—省域—城乡—社区/村镇–家庭的降尺度传导，是未来实现"双碳"目标所要面临的重要问题。

具体到区域家庭能源消费协调发展体系中，应加深气候变化与家庭能源消费关系的理解，至少有两个重要命题需要破解。一是深度揭示气候变化–贫困–能源消费关系。家庭能源消费揭示了气候变化的空间效应，虽然同一区域内的家庭面临的高温压力是一致的，但是对于低收入人群其压力将会更大，这是因为其获取制冷设备的能力有限。在城镇能源公平问题上，尽管中国拥有完善的能源基础设施，也早在 2014 年就已经实现了 100%的电气化（World Bank，2017），拥有全球最高的空调装机率（占全球空调市场的 40.00%以上）（IBIS，2022；JRAIA，2019），全球气候变化大背景下，温度升高导致人们在室内消耗更多的能源用于制冷和娱乐，即使《巴黎协定》的所有碳减排目标都实现（IPCC，2022），全球变暖的事实依然使制冷设备需求旺盛（Li et al.，2019；Zhang et al.，2022）。所以，随着家庭对热舒适的需求增长以及收入的增加，可以预见制冷设备的需求将激增。尽管空调确实可以有效缓解家庭的高温压力，但其能源密集型的性质可能会导致越来越多的家庭陷入能源贫困，所以低收入城镇家庭的能源公平问题应予以关注。二是家庭能源消费碳排放对气候变化的负面影响。中国目前仍严重依赖煤炭来满足能源需求，70.00%左右的电力来自煤炭，这使得煤炭成为环境污染物和温室气体排放的重要贡献者。如果能源构成不发生变化，在应对高温而增加能源消耗的同时，将加剧全球气候变化，从而加剧城镇碳排放风险。不容忽视的是，中国的清洁采暖覆盖面依然有限，尤其在人口聚集的中国城镇，如何解决这一现实矛盾？尤其是在平均供暖期长达 182 天的高原地区，如何高效采暖，降低生活能耗并减少碳排放？

在研究方法上，异质环境下的区域地理过程和生态环境效应是地理学研究的前沿（傅伯杰，2017），不同地理空间尺度下的区域家庭能源结构、时空过程及其驱动机制和效应是当前能源地理研究前沿，也是难点，其重要原因在于集成方法学和学科交叉方法的缺失，这也使得传统视角下的定量研究并不能高精准刻画其关联效应和机理，从而在决策支持上也存在着较大的认知误差。例如，对于同一生态环境类型但不同地区文化交互影响下的地理区域，自然环境和人类活动特征既有空间的同质性又兼具人文的异质性。地理学目前的发展着重于通过格局和过程的耦合研究以解释人地关系地域系统的发育规律（傅伯杰，2014，2017）；未来的发展将通过模拟、预判、调控和优化以进一步实现地理学的科学化并推动自身的学科走向成熟（樊杰，2018）。随着大数据时代多源地理空间数据的急速增长，空间大数据为区域家庭能源消费情况识别提供可能，不仅能够节省调研时间而且使分析结果更加精确。未来应进一步围绕典型区域开展家庭能源消费地理研究，突出强调人类活动和自然环境时空和组织尺度上的异质性和多样性，创新空间数据分析方法和社会学分析方法，建立不同时空尺度和组织尺度下的典型家庭能源活动分析模型，通过综合性调查和资料管理，形成长期数据积累，为家庭尺度的低碳能源消费，进而为区域高质量发展提供知识贡献和决策支撑。

本研究虽然在家庭尺度能源活动的问卷设计、家庭尺度能源物质流建模、空间格局等领域进行了创新设计和深度探究，但由于调研区域限制、个人知识水平等因素的限制，在诸如文化多样性的影响、可持续生计、家庭能源活动与全球气候变化等若干议题上依然存在不足。

参 考 文 献

樊杰. 2018. "人地关系地域系统"是综合研究地理格局形成与演变规律的理论基石. 地理学报, 73(4): 597-607.

樊杰, 李思思, 郭锐. 2023. 中国式现代化与我们的使命担当——对地理学、人文与经济地理学自主知识创新的讨论. 经济地理, 43(1): 1-9.

傅伯杰. 2014. 地理学综合研究的途径与方法: 格局与过程耦合. 地理学报, 69(8): 1052-1059.

傅伯杰. 2017. 地理学: 从知识, 科学到决策. 地理学报, 72(11): 1923-1932.

Bergquist M, Thiel M, Goldberg M H, et al. 2023. Field interventions for climate change mitigation behaviors: A second-order meta-analysis. Proceedings of the National Academy of Sciences, 120(13): e2214851120.

IBIS. 2022. Air-Conditioner Manufacturing Industry in China. Retreived from. https://www.ibisworld.com/china/market-research-reports/air-conditioner-manufacturing-industry/.

IPCC. 2022. Climate Change 2022: Mitigation of Climate Change. https://www.ipcc.ch/report/sixth-assessment-report-working-group-3/.

JRAIA (Japan Refrigeration and Air Conditioning Industry Association). 2019. World air conditioner demand by region. https://www.jraia.or.jp/english/ World_AC_Demand.pdf.

Li Y, Pizer W A, Wu L. 2019. Climate change and residential electricity consumption in the Yangtze River Delta, China. Proceedings of the National Academy of Sciences, 116(2): 472-477.

Rana A, Sadiq R, Alam M S, et al. 2021. Evaluation of financial incentives for green buildings in Canadian landscape. Renewable and Sustainable Energy Reviews, 135: 110199.

Rostow W W. 1990. The stages of economic growth: A non-communist manifesto. Cambridge University Press.

World Bank. 2017. Access to electricity (% of population). https://data.worldbank.org/indicator/EG.ELC.ACCS.ZS?locations = CN.

Yeganeh A, Agee P R, Gao X, et al. 2021. Feasibility of zero-energy affordable housing. Energy and Buildings, 241: 110919.

Zangheri P, Serrenho T, Bertoldi P. 2019. Energy savings from feedback systems: A meta-studies' review. Energies, 12(19): 3788.

Zhang L, Sun C, Liu H, et al. 2016. The role of public information in increasing homebuyers' willingness-to-pay for green housing: Evidence from Beijing. Ecological Economics, 129: 40-49.

Zhang S, Guo Q, Smyth R, et al. 2022. Extreme temperatures and residential electricity consumption: Evidence from Chinese households. Energy Economics, 107: 105890.

附　　录

附录一　家庭能源消费调查人员名单

姓名	单位	调研时间	性别
姜　璐	北京师范大学	2020 年 7 月至 2023 年 1 月	女
史晓楠	中国科学院东北地理与农业生态研究所	2021 年 1 月至 2022 年 9 月	女
丁博文鹏	中国科学院地理科学与资源研究所	2021 年 1 月至 2022 年 9 月	男
李瑾柔	青海师范大学	2023 年 1 月至 2023 年 5 月	女
严　萌	青海师范大学	2023 年 1 月至 2023 年 5 月	女
杜晓旭	东北师范大学	2022 年 7 月至 2022 年 12 月	女
赵晶文	青海师范大学	2023 年 1 月至 2023 年 5 月	男
陈亚梅	青海师范大学	2021 年 7 月至 2023 年 1 月	女
周学伟	青海师范大学	2021 年 7 月至 2022 年 6 月	男
刘艳娟	青海师范大学	2021 年 7 月至 2022 年 6 月	女
李海琦	青海师范大学	2021 年 7 月至 2022 年 6 月	男
李嘉欣	青海师范大学	2023 年 3 月至 2023 年 4 月	女
高迎春	青海师范大学	2023 年 3 月至 2023 年 4 月	女
田文静	青海师范大学	2023 年 3 月至 2023 年 4 月	女

附录二　家庭能源消费调查问卷

尊敬的受访者：

您好！本次调研主要了解家庭能源消费情况，不会涉及您的隐私，我们将对统计资料严格保密，请您放心。本次调研将耽误您约 10～15 分钟时间，非常感谢您的配合！

正 式 问 卷

第一部分 家庭基本情况

S1　请问您在该地居住多长时间了？（单选）
　　1）半年以内（结束问卷）　　2）半年及以上
S2　请问您的年龄？（单选）
　　1）18 岁以下（结束问卷）　　2）18～30 岁　　　　　3）31～40 岁
　　4）41～50 岁　　　　　　　　5）51～60 岁　　　　　6）60 岁以上（结束问卷）
S3　请访问员填写采样区域 _____ 区 _____ 小区（编程时设置成二级选项）（单选）
S4　请问您所在小区规模：（单选）
　　1）小型（1000 户以下）　　2）中型（1000～3000 户）　　3）3000 户以上
　　4）不清楚

过渡句：下面想了解一下您家**炊事设备及家用电器**的使用情况

第二部分 炊事设备及家用电器

2A、炊事设备

A1　请问您家目前使用的炉灶有以下哪种？（多选）
A2　最经常使用哪种：（单选）

炉灶类型	家里有使用的炉灶（多选）	最经常使用的炉灶（单选）
天然管道气灶	1）	1）
罐装液化石油气灶	2）	2）
电磁炉	3）	3）
煤炉子	4）	4）
其他，具体情况请注明	5）	5）

A3　【针对最经常使用的炉灶】请问最近三个月您家灶头使用频率：（单选）
　　1）每天 1～3 次　　　　2）每天 4 次及以上　　　3）每周 1～3 次
　　4）每周 4～6 次　　　　5）每月≤1 次　　　　　6）每月 2～3 次

7）几乎不用（跳问至 B1 题家用电器部分）

A4　【针对最经常使用的炉灶】最近三个月灶头每次使用时长：（单选）

　　1）<30 分钟　　　　　2）30~60 分钟　　　　　3）1~2 小时

　　4）2~4 小时　　　　　5）4 小时以上

2B、家用电器

<u>冰箱</u>

B1　您家有几台冰箱？（单选）

　　1）1 台　　　　　　　2）2 台　　　　　　　　3）3 台或以上

　　4）没有（跳到 B4 题洗衣机部分）

B2　您家冰箱的最大容量：（单选）

　　1）小型（<75L）　　　2）中型（75~150L）　　3）大型（151~250L）

　　4）超大型（>250L）　 5）不了解

B3　您家冰箱能效标识是属于：（单选）

　　1）低级　　　　　　　2）中级　　　　　　　　3）高级

　　4）不关注

<u>洗衣机</u>

B4　您家有几台洗衣机？（单选）

　　1）1 台　　　　　　　2）2 台　　　　　　　　3）3 台或以上

　　4）没有（跳到 B7 题电视机部分）

B5　您家洗衣机能效标识是属于？（单选）

　　1）低级　　　　　　　2）中级　　　　　　　　3）高级

　　4）不关注

B6　您家洗衣机使用频次（如果两台及以上，问最常用那台洗衣机使用频次）：（单选）

　　1）几乎每天都用　　　2）每周 1~3 次　　　　 3）每月≤1 次

　　4）每月 2~3 次

<u>电视机</u>

B7　您家有几台电视机？（单选）

　　1）1 台　　　　　　　2）2 台　　　　　　　　3）3 台或以上

　　4）没有（跳到 C1 题采暖部分）

B8　【如果 2 台及以上，问最经常看的那台电视机】您家电视显示屏大小：_____寸。（填空）

B9　常用电视的能效标识：（单选）

　　1）低级　　　　　　　2）中级　　　　　　　　3）高级

　　4）不关注

B10　【如果 2 台及以上，问最经常看的那台电视机】最近三个月，您家电视的使用频次：（单选）

　　1）每天 1 次或以上　　2）每周 3~5 次　　　　 3）每月≤1 次

　　4）每月 2~3 次　　　　5）几乎不开

B11　【如果 2 台及以上，问最经常看的那台电视机】您家电视的每次使用时长：（单选）

　　1）<1 小时　　　　　　2）1~2 小时　　　　　　3）2~4 小时

4）4～6小时　　　　　　　5）6小时以上

B12　【如果2台及以上，问最经常看的那台电视机】您家电视一般在什么时段开？（多选）

1）	0～3 点	5）	12～15 点
2）	3～6 点	6）	15～18 点
3）	6～9 点	7）	18～21 点
4）	9～12 点	8）	21～24 点

2C、取暖设备

C1　住宅采暖形式为集中供暖还是自采暖（包括任何形式的自采暖）？（如果是自采暖，请回答C2）（单选）

　　　1）集中供暖　　　　　　　2）自采暖

C2　请问您家最经常使用的采暖设备是？（单选）

　　　A. 电暖气（电辐射采暖），请跳转至C3　　　　B. 地暖（电热地膜），请跳转至C4

　　　C. 油热加热器（油热汀又名电热汀）请跳转至C5 　　　　D. 天然气壁挂炉，请跳转至C6

C3　请问您家有_____个电暖器（电辐射采暖）；电暖器（电辐射采暖）的功率平均是_____千瓦；您家每天使电暖器（电辐射采暖）的时间为_____小时；在每年采暖周期内，请问您家使用电暖器（电辐射采暖）采暖的具体天数是_____天。（填空）

C4　请问您家有_____个房间铺设地暖（电热地膜）；使用的地暖（电热地膜）的功率平均是千瓦；每天使用地暖（电热地膜）的时间有_____小时；在每年采暖周期内，您家使用地暖（电热地膜）采暖的具体天数是_____天。（填空）

C5　请问您家有_____个油热加热器（油热汀又名电热油汀）？使用的油热加热器（油热汀又名电热油汀）的功率平均是多少_____千瓦；您家每天使用油热加热器（油热汀又名电热油汀）的具体时间有_____小时；在每年采暖周期内，请问您家使用油热加热器（油热汀又名电热油汀）采暖的具体天数是_____天。（填空）

C6　如果您家使用的是天然气壁挂炉，在每年采暖周期内，请问您家使用燃气采暖挂壁炉采暖的

具体天数是_____天。（填空）

C7　您家中是否有室内温度测量装置或设备？（单选）
　　1）有　　　　　　　　　2）没有

C8　您家冬季室内供暖温度大约是_____℃？（如无测量室温设备，可估计一下）（填空）

C9　您对室内温度的整体感觉是？（单选）
　　1）适中　　　　　　　　2）很冷　　　　　　　　3）较冷
　　4）较热　　　　　　　　5）很热

C10　在整个采暖季中，您家中是否有开窗的行为习惯？（单选）
　　1）经常开窗　　　　　　2）偶尔开窗　　　　　　3）从不开窗

C11　近五年您家平均每年的采暖费用大约是多少元？_____元。（填空）

2D、照明设备

D1您家的照明设备有哪几种？（多选）	荧光灯（光管）	节能灯（LED）	普通白炽灯
数量			

2E、热水器

E1　最近三个月您家热水器每天使用时长：（单选）
　　1）<1小时　　　　　　2）1~2小时　　　　　　3）2~4小时
　　4）4~6小时　　　　　　5）>6小时　　　　　　　6）不间断，从未关过

E2　您家热水器能效标识是属于？（单选）
　　1）低级　　　　　　　　2）中级　　　　　　　　3）高级
　　4）不关注

E3　您家热水器燃料类型：（单选）
　　1）电力　　　　　　　　2）太阳能　　　　　　　3）太阳能+电
　　4）管道气/液化石油气

E4　如果使用电热水器，请注明热水器功率_____。（填空）

过渡句：下面想了解一下您家**制冷及电力消费情况**

第三部分 制冷及电力消费情况

F、制冷

F1　请问您家有几台空调？（单选）
　　1）1台　　　　　　　　2）2台　　　　　　　　　3）3台或以上
　　4）没有（跳转到第G1题）

F2　您家空调分别装在哪些地方？（多选）
　　1）客厅　　　　　　　　2）主卧　　　　　　　　3）次卧

4）其他地方

F3　您家不同地方空调的制冷匹数——客厅（单选）

1）1 匹　　　　　　　　2）1~1.5 匹　　　　　　3）1.6~2.0 匹

4）>2 匹　　　　　　　5）不关注

F4　您家不同地方空调的制冷匹数——主卧（单选）

1）1 匹　　　　　　　　2）1~1.5 匹　　　　　　3）1.6~2.0 匹

4）>2 匹　　　　　　　5）不关注

F5　您家不同地方空调的制冷匹数——次卧（单选）

1）1 匹　　　　　　　　2）1~1.5 匹　　　　　　3）1.6~2.0 匹

4）>2 匹　　　　　　　5）不关注

F6　您家不同地方空调的制冷匹数——其他地方（单选）

1）1 匹　　　　　　　　2）1~1.5 匹　　　　　　3）1.6~2.0 匹

4）>2 匹　　　　　　　5）不关注

F7　客厅空调能效标识属于（单选）

1）低级　　　　　　　　2）中级　　　　　　　　3）高级

4）没关注过

F8　主卧空调能效标识属于（单选）

1）低级　　　　　　　　2）中级　　　　　　　　3）高级

4）没关注过

F9　次卧空调能效标识属于（单选）

1）低级　　　　　　　　2）中级　　　　　　　　3）高级

4）没关注过

F10　其他地方空调能效标识属于（单选）

1）低级　　　　　　　　2）中级　　　　　　　　3）高级

4）没关注过

F11　每天空调使用大概时段（客厅）（多选）

1）	0~3 点	5）	12~15 点
2）	3~6 点	6）	15~18 点
3）	6~9 点	7）	18~21 点
4）	9~12 点	8）	21~24 点

F12　每天空调使用大概时段（主卧）（多选）

1）	0~3 点	5）	12~15 点
2）	3~6 点	6）	15~18 点
3）	6~9 点	7）	18~21 点
4）	9~12 点	8）	21~24 点

F13　每天空调使用大概时段（次卧）（多选）

1）	0～3点	5）	12～15点
2）	3～6点	6）	15～18点
3）	6～9点	7）	18～21点
4）	9～12点	8）	21～24点

F14　每天空调使用大概时段（其他地方）（多选）

1）	0～3点	5）	12～15点
2）	3～6点	6）	15～18点
3）	6～9点	7）	18～21点
4）	9～12点	8）	21～24点

F15　您家每年空调使用月份（多选）

1）	1月	7）	7月
2）	2月	8）	8月
3）	3月	9）	9月
4）	4月	10）	10月
5）	5月	11）	11月
6）	6月	12）	12月

G、电费估算及趋势

G1　您家月度平均电费：_____元。（填空）

H、电风扇

H1　您家有几台电风扇？（单选）

　　1）1台　　　　　　　　2）2台　　　　　　　　3）3台或以上

　　4）没有（跳转到第I1题）

H2　您家电风扇的使用月份（多选）

1）	1月	7）	7月
2）	2月	8）	8月
3）	3月	9）	9月
4）	4月	10）	10月
5）	5月	11）	11月
6）	6月	12）	12月

H3　夏季，平均使用电风扇的频次（开一次算一次）（单选）
　　1）每天都开　　　　　2）每周 1～3 次　　　　　3）每周 4～6 次
　　4）每月≤1 次　　　　 5）每月 2～3 次

H4　夏季，您家电风扇一般在什么时段开？（多选）

1）	0～3 点	5）	12～15 点
2）	3～6 点	6）	15～18 点
3）	6～9 点	7）	18～21 点
4）	9～12 点	8）	21～24 点

过渡句：家庭能源消费与住房消费密切相关。最后，想了解一下您家**住房情况**。

第四部分　住房消费情况

I1　你目前所住的住房建筑面积大概是：（单选）
　　1）50 平方米以下　　　2）50～70 平方米　　　　3）71～100 平方米
　　4）100 平方米以上

I2　你目前所住的住房是_____室_____厅（填空）

I3　你家房屋的朝向是：（单选）
　　1）朝西　　　　　　　2）朝南　　　　　　　　　3）朝北
　　4）朝东　　　　　　　5）南北对流

I4　您所居住的楼房的建筑类型：（单选）
　　1）多层住宅（9 层以下，无电梯）　　　2）多层住宅（9 层以下，有电梯）
　　3）中高层电梯住宅楼（9 层及以上）　　4）商住公寓
　　5）别墅　　　　　　　　　　　　　　　6）城中村自建房

I5　您是否知道您所住小区具体建筑时间?（是/否）；若是则回答 I6 题，若否请回答 I7 题。（单选）

I6　小区具体建筑时间为：_____年。（填空）

I7　您所居住的楼房的楼龄：（单选）
　　1）5 年以下　　　　　2）5～10 年　　　　　　　3）11～20 年
　　4）20 年以上

I8　请问您家居住的房屋是否具有保暖层?（单选）
　　1）是　　　　　　　　2）否　　　　　　　　　　3）不清楚

I9　请问您居住房屋的玻璃是否是双层玻璃或者多层玻璃？（单选）
　　1）是　　　　　　　　2）否　　　　　　　　　　3）不清楚

I10　您所居住的楼房是否经历过改造？若"是"则回答 I11～I14 题。（单选）
　　1）是　　　　　　　　2）否　　　　　　　　　　3）不清楚

I11　您是否记得所居住的楼房的具体改造时间？（是/否）；若是则回答 I12 题，若否请回答 I13 题。（单选）

I12　楼房改造时间为：_____。（填空）

I13 您所居住楼房在何时经历过改造?（单选）
    1）5年内　　　　　　2）5~10年　　　　　　3）11~20年
    4）20年前
I14 您所居住楼房的具体改造项目有什么?（多选）
    1）建筑围护结构（外墙、外窗、户门等）
    2）供暖系统（室外管网、室内供暖系统）
    3）其他：请注明_____

第五部分 家庭基本情况

S5 性别：　　　　　　　　1）男　　　　　　　　2）女　（单选）
S6 请问您的文化程度：（单选）
    1）小学　　　　　　　2）初中　　　　　　　3）高中/中专
    4）大专　　　　　　　5）本科　　　　　　　6）研究生及以上
S7 请问下面哪一类最符合你现在的职业情况?（单选）

1	政府/国家公务员	5	普通工人	9	学生
2	办公室职员	6	普通管理层	10	退休
3	高级管理层	7	企业业主	11	自由职业者
4	科教卫技术人员	8	军队/警察	12	没有职业
13	其他				

S8 家里常住人口数：_____人。（填空）
S9 家里的劳动力人数：_____人。（填空）
S10 您的家庭年总收入（包括各类奖金、补贴）：_____元。（填空）

附录三　半结构式访谈提纲

（一）采暖情况

1. 家里采暖类型为？
2. 家中集中供暖收费如何？供暖期为？集中供暖公司温度设置大概为？
3. 若为集中供暖，家中供暖设备是否配有分配器或恒温器进行温度调节？
4. 家里自采暖偏好使用哪类设备？为什么会选择使用该类设备？
5. 自采暖设备个数为？每年供暖期？每日使用时长？
6. 使用自采暖设备每年供暖费用为？
7. 冬季自采暖家中大概温度为？
8. 是否将自采暖费用与周边集中供暖费用进行对比？情况如何？
9. 家中楼房类型？
10. 居住期间楼房所属社区或街道是否进行过惠民工程（如：集中供暖管道铺设、楼房保温层加装、玻璃更换等）？

（二）胡同情况

1. 该胡同建成年份？
2. 该胡同基本设施配备情况（如水电气管网铺设、冬季供暖情况）？
3. 该胡同常住居民户籍情况（可与所属社区进行交流）？
4. 该胡同是否经历过煤改气、煤改电政策？具体年份？
5. 该胡同是否经过惠民工程等楼房改造？具体年份？

（三）居民节能意识情况

1. 家中常用的能源类型？使用上述能源的原因是？（价格考虑、运输便利性或者其他）
2. 居住小区清洁能源基础设施是否完善（如天然气管网）？
3. 是否了解节能重要性？是否积极实施节能行为？（如更换节能电器）
4. 收入水平是否会影响家庭能源消费？具体影响体现在哪些方面？
5. 高收入是否意味着更高的能源消费？接受高等教育是否影响能源消费的认知和行为？

附录四　家庭能源消费调研图

广 州 市

- 2020年4月19日
- 番禺鸿禧华庭

- 2020年4月20日
- 番禺敏捷华美国际

- 2020年4月21日
- 番禺南村雅居乐

- 2020年4月22日
- 海珠华保花园东门

- 2020年4月23日
- 海珠信步闲庭

- 2020年4月24日
- 黄埔横沙

- 2020年4月25日
- 黄埔黄船生活区

- 2020年4月26日
- 荔湾区东沙街

- 2020年4月27日
- 荔湾区东沙街南漖村

- 2020年4月28日
- 荔湾区海龙街

- 2020年4月29日
- 南沙龙光棕榈水岸

- 2020年4月30日
- 天河城市假日园

- 2020年5月9日
- 天河龙口东路

- 2020年5月10日
- 天河棠德花园

- 2020年5月11日
- 天河员村二横路

- 2020年5月12日
- 越秀光塔路

北 京 市

- 2023年1月7日
- 东城区和平里小黄庄社区

- 2023年1月7日
- 东城区和平安贞苑社区

- 2023年1月7日
- 海淀区中关村街道知春里社区

- 2023年1月7日
- 海淀区东升园公寓

- 2023年1月7日
- 海淀区西钓鱼台嘉园小区

- 2023年1月7日
- 海淀区龙湖熙典华庭

- 2023年1月8日
- 东城区交道口街道南锣鼓巷

- 2023年1月8日
- 海淀区学院路街道展春园社区

- 2023年3月25日
- 海淀区北下关街道极乐寺西街

- 2023年3月25日
- 东城区天坛街道兴旺胡同

- 2023年3月25日
- 海淀区小南庄社区

- 2023年3月25日
- 海淀区油作胡同

- 2023年3月26日
- 昌平区鼓楼大街煤市口胡同

- 2023年3月26日
- 昌平区献陵卫胡同

- 2023年3月26日
- 东城区箭杆胡同

- 2023年3月26日
- 海淀区北上坡胡同

聊 城 市

- 2023年1月19日
- 东昌府区湖北社区

- 2023年1月19日
- 东昌府区湖西社区

- 2023年1月20日
- 茌平区复兴社区

- 2023年1月20日
- 茌平区西关社区

- 2023年1月21日
- 茌平区天鹅湖社区

- 2023年1月21日
- 茌平区宾王社区

- 2023年1月21日
- 开发区李太屯社区

- 2023年1月21日
- 开发区辛屯社区

西 宁 市

- 2021年7月18日
- 大通县桥头镇一号桥

- 2021年7月18日
- 城北区瑞景河畔家园小区

- 2021年7月19日
- 城北区国际村

- 2023年7月19日
- 大通桥头公园

- 2023年7月20日
- 大通县桥头镇天麟华庭

- 2023年7月20日
- 湟中区鲁沙尔镇

- 2023年7月21日
- 大通县天麒花儿步行街周边

- 2023年7月21日
- 湟中区盈吉圣山国际

- 2023年7月22日
- 大通县中医院

- 2023年7月23日
- 大通县大业坝村

- 2023年7月24日
- 湟中区鲁沙尔镇

- 2023年7月25日
- 城西区人民公园

- 2023年7月26日
- 城西区盐湖巷

- 2023年7月27日
- 城西区五四西路

- 2023年7月28日
- 大通县古城村

- 2023年7月28日
- 大通县城关镇